브뤼기에르 주교 여행기

브뤼기에르 주교 여행기

2007년 10월 5일 교회 인가
2007년 11월 4일 초판 1쇄 펴냄
2023년 10월 1일 초판 2쇄 펴냄

옮긴이 · 정양모 신부
펴낸이 · 정순택
펴낸곳 · 가톨릭출판사
편집 겸 인쇄인 · 김대영

본사 · 서울특별시 중구 중림로 27
등록 · 1958. 1. 16. 제2-314호
전자우편 · edit@catholicbook.kr
전화 · 1544-1886(대표 번호)
지로번호 · 3000997

ISBN 978-89-321-1053-0 04230
ISBN 978-89-321-1040-0 (SET)

값 20,000원

이 책은 저작권법에 의해 보호를 받는 저작물이므로 무단 전재와 무단 복제를 금합니다.

가톨릭의 모든 도서와 성물을 '가톨릭출판사 인터넷쇼핑몰'에서 만나 보실 수 있습니다.
http://www.catholicbook.kr | (02)6365-1888(구입 문의)

브뤼기에르 주교 전기 자료집 제2집

브뤼기에르 주교 여행기

정양모 신부 옮김

가톨릭출판사

→ : 페낭 → 싱가포르 → 마닐라 → 마카오 → 푸저우 → 난징 → 시완쯔 → 마찌아즈

프랑스 가톨릭 신문 「십자가」에 게재된 1935년 당시 레삭 마을 동사무소

현재의 레삭 마을 동사무소

천 년의 역사를 지닌 레삭 성당

현지 신자들과의 미사(레삭 성당)

브뤼기에르 주교를 추모하며

'초대 조선 교구장 브뤼기에르 주교를 추모하며(1792~1835)' 대리석판 – 레삭 성당 소제대 위에 놓여 있다

레삭 성당 앞에서

레삭 마을 전경

레삭 마을에 있는 브뤼기에르 주교의 가족 묘지

카르카손과 연결된 남프랑스 운하

카르카손의 옛 다리에서 본 성채

성채 안에 있는 라자로 대성당으로 기도하러 갈 때 건넜던 옛 다리

옛 다리 옆에 있는 '건강의 성모님' 경당(여기서 기도하는 순례자들에게 건강의 은혜를 주신다)

옛 다리 옆 '건강의 성모님' 경당 내부

브뤼기에르 주교가 사제품을 받고 신학교에서 교편을 잡던 시절의 주교관(현재 상공회의소)

성 미카엘 주교좌 성당 외부 전경

성 미카엘 주교좌 성당(브뤼기에르 주교가 1825년 12월 23일 사제품을 받은 곳)

성 미카엘 주교좌 성당 내부

성 미카엘 주교좌 성당에서

병자들을 돌보던 성 빈첸시오 병원 내 경당 자리(당시 신학생들이 봉사하던 곳)

당시 대신학교(현재 잔 다르크 천주교 사립학교로 사용 중)

프랑스 혁명 전 주교좌로 사용되던 성채 안의 라자로 대성당 내부

카르카손 전경

정원에서 본 파리외방전교회

파리외방전교회 지하 경당

파리외방전교회 경당 앞에서

파리외방전교회 경당 내부

파리외방전교회 지하 경당 옆에 있는 순교자의 방(박물관)

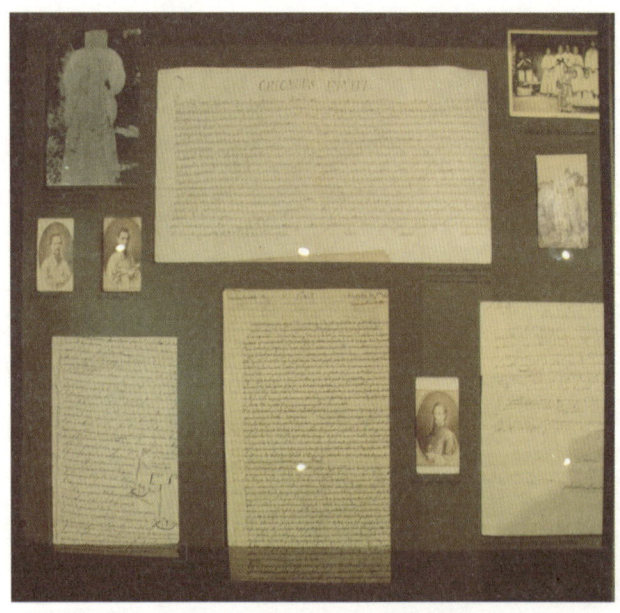
순교자의 방에 있는 교황 그레고리오 16세의 조선 교구 설정 교서 원본

아시아에서 순교한 선교사들의 유해를 모신 곳

대리석에 새겨 있는 아시아 순교 성인들의 명단(한국 · 중국 · 베트남)

파리외방전교회 경당 안에 걸려 있는 선교사 송별 그림(샤를르 드 쿠베르탱 남작의 유화 작품)

파리외방전교회 고문서고에 있는 브뤼기에르 주교의 여행기 원본

원죄 없이 잉태되신 성모님 경당

파리외방전교회 정원에 세워진 한국 순교 성인 현양비(김수환 추기경 헌정)

보르도 미술관에 있는 19세기 초 보르도 항구 모습

브뤼기에르 신부가 아시아 전교를 위해 배를 타고 간 지롱드 강(보르도와 대서양 사이)

시완쯔 천주당

시완쯔 전경(브뤼기에르 주교가 1년 동안 머물면서 여행기를 정리한 곳)

브뤼기에르 주교가 박해를 피해 머물던 토굴(시완쯔)

토굴 안 모습

시완쯔 천주당 내부

시완쯔 천주당 신자들

시완쯔 천주당에서 요량 레오 부주교와 함께

시완쯔에서 마찌아즈로 가는 길

2005년 7월 마찌아즈 가는 길

마찌아즈 천주당

1차 순례(2005. 8. 27~30) 중 현양비 축복 예식

7월의 마찌아즈 천주당 전경

마찌아즈 신자들과 함께한 염수정 주교

1차 순례(2005. 8. 27~30) 중 마찌아즈 천주당에 몰려든 신자들

1차 순례(2005. 8. 27~30) 중 마찌아즈 신자들과 함께

2차 순례(2006. 5. 12~15) 중 마찌아즈 가는 길에서 염수정 주교와 함께

2차 순례(2006. 5. 12~15) 중 브뤼기에르 주교 원묘비 축복 예식

1차 순례(2005. 8. 27~30) 중 브뤼기에르 주교 묘역 축복 예식

마찌아즈 신자들과 함께

마찌아즈 신자들과 함께한 염수의 신부

1차 순례 중 염수정 주교의 집전으로 마찌아즈 신자들과 함께 드린 미사

8월의 마찌아즈 천주당 성모 동산(개포동 성당에서 봉헌한 현양비, 왼쪽)

개포동 성당에 있는 브뤼기에르 주교 흉상과 원묘비 부본

역자의 말

　1801년 주문모 신부가 순교한 이래 성직자 없이 신앙생활을 하던 조선 교우들은 1825년경에 교황께 성직자를 보내주십사고 간청하는 편지를 드렸다. 교황청 포교성성에서는 유럽 여러 선교회에 조선 진출을 종용했지만 모두 거절했고, 인도 동쪽 아시아 전교에 주력하던 파리외방전교회도 한국 진출을 유보하는 결정을 내렸다.
　당시 샴(지금의 타이)에서 전도하던 브뤼기에르 신부는 이 소식을 듣고 1829년 6월 9일 조선 전도를 자청하는 편지를 교황청 포교성성으로 보낸다. 그리고 6월 29일 방콕에서 샴 보좌 주교로 주교품을 받은 다음에 말레이시아 반도 서쪽에 있는 섬 페낭으로 가서 하명을 기다렸다. 교황 그레고리오 16세는 1831년 9월 9일 조선 교구를 신설하고 브뤼기에르 주교를 조선 교구 초대 교구장으로 임명했는데, 주교는 그 소식을 1832년 7월 25에야 전해 들었다.
　브뤼기에르 주교는 1832년 8월 4일 페낭을 출항하여 싱가포르, 마닐라,

마카오, 푸저우, 장난, 즈리, 창즈를 거쳐 1834년 10월 8일 시완쯔 교우촌에 이르러 한 해를 보냈다. 주교는 1835년 한겨울 압록강이 꽁꽁 얼어붙을 무렵에 압록강을 건너 조선에 밀입국할 결심을 하고, 병든 몸으로 10월 7일 시완쯔 교우촌을 떠났다. 그러나 19일 마찌아즈 교우촌에 이르러 겨우 하루를 보낸 다음 이튿날 저녁 8시 15분경에 갑자기 귀천했다.

『브뤼기에르 주교 여행기』는 주교가 1832년 8월 4일 페낭을 출항한 무렵부터 시완쯔를 떠나기 이틀 전인 1835년 10월 5일까지 손수 일기체로 적은 감동적인 체험담이다. 이 여행기를 읽고 있노라면, 서기 30년 4월 7일 금요일 예루살렘 헤로데 궁전에서 빌라도 총독에게 사형 선고를 받은 다음 예루살렘 북부 성벽 밖에 있던 골고타 형장으로 십자가를 지고 터벅터벅 걸어가신 예수의 모습이 겹쳐 떠오른다. 오늘날 자유로운 세상에서 편하게 신앙생활을 하는 우리들은 그리스도 신앙이 어떤 희생을 거쳐 우리 겨레에게 전해졌는지 깊이 되새길 일이다.

이 책을 펴내는 데 노고를 아끼지 않으신 개포동 성당 현양위원회 위원장 송봉자(아녜스) 님께 사은의 정을 표한다.

2007년 가을
정양모(바오로) 신부

일러두기

1. 브뤼기에르 주교 여행기

발신자: 브뤼기에르 주교
수신자: 파리외방전교회
발신일과 발신지: 1835년 10월 5일, 서부 타타르 시완쯔
출처: AME, v. 577, ff. 343-447

2. 자료 해제

AME(Archives de la Société des Missions Etrangères de Paris)
→파리외방전교회 문서고
Prop(Archivium S. Congregationis de Propaganda Fide)→교황청 포교성성 문서고
- SR(혹은 SC): Scritture riferite nei Congressi
   →교황청 포교성성의 주간 회의 관련 문헌
- SOCP(Scritture Originali della Congregazione Particolare dell'Indie e Cina)
   →교황청 인류복음화성 고문서고 소장, 인도 주변국들과 중국 관계 특별 회의에 보고된 원자료
- SC Cina(Scritture Originali riferite nelle Congregazioni, Cina e Regni Adiacenti)
   →교황청 인류복음화성 고문서고 소장, 중국과 주변국들에서 주간 회의에 보고한 원자료
- Acta CP(혹은 ACP): Acta Congregationis Particularis de rebus Sinarium et Indiarum Orientalium →교황청 포교성성의 중국과 주변국들의 사건을 다룬 특별 회의록

3. 중국 지명 한글 변환표

감숙(甘肅) → 칸쑤
강남(江南) → 장난
강서성(江西省) → 장시성
광동성(廣東省) → 광둥성
금주(錦州) → 진저우
내몽골(內蒙古) → 네이멍구
남경(南京) → 난징
도문(圖們) → 투먼
마가자(馬架子) → 마찌아즈
복건성(福建省) → 푸젠성
복주(福州) → 푸저우
봉천(奉天) → 펑티엔
봉황성(鳳凰城) → 펑후앙성
북경(北京) → 베이징
사천(四川) → 쓰촨
상해(上海) → 상하이
산동성(山東省) → 산둥성

산서성(山西省) → 산시성
서만자(西灣子) → 시완쯔
섬서성(陝西省) → 산시성
신강(新疆) → 신장
심양(瀋陽) → 선양
양자강(揚子江) → 양쯔강
연안(延安) → 옌안
요동(遼東) → 랴오둥
장치(長治) → 창즈
절강(浙江) → 저장
직예(直隸) → 즈리
청도(靑島) → 칭다오
하북성(河北省) → 허베이성
호광(湖廣) → 후광
흑룡강(黑龍江) → 헤이룽강
흥화(興化) → 싱화

4. 본문에서 괄호( ) 안에 있는 내용은 원본에는 없으나 독자들의 이해를 돕기 위해 역자가 추가한 설명이다.

차례

역자의 말 41
일러두기 43
브뤼기에르 주교의 생애와 성품 47

페낭에서 조선까지 가는 길 73
제1장 페낭에서 출항하기까지의 경위 75

1832년 89
제2장 페낭 출항 / 싱가포르 도착 91
제3장 싱가포르 출항 / 마닐라 도착 101
제4장 마닐라 출항 / 마카오 도착 107
제5장 마카오 출항 117

1833년 121
제6장 푸젠 푸저우 도착 127
제7장 푸젠 푸저우 출항 142
제8장 양쯔강을 건넘 165
제9장 황하를 건넘 179
제10장 산시 도착 198

1834년 207
제11장 산시 출발 239
제12장 시완쯔 도착 I 243

1835년 271
제13장 시완쯔 도착 II 273
제14장 시완쯔 출발 예정 345

부록: 브뤼기에르 주교 관련 한문 서한 351

브뤼기에르 주교의 생애와 성품

브뤼기에르(Barthélemy Bruguière, 蘇) 주교는 누구인가?

그는 1827년-1829년 로마 교황청과 파리외방전교회에서 조선 선교 문제를 거론했을 때 누구보다 앞서, 조선에 가겠다고 선뜻 나섰던 인물로, 1831년 조선 교구 설정과 함께 초대 조선 교구장으로 뽑히신 분이다. 1832년 8월 4일 말레이시아 반도 서쪽 섬 페낭(Penang)을 출항한 그는 싱가포르 → 마닐라 → 마카오 → 푸젠(福建) → 장난(江南) → 즈리(直隸, 지금의 중국 허베이성에 해당하는 황실 직할 지역) → 산시(山西) → 시완쯔(西灣子, 지금의 허베이성 張家口市 崇禮縣 西灣子鎭)를 거쳐, 마침내 마찌아즈(馬架子, 지금의 네이멍구 자치구 赤峯市 松山區 東山鄕)에 이르렀으나, 1835년 10월 20일 급서하였다.

이제 한국 가톨릭교회의 가장 큰 은인이라고 할 수 있는 브뤼기에르 주교의 선교 여정을 기술하기에 앞서, 이 위대한 선교사의 생애와 성품을 약술하고자 한다.

중요한 사료로는 '브뤼기에르 주교의 여행기' 와 '브뤼기에르 주교의 서한집'을 꼽을 수 있다. '브뤼기에르 주교의 여행기' 는 1832년 8월 4일 페낭에서 싱가포르로 출항한 때부터, 시완쯔에서 마찌아즈로 떠날 채비를 하던 1835년 10월 5일까지 브뤼기에르 주교가 겪은 갖가지 일들을 꼼꼼이 적은 여행 체험담이다. 그리고 '브뤼기에르 주교의 서한집' 은 그가 1825년 9월 8일부터 1835년 10월 6일 사이에 쓴 편지 모음이다(정양모 · 윤종국 신부 옮김, 『브뤼기에르 주교 서한집』, 가톨릭출판사, 2007).

1. 브뤼기에르 주교의 생애

1) 나르본에서 페낭까지

바르텔레미(바르톨로메오) 브뤼기에르는 1792년 2월 12일 프랑스 서남부 피레네 산맥에서 멀지 않은 나르본(Narbonne) 읍 근처 레삭(Raissac) 마을에서 비교적 여유 있는 자작농 프랑수아 테레르 브뤼기에르 부부의 열한 번째 자녀로 태어났다.

그는 나르본 읍에서 서북쪽으로 200여 리 떨어진 카르카손 읍(1997년 현재 인구 5만여 명)에서 소신학교 · 대신학교 과정을 마치고(1805년-1814년) 1815년 12월 23일 사제품을 받았다. 그는 1816년에서 1825년까지 모교인 카르카손 소신학교와 대신학교에서 신학생들을 가르쳤는데, 아시아 선교를 너무도 갈망한 나머지, 부모님께 알리지도 않고 1825년 9월 17일 파리 외방전교회에 입회했다. 훗날 어떤 이가 그의 아버지에게 아들이 괘씸하지도 않느냐고 물으니, 연로한 아버지가 체념하듯 대꾸한 말이 걸작이다. "그럼 어쩝니까, 그 애가 나보다 하느님을 더 좋아하나 봐요, 옳은 일이지요." 그 아들에 그 아버지다!

그는 넉 달 반 동안 선교사 연수를 이수한 다음 샴 선교사로 발령을 받고, 1826년 2월 말경에 보르도(Bordeaux) 항구에서 출항하여 자카르타 · 마카오 · 싱가포르를 둘러본 다음 1827년 6월 4일 샴 수도 방콕에 도착했다. 그는 방콕 유일의 프랑스인 사제로서 연로한 교구장 플로랑(Florent) 주교를 보필하여 교구청 일과 방콕 본당 사목에 힘쓰는 한편, 20명 남짓한 신학생들의 교육을 책임졌다. 매일 신학 강의 두 시간, 매주 성경 강의 두 시간 및 라틴어 강의 네 시간을 맡았다. 실로 과중한 격무라 하겠다.

1827년 9월 1일과 11월 17일 로마 교황청 포교성성 장관 카펠라리(Cappellari) 추기경은 파리외방전교회 총장 랑글루아(Langlois) 신부에게 편지를 보내어, 장차 설립될 조선 교구 전교를 맡아달라고 요청했다. 이에 1828년 1월 6일 파리외방전교회 지도자들은 다섯 가지 이유로 포교성성의 제안을 일단 유보하면서, 전 회원들의 뜻을 묻는 회람을 돌렸다. 프랑스에 있을 때부터 조선 교회에 관심이 많았던 브뤼기에르 신부는 방콕에서 포교성성의 협조 요청 공한과 파리외방전교회의 회람을 접하고는 그만 열화가 치밀어, 1829년 5월 19일 외방전교회 본부로 장문의 편지를 써 보냈는데(샤를르 달레 지음, 안응렬 · 최석우 역주, 『한국 천주교회사』, pp.223-231; 『브뤼기에르 주교 서한집』, 제11신) 그 내용을 간추리면 이렇다.

브뤼기에르 신부는 파리외방전교회 본부가 조선 선교를 유보하면서 내세운 다섯 가지 이유를 하나하나 논박한 다음, 자신이 조선 선교사로 가겠노라고 자원하고, 아울러 조선 선교에 도움이 된다면 1년 전부터 교황청이 그에게 종용해온 주교직을 수락하겠노라고 했다. 그리하여 1829년 6월 29일 성 베드로와 성 바오로 사도 대축일에 방콕에서 샴 보좌 주교(갑사 명의[1] 주교)로 성성되었다. 이어 브뤼기에르 주교는 말레이시아 반도 서쪽에 있는 섬 페낭에 파견되어 사목 활동을 하는 한편, 조선 입국 기회를 엿보았다. 페낭에는 동남아시아 방인 성직자를 양성하는 파리외방전교회 소속 신학교가 있었다.

2) 페낭에서 마카오까지

교황청 포교성성 장관으로서 조선 교우들에게 관심을 쏟았던 카펠라리 추기경이 1831년 2월 2일 제 254대 로마 교황(그레고리오 16세, 1831년 2월 2일-1846년 6월 1일 재위)으로 등극했다. 1831년 9월 9일 교황 그레고리오 16세는 베이징(北京) 교구에서 따로 조선 교구를 신설하고, 초대 교구장에 브뤼기에르(소) 주교를 임명했다. 브뤼기에르 주교는 1832년 7월 25일 페낭에서 이 소식을 들었다. 이제 자신의 소임이 확정된 만큼 그는 목적지 조선을 향해 거침없이 고행의 길을 떠났다.

브뤼기에르 주교는 1832년 8월 4일 페낭에서 출항하여 8월 17일 싱가포르에 도착했다. 싱가포르에서는 포르투갈 · 스페인 사제들과 프랑스 사제들 간에 재치권 문제로 다툼이 있었다. 브뤼기에르 주교는 사태를 겨우 수습하고, 병 때문에 페낭 신학교를 그만둔 왕 요셉이라는 중국인 청년을 데리고 9월 12일 마닐라행 배를 탔다. 왕 요셉은 1835년 10월 20일 브뤼기에르 주교가 마찌아즈에서 병사할 때까지 여러 번 죽을 고비를 당하면서도 지극 정성으로 주교를 받든 충복으로서, 브뤼기에르 주교와 함께 조선 천주교회의 은인들 중 한 사람이다. 브뤼기에르 주교 일행은 9월 30일

---

[1] 지금은 사라진 북아프리카 튀니지에 있던 '갑사(Capsa) 교구'의 명의. 브뤼기에르 주교는 1829년 6월 29일 이 갑사 주교직을 물려받는다는 뜻으로 갑사 명의 주교로 성성되었다.

마닐라에 도착해서 아우구스티노회 회원인 세기(Ségui) 대주교의 환대를 받고 대주교에게 여비를 빌려, 1832년 10월 12일 마카오행 배를 탔다.

주교는 10월 18일 마카오에 도착하여 교황청 포교성성 경리부에서 두 달가량 쉬면서 조선 잠입을 구상했다. 브뤼기에르 주교가 자신의 친정이랄 수 있는 마카오 주재 파리외방전교회 경리부에 유숙하지 못한 데는 이유가 있었다. 파리외방전교회 본부에서 마카오 주재 파리외방전교회 경리부에 엄명을 내려, 브뤼기에르 주교를 받아들이지도 말고 도와주지도 말라고 지시했던 것이다. 이때까지만 해도 파리외방전교회는 조선 교구를 떠맡을 생각이 전혀 없었다. 그런데도 브뤼기에르 주교가 조선 선교를 굳이 고집하니까, 그럼 '조선 선교는 브뤼기에르 주교 개인의 일일 뿐 파리외방전교회와는 아무런 상관이 없다. 브뤼기에르 주교는 이제 외방전교회 회원이 아니다'라는 식의 절교 선언을 한 셈이다. 파리외방전교회 본부는 1832년 3월 12일 자 회람에서 조선 교구를 맡을 의향이 없음을 다시 밝히는 공한을 회원들에게 보냈는데, 브뤼기에르 주교는 마카오에서 이 공한을 접하고 그해 11월 10일 파리외방전교회 본부로 장문의 편지를 썼다. 본부의 공한을 조목조목 반박한 논쟁 서간인데, 그 치밀한 논리와 넘치는 박력은 혀를 내두를 지경이다(『브뤼기에르 주교 서한집』, 제20신).

3) 마카오에서 시완쯔까지

1832년 12월 17일(26신·여행기에서는 19일 또는 20일) 브뤼기에르 주교를 포함한 선교사 여섯 명이 마카오에서 푸젠행 배를 타고 무려 70일 이상 걸려 1833년 3월 1일 도미니코회 소속 주교가 상주하는 푸젠성(福建省) 푸저우(福州) 주교관에 도착했다. 소속이 달랐지만 푸젠 주교는 브뤼기에르 주교와 모방(Maubant) 신부를 극진히 대접했다. 브뤼기에르 주교는 조선 선교를 자원한 모방 신부를 푸저우에 남겨놓고, 홀로 1833년 4월 23일 장난(江南)으로 가는 배를 탔다. 5월 12일 그는 저장성 하푸(Chekiang Hiapou)에서 배를 갈아타고 장난 장난부(Kiangnan Changnanfou)에서 하선한 다음 장난 지역에서 두 달 남짓 머물렀다. 브뤼기에르 주교의 애제자 왕 요셉은 베이징에서 부활 주일을 지내고 만주 랴오둥(遼東)으로 가서 조선 입국 때 잠시 머물 은신처를 물색한 뒤, 6월 26일 장난에 머물러 있던 브뤼기에르 주교에게로 돌아왔다. 그러나 브뤼기에르 주교 일행은 7월 20일에 북쪽 여행을 단행했다. 처음에는 황제 운하와 양쯔강을 이용해 난징 부근까지 배를 타고 가다가, 7월 31일 양쯔강을 건넌 다음부터는 육로로 북상했다. 하루하루가 어렵고 위험한 여정이었지만, 장난에서부터 산시까지의 육로 여정(1833년 7월 31일-10월 10일)은 특히 험난했다. 브뤼기에르 주교의 여행기에는 삼복더위에 열병과 이질, 음식과 잠자리 등으로 고생한 참상이 생생히 묘사되어 있다.

"나는 열병이 낫지 않은 상태에서 난징을 떠났습니다. 걷기 시작한 첫날부터 나의 몸 상태는 더욱 악화되었습니다. 피로하고 무더운 데다가 먹지도 마시지도 못하고 온갖 어려움을 겪은 결과, 복부에 심한 통증을 느꼈습니다. 이질이 분명했습니다. 갑자기 열이 오르는 바람에 나는 기진맥진하여 계속 눕거나 앉아 있어야만 했습니다. 나에게는 휴식이 필요했지만, 그렇게 해달라고 할 수가 없었습니다. 안내자들 말로, 주막에 머무르는 것은 위험하다는 것입니다. 의원을 부르는 것은 큰 위험을 자초하는 일이었습니다"(제8장).

1833년 8월 13일 브뤼기에르 주교 일행은 황하를 건넜다. 8월 17일 배를 타고 또 다른 강을 건널 때의 참상을 브뤼기에르 주교는 이렇게 적었다.

"우리가 배에 올랐을 때 나는 보통 때보다 훨씬 심해진 열로 극심한 갈증에 시달렸습니다. 입술이 말라 아래위로 어찌나 착 달라붙었던지 손으로 떼어내야만 입이 벌어질 지경이었습니다. … 나는 내가 누워 있던 널빤지 아래로 손을 집어넣었다가 배 바닥에 물이 스머든 것을 알았습니다. … 나는 계속해서 손가락을 물로 적셔서 그것으로 혀와 입술을 축였습니다. … 배에서 내릴 때 안내자들은 둔치까지 나를 안아서 내려놓았습니다. 나는 임종에 처한 해수병자처럼 숨을 헐떡였습니다. 숨이 어찌나 꽉 막히던지 거의 20분 동안은 꼭 숨이 넘어가는 줄 알았습니다. 나는 발작하는 사람처럼 먼지 속에서 뒹굴었습니다. 이런 특이한 광경과 괴상한 옷차림 때문에 내 주위로 사람들이 구름처럼 모여들었습니다. 더럭 겁이 난 내 안내자들은 부랴부랴 나를 옮겨놓았습니다. … 그들은 바람이 잘 통하는 곳에서 숨을 쉬게 한답시고 햇볕이 쨍쨍 내리쬐는 밭 가운데로 나를 보냈고, 이 장면을 완벽하게 연출하기 위해 안내자 하나가 내 얼굴에 중국 모자를 얹어놓았습니다. 하지만 이 모자 때문에 바깥 공기가 조금도 통하지 않게 되어 하마터면 그나마 붙어 있던 숨길마저 아주 끊어질 뻔했습니다"(제9장).

"길잡이가 이불 한 채를 빌려다주고 싶어 했는데, 불행히도 그는 이것을 구해왔습니다. 이불을 덮자마자 나는 머리에서 발끝까지 이를 잔뜩 뒤집어쓰게 되었습니다. 대중국 제국에 사는 사람치고 이가 득실거리지 않는 사람은 없습니다. … 이를 없애고 나자 곧 다른 병고가 이어졌습니다. 나는 심한 가려움에 시달렸고, 이 고통은 여섯 달 동안이나 지속되었습니다. 머리에서 발끝까지 피부가 온통 벗겨지고, 여기저기에서 피가 났습니다"(제9장).

　1833년 8월 26일 브뤼기에르 주교는 산둥성(山東省)과 즈리 경계에 있는 (29신) 어느 교우 집 골방에서 한 달 이상 숨어 지내다가, 9월 27일 자정에 즈리를 출발하여 10월 10일 산시성 창즈(山西省 長治)에 도착했다. 그 후 1년 가까이 그곳에 머물면서 이탈리아 프란치스코회(작은 형제회) 소속인 산시 주교(Salveti 40신)의 신세를 졌다. 브뤼기에르 주교는 조선 잠입 방법을 찾기 위해 중국인 애제자 왕 요셉을 베이징으로 보내어, 당시 난징 교구장이면서 베이징 교구장을 겸임하고 있던 포르투갈 출신의 피레스 페레이라(Pirés-Pereira) 주교와 접촉하곤 했다. 브뤼기에르 주교는 피레스 페레이라 주교의 도움을 받아, 일단 만주 랴오둥 지역 어느 교우 집에 은신해 있다가 기회를 봐서 조선으로 입국할 생각이었다. 그런데 처음에는 브뤼기에르 주교를 돕는 듯하던 피레스 페레이라 주교가 날이 갈수록 돕기는커녕 브뤼기에르 주교의 조선 입국을 방해하다시피 했다. 왜 그랬을까? 우선 국적과 소속이 달랐기 때문이고, 아울러 1834년 1월 3일 조선 입국에 성공한 중국인 유방제(중국 이름은 여항덕) 파치피코 신부를 통해서 자신이 조선 교구에 대한 재치권을 행사하려는 생각을 품었기 때문이었다. 이로 인해 브뤼기에르 주교는 날이 갈수록 포르투갈인들을 경계하고 미워했다.

　1834년 5월 12일 브뤼기에르 주교는 산시에서 왕 요셉을 두 번째로 조선 국경까지 보내, 조선 밀입국 가능성을 알아보고 오라고 했다. 왕복 9천 리가 넘는 머나먼 길을 떠난 중국인 애제자에 대해 브뤼기에르 주교는 이렇게 적었다.

"그는 홀홀 단신 떠났답니다. 오직 하느님의 섭리만이 그의 길잡이요 수호자였습니다. … 그가 돌아올까요? 그렇다면 언제나 돌아올까요? 선하신 하느님께서는 아시겠지요. 저는 이 젊은이의 열의와 용기에 탄복하고 있습니다. 이 젊은이는 저희와 조선 사람들을 위해 희생하고 있는 것입니다. 그가 여장을 잘 갖추지도 못한 채 걸어서 다닌 지도 열여덟 달이나 됩니다. 얼마 안 있으면 베이징에서 파리 간의 거리보다 더 먼 거리를 걷게 되는 셈이지요. 비록 늘 병들고 폐병의 위협에 시달리지만, 그는 피로와 위험을 두려워하지 않을 것입니다"(『브뤼기에르 주교 서한집』, 부모님께 보낸 제32신).

왕 요셉은 9월 8일 무사히 산시로 귀환했다. 이번에도 아무런 성과 없이…. 1834년 9월 22일 브뤼기에르 주교는 산시를 떠나 10월 7일 만리장성을 넘고 10월 8일 시완쯔에 도착해서 1년 가까이 라자로회 회원(성 빈첸시오 아 바오로 전교회 회원)인 중국인 쉬에(Sué) 신부의 신세를 졌다. 시완쯔에서 브뤼기에르 주교가 겪은 일들 가운데서 특기할 만한 것은 1833년 4월 23일 푸젠에서 헤어졌던 모방 신부와 재회한 것이요, 파리외방전교회가 드디어 조선 교구 선교를 맡기로 결정했다는 희소식을 접한 일이다. 파리외방전교회는 1833년 8월 26일 이 결정을 내렸건만, 브뤼기에르 주교는 1835년 1월 19일에 마카오 주재 파리외방전교회 경리부장 르그레즈와(Legrégeois) 신부의 편지를 받고서야 비로소 그 중대한 사실을 알게 된 것이다(『브뤼기에르 주교 서한집』, 제44신). 이 중대한 결정으로 말미암아 브뤼기에르 주교가 병사한 다음에도 프랑스 선교사들이 계속 조선에 입국하여 조선 교구를 돌보게 된다.

1835년 7월 28일 시완쯔에서 르그레즈와 신부에게 보낸 장문의 편지

(『브뤼기에르 주교 서한집』, 제46신) 추신에서 브뤼기에르 주교는 자신의 몸에 이상이 생겼다고 한다. "다리가 부었다 가라앉았다 하는 일이 매우 자주 일어납니다. 특히 습한 날씨에는 더욱 그렇습니다. 사람들은 제가 수종증(水腫症)에 걸렸거나 아니면 걸리게 될 것이라고들 말합니다." 이때 이미 위중한 상태였던 브뤼기에르 주교는 석 달이 채 안 되어 마찌아즈에서 병사하게 된다.

브뤼기에르 주교는 시완쯔에서 마찌아즈로 떠나기 닷새 전인 1835년 10월 2일 파리외방전교회 총장 랑글루아 신부에게 쓴 편지(제51신)에서, 파리외방전교회가 만주 랴오둥성의 수도 펑티엔(奉天, 지금의 심양)을 확보해야만 장차 프랑스 선교사들이 조선에 입국하는 데 큰 도움을 받을 수 있다고 했다. 이 제안에 따라 장차 1838년 파리외방전교회는 신설된 만주교구를 떠맡게 된다.

아울러 쓰촨(四川) 선교사 앵베르(Imbert) 신부가 조선 선교사로 확정되었다는 희소식을 듣고 브뤼기에르 주교는 천군만마를 얻은 듯 기뻐한다. 앵베르 신부는 랴오둥에서 "타타르(Tartar)[2]인들을 개종시키는 일을 하게 될 것입니다. 그리고 지금까지 엄두도 내지 못했던 (만주) 선교지에 마침내 신학교가 세워질 것입니다. 그만이 조선 신학교를 괜찮은 규모로 세우고 유지할 능력이 있습니다. … 저는 조선 선교지를 모든 점에서 쓰촨 선교지 수준으로 만들고 싶습니다. 제가 볼 때 이를 위해 필요한 정보들을 제공하기에 적합한 사람은 앵베르 신부뿐입니다"(『브뤼기에르 주교 서한집』, 제

---

[2] 타타르족은 본래 몽골 초원에 넓게 퍼져 살던 종족이었으며, 청나라 때에 와서는 몽골과 만주 일대에 넓게 퍼져 살았다. 따라서 이 시기에는 청나라에서 북방 오랑캐를 가리키는 넓은 의미로도 사용되었다.

51신). 앵베르 신부는 훗날 제2대 조선 교구장으로 1837년 12월 18일 조선에 입국하여 웅지를 펴지도 못하고 1839년 9월 21일 새남터에서 군문효수형으로 순교한다.

　브뤼기에르 주교는 시완쯔에서 마찌아즈로 떠나기 전날인 1835년 10월 6일 마카오 주재 파리외방전교회 경리부장 르그레즈와 신부에게 마지막 편지를 써 보냈다(『브뤼기에르 주교 서한집』, 제52신). 이 편지에서도 브뤼기에르 주교는 파리외방전교회가 만주 선교를 책임져야지만 장차 프랑스 선교사들이 좀 더 쉽게 조선에 잠입할 수 있다고 하면서, 이 문제를 교황청에 품신하라고 간청했다.

　브뤼기에르 주교가 조선으로 가는 데에는 수많은 난관이 도사리고 있었지만, 그는 전혀 기가 꺾이지 않았다. 기가 꺾일 사람이 아니었다. 그렇지만 그처럼 강인한 브뤼기에르 주교도 마음에 몹시 걸리는 게 있었다. 조선 교우들이 잔뜩 겁을 먹고 서양인 성직자를 영입하는 일을 망설인다는 사실이었다. 왜 그랬을까? 1794년-1801년에 조선에서 선교한 첫 성직자 주문모(周文謨, 야고보) 신부, 그리고 1834년 1월 3일에 입국한 유방제 신부는 중국인들이라 그 모습이 조선인들과 다름없었고, 한문 필담으로 의사소통도 가능했다. 그러나 서양인들은 외양과 언어가 판이해서 당국에 발각되기 쉽고, 발각되면 조선 교우들이 또다시 엄청난 박해를 겪을 가능성이 충분히 있었기 때문에, 조선 교우들은 한동안 브뤼기에르 주교 영입을 망설였다. 그런데다 유방제 신부는 브뤼기에르 주교를 몹시 싫어해서 조선 교우들의 두려움을 증폭시켰다. 유 신부는 베이징 주교의 수하로 자처하면서 브뤼기에르 주교를 주교라 칭하지도 않고 그냥 바르톨로메오 씨라고 했다. 유 신부는 조선 신학생들을 중국으로 보내 사제로 양성한 다음 귀국시켜 조선 교우들을 돌보게 하는 게 상책이라고 주장했다. 한마디로 유 신부는 브뤼기에르 주교가 조선에 와서 자기를 간섭하는 게 싫었기 때문에 그의 조선 입국을 돕기는커녕 막으려고 했던 것이다.

그러니 브뤼기에르 주교는 잔뜩 겁을 먹은 조선 교우들을 설득할 필요가 있었는데, 마침 그 기회가 왔다. 1835년 1월 동지사 일행 중에 교우들이 끼여 있었던 것이다. 1835년 1월 6일 브뤼기에르 주교는 애제자 왕 요셉을 베이징으로 보내 브뤼기에르 주교를 영접하도록 조선 교우들을 설득케 했다. 왕 요셉은 1월 19일 조선 교우들에게 브뤼기에르 주교의 친서를 전달했는데, 그 내용인즉, 그해 음력 11월 중에 조선 입국을 강행하겠다는 브뤼기에르 주교의 최후통첩이었다.

"여러분의 결정이 어떠하든지, 나는 예수 그리스도의 대리자에게서 위임받은 선교 임무를 다하기로 결심했습니다. 나는 음력 11월 중에 조선 국경으로 가겠습니다. 나는 여러분의 문을 두드릴 것이고, 교우 여러분이 스스로 청하자 하늘이 자비를 베풀어 보내주신 주교를 받아들일 만한 용기를 가진 사람이, 수천 명 교우 중에서 한 명쯤은 있는지 내 눈으로 직접 확인하겠습니다."

조선 교우들은 브뤼기에르 주교의 통첩을 받고 심기일전하여, 주교님을 모시겠다는 결심을 1월 20일 자 브뤼기에르 주교에게 올린 편지에서 분명히 밝혔다. 이제 브뤼기에르 주교는 가장 큰 근심을 덜고 조선행을 감행할 수 있게 되었다.

실로 오랜만에 조선에 밀입국할 가능성이 보였던 것이다. 일이 잘되느라고 브뤼기에르 주교가 5월 13일 랴오둥으로 밀파했던 산시 전교회장이 펭후앙성(鳳凰城) 비엔민(邊門)에서 불과 5리 떨어진 곳에 집을 한 채 빌려 놓고 10월 1일 시완쯔로 귀환했다. 브뤼기에르 주교는 압록강에서 북으로 120여 리 떨어진 펭후앙성 비엔민 근처 그 전셋집에서 숨어 지내다가 조선 교우들을 만나 겨울이면 꽁꽁 얼어붙는 압록강을 건널 작정이었다. 그러나 "인간은 계획하고 하느님은 비웃으신다"는 서양 속담이 불행히도 맞아떨어져서 브뤼기에르 주교는 펭후앙성 비엔민에 이르기 전에 병사하고 만다.

4) 시완쯔에서 마찌아즈까지

1835년 10월 7일 브뤼기에르 주교, 중국인 라자로회 회원 고 신부, 중국인 왕 요셉은 무장한 고용인들을 데리고 펭후앙성을 향해 시완쯔를 떠났다. 시완쯔에서 펭후앙성 비엔민까지는 장장 2천 리, 여행 도중에 도둑 떼와 맹수들이 출몰하기 때문에 고용인들을 무장시키지 않을 수 없었다. 모방 신부는 시완쯔에 남아 브뤼기에르 주교의 조선 입국 희소식을 기다리기로 했다. 샤스탕(Chastan) 신부는 산둥 반도에서 본당 사목을 하면서 역시 브뤼기에르 주교의 희소식을 기다렸다. 브뤼기에르 주교는 시완쯔를 떠나기 하루 전날인 1835년 10월 6일 마카오 주재 파리외방전교회 경리부장 르그레즈와 신부에게 쓴 편지에서 자신의 결의를 이렇게 적었다. "저희는 내일 길을 떠나려고 합니다. 앞으로가 제 여행 중 가장 험난한 여정입니다. 제 앞에는 온갖 어려움과 장애와 위험만이 도사리고 있습니다. 저는 머리를 숙이고 이 미로 속으로 몸을 던집니다"(『브뤼기에르 주교 서한집』, 제52신). 브뤼기에르 주교 일행은 10월 19일 마찌아즈 교우촌에 무사히 도착했다. 그런데 이튿날 브뤼기에르 주교는 저녁을 먹은 후 갑자기 발병하여 중국인 라자로회 회원 고 신부에게 병자성사를 받고 홀연히 선종하고 말았는데, 그때 브뤼기에르 주교의 나이 43세였다. 브뤼기에르 주교는 1832년 8월 4일 페낭을 출발하여 1835년 10월 20일 마찌아즈에서 선종하기까지 3년 넘게 위험하고 험난한 여행을 감행하다가 건강을 잃었던 것이다. 조선 임지에 부임하려고 애쓰다가 기진맥진해서 숨을 거둔 브뤼기에르 주교의 마지막은 글자 그대로 순직이라 하겠다. 순직이 내키지 않는다면 무혈 순교라 해도 좋다.

이처럼 선교하다가 순직한 대선배로는 스페인 출신의 예수회 회원인 프란치스코 하비에르(1506년-1552년)를 꼽을 수 있겠는데, 그는 아시아 여러 나라에서 선교한 다음 중국에 복음을 전하러 가다가, 광둥(廣東) 앞바다 상천도 해안 초막에서 1552년 12월 3일 외로이 숨을 거뒀다.

또한 한국 천주교회사에서 브뤼기에르 주교를 닮은 위대한 순직자를 한 분 거명한다면 단연 최양업 신부(1821년-1861년)를 꼽겠다. 그는 1849년 4월 15일 상하이(上海)에서 사제품을 받고 귀국하여 12년 동안 조선 팔도를 숨어 다니며 선교하다가 1861년 6월 15일 문경에서 과로로 쓰러져 숨을 거두었다. 순교도 힘들지만 때로는 순직이 더 힘들기도 한 법이다. 순교도 장하지만 때로는 순직이 더더욱 장하기도 한 법이다.

1835년 11월 1일 모방 신부는 브뤼기에르 주교의 부고를 받고 시완쯔에서 급히 마찌아즈로 가서, 11월 21일 성모 자헌 축일에 중국인 고 신부와 함께 브뤼기에르 주교의 시신을 마찌아즈 성당 묘지에 안장했다. 그리고 바로 남하하여 1836년 1월 3일 서양 선교사로는 처음으로 조선 입국에 성공했다.

조선 교구 설정 100주년을 맞은 서울 교구는 1931년 10월 15일 브뤼기에르 주교의 유해를 서울 용산 성직자 묘지에 모셨고, 최근에는 서울 대교구 개포동 성당 염수의 신부와 교우들이 브뤼기에르 주교 연고지를 순례하고, 『브뤼기에르 주교의 여행기와 서한집』(2005년)과 『브뤼기에르 주교 서한집』(2007년)을 펴내는 등 브뤼기에르 주교 현양 사업을 하고 있다. 한국 교회가 진즉 했어야 할 일들을 개포동 본당 차원에서 마음먹고 힘쓰고 있으니 그저 반갑고 고맙고 기쁠 따름이다.

2. 브뤼기에르 주교의 성품

브뤼기에르의 오랜 친구 중 한 사람이 그의 모습을 다음과 같이 적었다고 한다. "브뤼기에르 신부는 키가 좀 작고, 몸은 호리호리하며, 금발에 얼굴빛은 적동색(赤銅色)이었다. 우리는 그의 열심과 재능과 크나큰 양식을 우러러보았다. 의지가 강하고 독립심이 대단한 그를 두고 어떤 장상은 '브뤼기에르 신부가 주교가 된다면 그는 '누가 어떻게 생각하든, 누가 뭐라든, 나는 전진하리라'를 사목 표어로 택할 것이다'라고 했다 한다. 거기다가 그의 놀라운 고행을 꼽아보면, 그는 프랑스에서의 마지막 해를 거의 빵과 물만 먹으며 지냈는데, 주위의 어떤 충고에도 불구하고 은수자와 같은 이 식사를 바꾸지 않았다"(샤를르 달레 지음, 안응렬·최석우 역주, 『한국 천주교회사』, pp.220-221 참조).

파리외방전교회 본부에 있는 브뤼기에르 주교의 초상화를 봐도 같은 인상을 받는다. 꿰뚫어 보는 듯한 파란 눈, 우뚝 솟은 코, 꽉 다문 입술, 구릿빛 얼굴은 그의 강인한 성품을 그대로 드러내는 듯하다. 이제 '브뤼기에르 주교의 서한집'과 '브뤼기에르 주교의 여행기'를 중심으로 브뤼기에르 주교의 두드러진 성품 몇 가지를 적시하고자 한다.

1) 신심과 집념

브뤼기에르 주교는 여행기 서두에, 그의 조선행을 만류하는 사람들과 주고받은 말을 적었는데(제1장), 이 대화체에 브뤼기에르 주교의 패기와 끈기, 신심과 집념이 환히 드러나 있다.

"성공은 거의 불가능하다고들 합니다."
"하지만, 불가능해도 시도는 해봐야지요."
"알려진 길이 전혀 없습니다."
"그럼, 길을 하나 만들어야지요."
"아무도 주교님을 따라나서지 않을 것입니다."
"그건 두고 봐야지요."

브뤼기에르 신부는 1829년 방콕에서, 조선 선교에 대한 파리외방전교회 본부의 회람을 보고, 즉각 조선 선교사가 되겠다고 자원했다. 그때부터 그는 일구월심 조선에 갈 생각뿐이었다. 조선행을 감행하는 패기와 끈기, 신심과 집념은 그의 서한집과 여행기 곳곳에 드러난다. 다음의 몇 단락을 살펴보면 브뤼기에르 주교의 초지일관 불굴의 정신이 배어 있음을 볼 수 있다.

1833년 10월 28일 산시에서 마카오 주재 파리외방전교회 경리부장 신부와 교황청 포교성성 경리부장 신부에게 올린 서한(제30신)에서는, 조선행이 난감하지만 하느님을 믿고 끝까지 밀어붙이겠노라고 다짐한다. "제가 조선 선교 임무를 요청했을 때, 그리고 그것을 수락했을 때 저는 앞으로 닥칠 모든 일과 위험을 예견했습니다. 지금 이 순간까지는 제가 생각한 것보다 덜 겪었습니다. 하느님께서는 편재하십니다. 이 세상에서 하느님 명령과 허락 없이 일어나는 일은 아무것도 없습니다. 하느님의 섭리는 언제나 바르며 언제나 숭앙할 일입니다. 제 임무는 그러한 것을 납득하여 복종하면서 제 일을 끝까지 밀어붙이는 것입니다. 이상이 하느님 은총의 도우심을 받으면서 제가 세운 굳은 결심입니다. 제가 가는 길은 제가 모두에게 버림받을 때, 제가 혼자서 여행을 계속하는 게 불가능해질 때라야 비로소 멈출 것입니다."

1834년 9월 20일 산시에서 파리외방전교회 총장 랑글루아 신부에게 올린 제39신에서는, 진퇴양난의 난국에서 조선행을 결코 포기할 수 없다는 결의를 다지고 있다. "저희로서는 입장이 난감합니다. 전진해야 할까요? 도무지 모르겠습니다. 어떻든 간에 저희는 모두 한 치도 물러나지 않을 결심이 되어 있습니다. 저희는 진지를 유지한다는 희망이 완전히 없어지기 전에는 결코 후퇴하지 않을 것입니다. 하느님께서는 저희가 이 모든 과업과 여로의 끝에서 천국을 만나도록 해주시옵소서. … 저희가 이런 혼란의 소용돌이 속에서도 굳건히 버텨내고, 그리하여 결국 약속의 땅으로 들어가게 되도록 자비로우신 하느님께 빌어주소서." 대단한 황소고집이다.

1835년 9월 28일 시완쯔에서 프랑스 에르(Aire, 프랑스 루르드 북쪽 주교좌 소읍) 교구 총대리 부스케(Bousquet) 신부에게 쓴 제48신에서도, 하느님의 섭리에 기대어 체포되지 않는 한 조선행을 강행하겠다고 한다. "제가 처한 상황이 인간적으로 말해서 좋지 않다는 것을 파악하셨을 것입니다. 그러나 저는 제 선교 임무가 하느님께로부터 나왔고 교황 성하께서 저를 직접 파견하셨다는 것을 확신하는 까닭에 오직 하느님만 믿습니다. 저는 강제로 도중에서 도리 없이 체포되기 전까지는 제가 가야 하는 땅을 향해 하느님 섭리의 품에 몸을 묻고 머리를 숙이며 위험을 헤쳐 나갈 것입니다." 아울러 같은 서한에서 조선 교우들이 와서 브뤼기에르 주교를 조선으로 인도해주기를 바라는 염원을, 구약성경의 표현들을 빌려 이렇게 말했다. "드디어 조선 교우들이 도착하면 (여전히 그들이 온다는 가정 아래) 저희는 시련과 고통의 강물이 흐르는 약속의 땅 조선으로 들어가게 됩니다. 하느님께서 허락하시면 말입니다." '젖과 꿀이 흐르는 약속의 땅'을 연상하게 하는 표현이다.

1835년 10월 6일, 시완쯔에서 마찌아즈로 출발하기 하루 전날 마카오 주재 파리외방전교회 경리부장 르그레즈와 신부에게 올린, 일생일대 마지막 서신(제52신)에서는 다음과 같은 비장한 결심을 드러낸다.

"저희는 내일 길을 떠나려고 합니다. 앞으로가 제 여행 중 가장 험난한 여정입니다. 제 앞에는 온갖 어려움과 장애와 위험만이 도사리고 있습니다. 저는 머리를 숙이고 이 미로 속으로 몸을 던집니다. 제게는 선하신 하느님께서 성모 마리아의 강력한 중재로써 제 소망을 들어주시어 저를 무사 안전하게 그 미로에서 구해주시리라는 믿음이 있습니다."

사도 바오로도 병약한 몸으로 지중해 주변에서 20여 년간(45년-64년경) 선교하면서 어지간히 고생했지만, 감히 말하건대 브뤼기에르 주교와 그 애제자 왕 요셉이 겪은 고난보다는 덜했던 것 같다. 나는 이 글들을 읽고서, 런던 빈민굴에서 아편쟁이로 죽은 프랜시스 톰프슨(Francis Thompson, 1859년-1907년)이 쓴 신앙 시 "하늘의 사냥개"를 연상했다. 사냥개가 먹이를 놓치지 않듯이 하느님도 우리를 놓치는 법이 없다는 내용의 명시다. 브뤼기에르 주교는 하늘의 사냥개를 닮았던가, 한 번 조선을 알고부터는 오매불망 조선에 가겠다는 일념뿐이었다.

나는 그로부터 도망쳤다.
밤이나 낮이나 몇 해를 두고
그로부터 도망쳤다.
내 마음의 얽히고설킨 미로에서
눈물로 시야를 흐리면서 도망쳤다.
나는 웃음소리가 뒤쫓는 속에서
그를 피해 숨었다.
그리고 나는 푸른 희망을 향해
쏜살같이 날아올랐다가
그만 암흑의 수렁으로 떨어지고 말았다.
그러나 틈이 벌어진 공포의 거대한 어둠으로부터
힘센 두 발이 쫓아왔다.
서두르지 않고 흐트러짐이 없는 걸음으로
유유한 속도, 위엄 있는 긴박감으로
그 발자국 소리는 울려왔다.
이어 그보다도 더 절박하게 울려오는 한 목소리.
나를 저버린 너는 모든 것에서
버림을 받으리라!
(하략)

브뤼기에르 주교는 1832년 8월 4일 페낭에서 싱가포르행 배를 타면서, 조선에 입국하지 못하리라고 이미 예상했다. "나는 페낭을 떠나면서 내가 성공하지 못할 것이라고 거의 확신하고 있었습니다"(제10장). 브뤼기에르 주교가 9월 30일 마닐라에 도착해서 10월 12일 마카오로 출항할 때까지 그를 극진히 환대한 마닐라 대주교도 이별 순간에, 브뤼기에르 주교가 조선에 입국하지 못하리라고 예언했다. "당신은 (조선 입국) 계획을 성공시키지 못할 것입니다"(제4장). 브뤼기에르 주교는 산시 보좌 주교 알퐁소 데 도나타(Alphonso de Donata)에게 쓴 편지에서 자신의 죽음을 예고한 바 있다. "나는 외지인 타타르에서 죽을 것입니다. 하느님의 거룩한 뜻이 이루어지소서"(샤를르 달레 지음, 안응렬·최석우 역주, 『한국 천주교회사』, p.324). 한마디로 브뤼기에르 주교는 진인사 대천명의 마음가짐으로 한 생을 살다간 거룩한 대인이다.

브뤼기에르 주교의 이런 성품을 대하면 우리는 자연스레 아브라함을 연상하게 된다. '희망이 없는데도 희망을 염원한'(로마 4,18 참조) 사나이 말이다. 인간적으로 봐서 아무런 희망이 없는데도 하느님께 거는 마지막 희망만은 붙잡고 늘어진 집념의 사나이 말이다.

아울러 우리는 저절로 모세를 떠올리게 된다. 모세는 이스라엘 백성을 데리고 40년간 시나이 반도와 모압 땅을 헤매다가 마침내 느보 산 피스가 꼭대기에 올라 저 멀리 가나안 땅을 바라보았다. 이 땅이 어떤 땅인가? 하느님께서 아브라함과 이사악과 야곱에게, 그리고 그 후손들에게 주시겠다고 언약하신 약속의 땅이 아닌가. 젖과 꿀이 흐르는 축복의 땅이 아닌가. 그러나 모세는 피스가 산꼭대기에서 요르단 강과 사해, 오아시스 도읍 예리코, 유다 사막과 올리브 산을 바라다만 보고 들어가지는 못하고 120세로 운명했다고 한다(신명 34장). 브뤼기에르 주교는 육안으로 조선을 바라보지도 못하고, 저 머나먼 마찌아즈에서 약속의 땅 조선을 심안으로 그리면서 43세를 일기로 영원하신 분께로 갔다. 브뤼기에르 주교는 이승에서 못다 이룬 조선 선교의 꿈을, 이제 저승에서 우리를 굽어보고 우리를 위해 대자대비하신 분께 간구하며 펼칠 것이다.

2) 치밀한 논리와 관찰

교황청 포교성성은 1827년 9월 1일과 11월 17일 두 차례에 걸쳐 파리외방전교회 본부로 편지를 보내 파리외방전교회에 조선 선교를 맡기고자 했다. 파리외방전교회에서는 결정을 유보하고 아시아 여러 지역에서 사목하는 회원들에게 1828년 1월 6일 자로 회람을 보내 선교사들의 의향을 물었다. 당시 방콕에서 선교사로 일하던 브뤼기에르 신부는 이 회람을 받고, 파리외방전교회가 조선 선교를 유보하면서 내세운 이유 다섯 가지에 대하여 하나하나 반박했는데(『브뤼기에르 주교 서한집』, 제10신), 그 치밀한 논리와 집요함은 혀를 내두를 지경이다.

파리외방전교회 본부는 1832년 3월 12일 자 공한에서, 외방전교회가 조선 선교를 떠맡을 생각이 없다고 재천명하고, 조선 입국을 강행하려는 브뤼기에르 주교의 처신을 나무랐다. 브뤼기에르 주교는 1832년 10월 18일 마닐라를 떠나 마카오에 도착하여 비로소 본부의 공한을 접하고 공한의 열두 가지 잘못을 치밀하게 파헤쳤다(『브뤼기에르 주교 서한집』, 제20신). 브뤼기에르 주교의 치밀한 논리와 집요한 추궁은 한마디로 압권이다.

브뤼기에르 주교는 1834년 10월 8일부터 1835년 10월 7일까지 한 해 동안 만리장성 너머 시완쯔 교우촌에서 지내면서 기온의 변화를 면밀히 관찰했다. 온도계가 귀한 곳에서 이렇게 면밀히 관찰하다니, 그의 주도면밀한 성품을 그대로 드러내고 있다(제12장).

1835년 1월 19일 브뤼기에르 주교의 애제자 왕 요셉은 베이징에서 조선 교우 세 사람과 담판을 벌여, 조선 교우들이 그해 음력 11월에 펭후앙성 비엔민에서 브뤼기에르 주교를 만나 조선으로 모시기로 합의했다. 왕 요셉은 그 즉시 조선 교우들을 베이징 주교 댁으로 데리고 가서, 피레스 페레이라 난징 주교(포르투갈 출신, 난징 교구장과 베이징 교구장 겸임)에게 합의 사실을 공식적으로 알렸다. 이에 난징 주교는 1월 21일 자로 브뤼기에르 주교에게 쓴 편지에서, 자신은 브뤼기에르 주교의 조선 입국을 돕겠다고 약속한 일이 없었고 조선 밀입국을 도울 수도 없다고 단언했다. 그러자 브뤼기에르 주교는 격분한 나머지 일구이언을 일삼는 난징 주교의 잘못을 조목조목 파헤쳤다(제12장 중간).

3) 빚지고는 못 살아

브뤼기에르 주교가 1832년 11월 10일 마카오에서 파리외방전교회 본부 신부들에게 보낸 편지(제20신) 뒷부분을 보면, 그는 남의 물건, 남의 돈을 안 갚고는 못 배기는 성격이었다. 계산이 지나치리만큼 정확한 분이었다.

① 1829년 6월 29일 자신이 샴 보좌 주교로 성성될 때 받은 선물은 다 기증자들에게 돌려주었다.

② 프랑스를 떠날 때 파리 본부에서 마련해준 소품들과 내의류는 값을 계산해서 환불하겠다.

③ 본부에서 보내준 주교 예식서와 전례서, 그리고 주교관(主敎冠) 두 개를 그냥 받을 수 없으니 대금을 지불하겠다. 지불 능력이 없지만 어

떻게 마련해 보겠다.

④ 프랑스에서 방콕으로 갖고 온 성작과 제의는 방콕에 두었다.

⑤ 본부에서 빌린 돈을 지금은 갚을 수 없지만 부모님이 돌아가시면 유산을 처분해서 갚겠다. 이러고도 혹시 안 갚은 빚이 있으면 어쩌나, 격정한 나머지 이렇게 간청했다. "혹시 제가 아직도 파리외방전교회에 빚진 게 있다면 탕감하셔서 제 마음의 짐을 덜어주시길 간청합니다."

⑥ 브뤼기에르 주교는 1832년 9월 30일부터 10월 12일까지 마닐라 대교구장 세기 대주교의 신세를 지고 마카오행 배를 탔다. 하직할 때 세기 대주교가 전별금으로 뱃삯을 주니까 그냥 받지 않고 빌린다는 조건으로 받았다. 그리고 마카오에 도착하여 교황청 포교성성으로부터 하사금을 받아 즉시 갚았다(제4장).

4) 예지와 예견

브뤼기에르 주교는 예리한 선견지명으로 약속의 땅 조선으로 못 들어가고 죽더라도 조선 교회가 사멸하지 않도록 몇 가지 조치를 취했다.

첫째, 브뤼기에르 주교의 끈질긴 노력으로 1833년 파리외방전교회가 조선 교구를 떠맡은 것이다. 그 결과 여러 번에 걸친 박해의 와중에도 프랑스 선교사들이 계속해서 조선에 잠입했다.

둘째, 브뤼기에르 주교는 탁월한 선교사 세 명을 발탁했는데, 이들이 브뤼기에르 주교 선종 이후에 조선 선교를 맡았다. 이들 세 성인의 존함은 다음과 같다.

피에르 필리베르 모방(조선 성씨 羅, 1803년-1839년) 신부:
　1836년 1월 13일 입국.
자크 오노레 샤스탕(조선 성씨 鄭, 1803년-1839년) 신부:
　1837년 1월 1일 입국.
로랑 조제프 마리위스 앵베르(조선 성씨 范, 1796년-1839년) 주교:
　1837년 12월 18일 입국.

　이들 선교사 세 분은 조선에 잠입해서 잠시 몰래몰래 선교하다가 그 사실이 탄로 나자 조선 교우들을 보호하기 위해 자수하여 1839년 9월 21일 한강변 모래사장 새남터에서 순교했다. 브뤼기에르 주교의 순직도, 그리고 그 대를 이은 이들의 순교도 한겨레가 품은 초월의 향수를 억누르지 못했다. 오히려 이들의 순직과 순교가 밑거름이 되어 오늘날 이 땅에 대자대비하신 하느님의 백성이 무럭무럭 자라고 있으니 말이다. "밀알 하나가 땅에 떨어져 썩지 않으면 한 알 그대로 남아 있지만 썩으면 많은 열매를 맺는다"(요한 12,24 참조)라는 성경 말씀이 하나도 그른 것이 없다.
　셋째, 브뤼기에르 주교의 노력으로 파리외방전교회가 1838년 신설된 만주 랴오둥 교구를 맡음으로써, 선교사들이 조선에 입국하는 데 큰 도움이 되었다.

5) 자족감

　"저는 어떤 경우에도 자족하렵니다. 제가 일생일대 목표에 도달한다면 하느님 자비의 도구가 되는 혜택을 누린 셈이 될 것입니다. 제가 목표에 도달하지 못하고 도중에 쓰러진다면 비록 제가 쟁취하지는 못했더라도

(다른 선교사들이 쟁취할) 승리의 열매를 미리 맛보며 즐길 것입니다"(24신).

자, 이제 끝맺을 일만 남았다. 우리는 역사에서 배우고, 사람들에게서 배운다. 역사와 사람은 더없이 좋은 스승이요 교훈이다. 그렇지만 교훈을 익히는 게 다는 아니다. 교훈을 익혀 삶의 활력소로 삼아야 제격인 것이다. 우리는 위대한 신앙 선조 브뤼기에르 주교로부터 철저한 신심과 끈기, 사리 분명한 처신, 선견지명을 익히고 본받을 일이다. 무엇보다도 그분의 철저한 천주 신앙과, 예수 고난에 동참하는 그분의 희생 정신을 되새기고 체현할 일이다. 서울 개포동 성당에서 열과 성을 다해 받드는 브뤼기에르 주교 현양 사업의 알맹이는 바로 이런 것이라고 여겨진다. "우리를 그리스도의 사랑에서 갈라놓을 자 누구입니까? 환난입니까? 궁핍입니까? 핍박입니까? 굶주림입니까? 헐벗음입니까? 위험입니까? 칼입니까? … 나는 확신합니다. 죽음도, 생명도, 천사도, 주권도, 현재도, 미래도, 권세도, 높이도, 깊이도, 다른 어떤 피조물도 우리 주 예수 그리스도 안에 드러난, 하느님의 사랑에서 우리를 갈라놓을 수 없을 것입니다"(로마 8,35-39 참조).

정양모(바오로) 신부

페낭에서 조선까지 가는 길

제1장 페낭에서 출항하기까지의 경위

나의 여행기를 많은 사람들이 함께 볼 수 있게 해주기를 주위 사람들이 나에게 요청해왔습니다. 나는 그 요청에 응하기로 했습니다. '여행기'를 중단하고 이미 써놓은 것을 태워버리고 싶었던 적이 여러 번 있었습니다. 그러나 맺어놓은 계약과 해놓은 약속을 떠올리면서 그런 생각을 되돌렸습니다. 여러분이 내 글을 어디에 쓸 것인가에 대해서는 여러분의 자비와 현명함으로 판단해주십사 부탁드립니다. 시간을 낭비했다는 것으로 나를 질책하지는 말아주십시오. 기막히지만 이 지리한 일기를 쓰는 데 3년도 더 걸렸습니다. 확실히 이것은 장편을 한 권 쓰는 데 걸리는 시간보다 훨씬 더 긴 세월이지요!

이 글은 일기 형식의 단순한 이야기체가 될 것입니다. 나는 생각나는 대로, 사물들이 내 시선을 사로잡는 대로 써 내려갔습니다. 이 글이 전반적으로 질서 정연하지 못한 것에 대해서는 여러분의 이해를 구합니다. 이 여행기는 여러분들이 모르는 많은 것들을 알려줄 것입니다. 그 누구도 변호할 기회를 갖고 하는 말을 들어보기 전에는 섣불리 그 사람을 판단해서는 안 된다는 사실을 알려줄 것입니다. 반드시 수만 리 먼 곳에 멀찌감치 떨어져 있어야만 현상들에 대해 현명하게 판단하거나, 수행 계획을 세우거나, 그 어떤 유럽인도 개척하지 못한 길을 가리켜줄 수 있는 것은 아닙니다. 이 여행기는 나의 뒤를 이어서 올 젊은 후임 선교사들에게 유용하게 쓰일 것입니다. 그토록 흥미로운 선교 임무가 자신들의 열정에 안겨줄 여러 가지 위험과 희망들에 대해 나름대로 어느 정도 감을 잡을 수 있게 해줄 것입니다. 내가 저지른 실수와 경솔함마저도 그들에게 성공을 이뤄내는 방법들의 단초가 될 수 있을 것입니다. 나는 경험이 없었던 탓에 그 방법들을 깨닫지 못했지만 말이지요. 만일 주님께서 우리가 조선으로 들어가 잘 버티도록 허락해주신다면 복음의 빛이 일본에까지, 그리고 아주 강렬한 복음의 빛이 비치기는 했지만 불행하게도 아주 짧은 기간에 그치고 말았던 저 커다란 섬 예소까지도 밝혀줄 것이라는 근거 있는 희망이 나에게는 있습니다.

내가 이 여행을 시도하게 된 동기부터 설명하려고 합니다. 그 다음에 이 여행에서 일어난 모든 사건과 사고들에 관해서 말하겠습니다.

내가 조선 선교에 대한 얘기를 들었을 때, 나는 아직 프랑스에 있었고 아주 젊은 나이였습니다. 이 가엾은 신입 교우들이 방치되어 있다는 것을 알고, 내 안에서는 이들을 구하러 가야겠다는 강렬한 열망이 타올랐습니다. 그러나 스스로 부족함을 느끼고, 내 계획을 실행에 옮길 방법을 도무지 찾지 못한 나는 이 불운한 사람들을 위해 기도하는 것으로만 만족하고 있었습니다. 여러 해 동안 마음속에 이 간절한 소망을 간직하고 있으면서도 나는 그것을 진정한 소명의 징후라기보다는 정체 없는 소원이라고만 여겼습니다. 내가 처한 상황은 이러했습니다. 교황청 포교성성이 파리외방전교회에 조선 선교를 맡기고 싶다는 뜻을 알리는 외방전교회 회람(1828년 1월 6일 자)을 1829년 샴(Siam, 지금의 타이)에서 받았을 때 우리는 이 회람의 의미를 잘 이해하지 못했습니다. 그때부터 나는 조선에 대한 나의 열망이 점점 커지는 것을 느꼈습니다. (1801년 주문모 신부가 순교한 이후) 30년 전부터 그리스도교 세계의 도움을 간청해온 불운한 조선 교우들에게, 내 동료들과 헤어지지 않고도 도움을 줄 수 있는 좋은 기회가 왔다고 믿었던 것입니다. 그래서 나의 주교이신 소조폴리스(Sozopolis) 명의 주교님(샴 교구장 플로랑)께 그 일에 대한 내 원의를 말씀드렸고, 그분께서는 기뻐 어쩔 줄 몰라 하시며 이 청원을 기꺼이 받아들여 주셨습니다. 그리고 주교님은 내가 계획을 실행하고자 하는 의향이 있다면 최선을 다해 돕겠다고 약속하셨고, 그리고 그 약속을 지키셨습니다. 교회는 하나입니다. 우리는 모두 성인들의 통공에 동참합니다. 그런데 교회는 세속적인 일 못지않게 영적인 일에서도 비난받을 수 있습니다. 한 선교회의 개별 이익은 교회의 보편적인 이익을 위해 포기할 줄 알아야 합니다. 포기해도 잃는 게 적거나 없는 셈입니다.

내 계획에 맞서게 될 무수한 어려움에 대해 환상을 키우지 않았습니다. 나는 그 모든 어려움들을 예상했던 것 같습니다. 그보다 더 큰 어려움들에 봉착하리라는 확신도 있었습니다. 따라서 지리하고 고통스런 이 긴 여행에서 당한 온갖 장애에 대해 내가 놀라거나 당황하는 일은 없었습니다. 나는 중국에서 체포될 수 있으리라는 생각까지 하고 있었습니다. 모든 장애와 난관에 꿋꿋이 대항해야 한다는 것이 내 감정 상태였습니다.

성공은 거의 불가능하다고들 합니다―하지만, 불가능해도 시도는 해봐야지요. 알려진 길이 전혀 없습니다―그럼, 길을 하나 만들어야지요. 아무도 주교님을 따라나서지 않을 것입니다―그건 두고 봐야지요. 하느님께서 과연 나중에 버리시려고, 그리고 태어난 바로 그날 죽게 내버려 두시려고 그 먼 조선에 그리스도교인들을 만드는 기적을 베푸셨을까요? 하느님의 섭리는 그런 것이 아닙니다. 선교사 딱 한 명만 보내 보십시오. 그가 성공을 거둔다면 이내 그의 뒤를 따를 동료들이 생겨날 것입니다. 그가 공격을 받아 순교하더라도 그는 많은 것을 얻는 것이고, 선교지들이 잃을 것은 아무것도 없습니다. 조선 사람들이 우리에게 취해야 할 방법을 지시해주고 우리가 밟아야 할 길을 가르쳐줄 때까지 기다린다는 것은 곧 불가능을 요구하는 것입니다. 사신의 자격으로 베이징에 오는 사람들 외에는 조선 밖으로 결코 나가 본 적이 없어 자기 나라밖에 모르는 가엾은 조선 백성, 바다에 대한 공포심을 타고났고 자기가 사는 지역의 좁은 테두리 안에서만 여행할 줄 아는 조선 백성으로서는 우리에게 조선행 방법을 제공하기에 결코 합당하지 않습니다. 우리가 조선 사람들을 만나러 나서지 않는다면 그들은 절대로 우리를 맞이하러 오지 않을 것입니다. 우리가 그들 나라에 갈 수 있다는 사실을 그들에게 확실히 증명하기 위해서는, 가서 그들의 문을 두드려야 합니다. 여기에 생각이 미치자, 나는 서둘러 (1833년 12월) 마카오를 떠날 결심을 굳히게 되었습니다. 나는 이런 고찰들, 이런 우려들이 옳았음을 지금 그 어느 때보다도 잘 알겠습니다. 내가 만약 좀 더 새로운 정보를 기다리며 샴이나 마카오에 남아 있었다면 결코 그곳을 벗어나지 못했거나, 결국 똑같은 말이 되는 셈이지만, 나나 그 어떤 프랑스인도 조선에 입국하지 못하리라고 확신하는 바입니다.

나는 파리외방전교회 신학교의 지도 신부들과 다른 많은 사람들에게 이 문제에 대해 편지를 썼습니다. 여러분도 아시다시피 로마에도 편지를 보냈고, 샴 교구장 플로랑 주교도 당신 나름대로 그 정도는 했습니다. 이 편지들의 내용은 여러분이 알고 있습니다. 나는 움피에레스(Umpierres) 신부(마카오 주재 교황청 포교성성 경리부장)와 라미오(Lamiot) 신부(마카오 주재 프랑스 라자로회 소속 선교사)에게 이 선교지에 관한 정보를 제공해줄 것을, 그리고 이 계획을 성공시킬 수 있도록 두 사람이 의견을 제시해줄 것을 청했습니다. 두 사람이 준 정보와 의견을 샴 교구장 플로랑 주교님과 조율하여 여러분들에게 알려주려고 했던 것입니다. 나는 라미오 신부에게 조선에 입국하는 데 합당하다고 보이는 모든 방법과 구상을 제안하면서, 그중 가장 실현성 있다고 생각하는 것들을 선택하든지, 그렇지 않고 다른 방법이나 계획이 있으면 제의해줄 것을 부탁했습니다(『브뤼기에르 주교 서한집』, 제11신 참조). 그리고 이 일에 관해 비밀을 지켜달라고 당부했습니다. 이 존경하올 선교사는 아주 설레며 들뜬 마음으로 이 소식을 접했습니다. 그는 내게 대강 다음과 같은 내용의 답장을 보냈습니다.

"주교님의 편지를 읽고 제가 얼마나 큰 기쁨에 사로잡혔는지 모른답니다! 저는 주님께서 조선에 파견하실 선교사인 당신의 발에 입 맞추며 무한한 격려의 마음을 전하고자 합니다! 이 선교지는 전적으로 프랑스 관할입니다. 이 왕국에 처음으로 십자가를 심은 것도 프랑스인이었습니다. 불행한 시대 상황으로 인해 우리 신부들 중 한 명도 조선에 파견할 수 없었으므로 우리는 포르투갈 신부들에게 도움을 요청했고, 이 선교 임무를 완전히 그들의 손에 넘긴다는 조건으로 우리의 제의가 받아들여졌습니다. 선교 임무를 양도함에 있어서, 우리는 문서로 작성하고 서명을 해야만 했습니다. 이렇게 해서 이 선교 임무는 포르투갈인들의 권한으로 넘어갔습니다."

라미오 신부는 다음과 같이 덧붙였습니다. "주교님께서 제게 제안한 모든 계획들 가운데서 실행할 수 있는 것은 제가 볼 때 아무것도 없습니다. 오히려 먼저 행동에 옮겨야 할 것은 몇몇 가난한 가족을 타타르(만주)와 조선 국경 지대에 정착시키는 것입니다. 그렇게 되면 이들은 필요한 경우 잠시 머무를 수 있는 거처나 은신처를 선교사들에게 제공해주게 될 것입니다. 포르투갈 신부들은 그들이 원한다면 주교님을 효과적으로 도와드릴 수 있습니다. 그들의 선교지들이 조선 국경 지대까지 뻗어 있거든요. 그러나 그들이 원하지 않으면 주교님은 입국하지 못하실 것입니다"(『브뤼기에르 주교 서한집』, 제11신에 대한 라미오의 답신). 이 계획은 당시 내 마음에 들었습니다. 이제는 그렇게 하는 것이 좋겠다는 확신이 섭니다.

그런데 내가 너무 앞서 나갔던 것이 마음에 좀 걸렸습니다. 나는 교황 성하께 다시 편지를 썼습니다. 요컨대 내용은 다음과 같습니다. "조선에 대한 저의 입장은 여전히 변함이 없지만, 아직도 성령이 깃들지 않은 열망들이 있습니다. 사람 눈에는 바른길로 보이나 죽음에 이르는 길이 있습니다. 어둠의 천사는 이따금 빛의 천사로 변신합니다. 하느님께로부터 심고 또 뽑으라는 명을 받으셨고, 가서 모든 민족을 가르치라고 말씀하신 예수님의 대리인으로 임명받으신 교황 성하께 간청드리니 저의 소명을 검토해 주십시오. 교황 성하께서 이에 동의하시면 제가 그토록 중요하고도 중요한 일을 위해 출발하도록 명을 내려주시기 바랍니다. 저는 저의 뜻대로 처신할 수가 없습니다. 저는 하느님의 뜻을 따르고자 합니다. 저는 하늘의 명령에 복종하며 그것을 수행합니다. 하늘의 뜻이 내려오기를 기다리는 동안 저는 제가 속해 있는 선교지에서 평생을 머무르게 되어 있는 것처럼 온 힘을 다해 제 임무를 수행할 것이며, 한편으로는 당장이라도 떠나야 하는 것인 양 언제나 준비하고 있을 것입니다." 명령이 떨어지면 내가 그것을 받자마자 샴 주교의 인가를 기다릴 것 없이 일에 돌입하는 것으로 우리는 샴 주교와 합의했습니다. 나는 실질적으로 그의 인가를 받고 있는 상태였던 것입니다.

그러나 오랜 시간을 기다렸지만 나는 아무런 답변도 받지 못했습니다. 2년쯤인가 지나서야 "교황청 포교성성에서 주교님의 제의를 수락하지 않았다. 조선 선교는 한 수도회가 담당한다. 그것은 예수회라고 생각된다. 그리고 포교성성은 마카오에 있는 한 조선 청년을 보살피는 일을 움피에레스 신부에게 맡겼다"는 등의 내용을 담은 익명의 편지 한 통을 받았습니다. (장차 여러분은 로마와 파리를 속인 이 자칭 조선 사람이라는 작자가 누구인지 알게 될 것입니다.) 나는 여러분에게 답장을 보냈습니다. 조선이 선교사들을 맞게 되었으니 이제 내 소원이 이루어졌습니다. 내가 직접 조선 선교사로 나섰던 것은 다만 조선인들에게 선교사들이 없었기 때문이었습니다.

그때 발신인 미상의 편지 한 통이 페낭으로 날아들었습니다.

조선 선교 주체가 결정된 것이 아니며, 마카오에는 조선 사람이 없다는 내용이었습니다. 페낭에 머무르고 있던 나는 교섭을 재개하고자 움피에레스 신부에게 즉시 편지를 썼습니다. 프랑스인에게 매우 헌신적인 콘포르티(Conforti) 신부(이탈리아 출신, 왕년의 중국 선교사, 페낭 신학교 거주)에게 도움을 청하기도 했습니다. 콘포르티 신부는 열정적으로 나를 도와주었습니다. 나는 이 일을 절망적으로 보고 있었지만, 그래도 마지막 노력을 시도하여 일을 성공시켜 보고자 했습니다. 나는 우리 선교회의 이익과 나의 이익을 위해서 일한다고 생각했습니다. 그러나 그런 나의 생각은 잘못된 것이었습니다. 움피에레스 신부는 선교회들을 생각하지 않고 오로지 조선 사람들의 이익을 위해 일했습니다. 이 점에서 그는 더욱 칭송받아 마땅합니다. 그는 교황청 포교성성과 포르투갈 신부들을 설득하여 1832년 결국에는 성공을 거두었습니다.

1832년 7월 초에 나는 움피에레스 신부로부터 짧은 편지 한 통을 받았는데, 그 내용은 대강 이러합니다. "조선으로 가고 싶으면 지금 당장 떠나십시오. 주교님의 조선 입국을 위한 준비는 다 되어 있습니다. 만일 샴의 대목구장께서 돌아가셨으면, 보좌 주교를 임명하시고 나서 가능한 한 빨리 오십시오." 다음은 난징 주교(베이징 교구장 겸임 피레스 페레이라)가 내게 쓴 편지입니다. "나는 조선 사람들에게 한 (유럽인) 선교사가 그들 나라에 가고 싶어 한다는 것을 알려주었습니다. 이 소식을 듣고 그 착한 신입 교우들은 기쁨에 겨워 눈물을 흘렸습니다. 그들은 자신들의 불행에 자비를 베푸는 이 신부를 향해 멀리서나마 땅에 엎드려 경배했습니다. 그러나 그들은 유럽인을 입국시킨다는 것은 어려운 일이라고 털어놓았습니다. (그렇다고 그들이 그 일이 불가능하다고 말하지는 않았습니다.)"

한편, 난징 주교 총대리인 카스트로(Castro) 신부는 내게 이런 말을 써 보내왔습니다. "갑사 주교님께서 원하시면 즉시 오실 수 있습니다. 난징 주교님께서는 갑사 주교님께서 조선에 들어가시도록 가능한 모든 방법을 강구하실 준비가 되어 있습니다. 그리고 갑사 주교님께 필요한 자금 전체를 제공해주실 것입니다." 이 편지는 나를 매우 난처한 처지로 내몰았습니다. 내가 우리 선교회에서 떨어져 나오는 상황이 되어버린 것입니다. 나는 누구로부터 내 재치권을 부여받게 될지 몰랐습니다. 교황청 포교성성이 실제로 내가 떠나기를 원하는지 여부조차 모르고 있었습니다. 움피에레스 신부는 이 점에 대한 아무런 언급이 없었습니다. 모든 동료들의 의견을 들어보았지만, 이 경우를 두고 의견의 일치를 보지는 못했습니다. 롤리비에 신부(페낭 신학교 교장)는 뭐라 말해야 할지를 몰랐습니다. 콘포르티 신부는 눈물을 머금고 내게 떠나지 말아달라고 했습니다. 이 신부의 말로는 이것은 포교성성에서 한 일이 아니라, 마카오 주재 포교성성 대표 신부가 경솔하게 내린 결정이라고 합니다. 이 일의 결과가 어떨지 예측도 하지 않고 대표 신부 멋대로 일을 계획했다는 것입니다. 이 존경하올 선교사는 중국에서 몇 년을 지낸 바 있었습니다. 그래서 내게 일어난 모든 일에 대해 짐작하는 바가 있었습니다. 그는 부쇼(Boucho) 신부에게 온 힘을 다해 나를 페낭에 붙잡아 두는 임무를 맡겼습니다. 신념에 의한 것인지 추론에 따른 것인지는 모르겠으나 이 친애하올 동료는 콘포르티 신부 편이 되었고, 샤스탕 신부(조선 선교 자원)는 아무 말도 하지 않았습니다. 알브랑 신부 생각은 어쨌거나 더 자세한 정보를 얻으러 내가 마카오로 가는 것이 더 낫겠다는 것이었습니다. 내 의견도 그와 같았습니다.

앞서 말한 움피에레스 신부 편지의 내용을 의심하고 있던 르그레즈와 신부(1830년-1842년 마카오 주재 파리외방전교회 경리부장)는 움피에레스 신부가 제안한 계획안이 채택된다면 파리외방전교회가 절대로 조선을 맡지 않으리라는 내용의 편지를 동봉했습니다. 나는 어느 편을 택해야 할지 몰랐습니다. 나는 움피에레스 신부에게 연달아 두 통의 편지를 썼는데, 그 내용은 대강 다음과 같습니다.

"신부님의 편지를 읽고 나는 몹시 혼란스러워졌습니다. 한편으로는 내가 떠나는 것이 교황청 포교성성의 공식 의향인지 여부를 모르겠다는 것입니다. 어쩌면 포교성성은 본의와는 다르게 이 새로운 조치를 취했을지도 모르겠습니다. 그렇다면 이것은 내가 단호하게 내 의지를 표명했던 것에 반대되는 조치입니다. 나는 교황 성하의 공식 파견 명령을 받고 조선에 가고 싶습니다. 결코 나는 선교지를 직접 선택하고자 하지도 않았고, 애원하거나 귀찮게 졸라서 조선 선교지를 얻으려고 하지도 않았습니다. 결국은 같은 말이 됩니다마는, 내가 무슨 자격으로 조선에 파견되었는지 아는 바가 없습니다. 관리인으로서입니까? 난징 주교의 보좌 주교로서입니까? 모르겠습니다. 신부님이 이 점에 대해 아무 언급을 하지 않으니까요. 혹시 어떤 중국인 사제, 그러니까 나의 동료이기보다는 오히려 나를 감독하는 사제의 재치권에 따라야 하는 단순한 선교사로서입니까? 이것은 알게 모르게 주교의 체면을 위태롭게 할 수도 있을 것입니다. 게다가 나는 파리외방전교회와 결별할 수는 없는 노릇입니다. 도리로서도 그렇고 보은의 차원에서도 그렇습니다. 단지 선행을 하는 것만으로는 부족합니다. 선행을 잘 행할 의무가 있는 것입니다. 그래서 나는 조선 선교를 우리와 함께하기를 소망하고 조선에 들어갈 역량이 있는 프랑스인 사제라면 모두 제 곁에 불러 모을 수 있는 권한을 요청하는 바입니다. 하지만 포교성성이 원하는 것이 진정 내가 즉시 떠나는 것이라면 아무 조건 없이 떠날 것입니다. 나는 교황 성하의 명을 따르기 위해 모든 것을 희생할 준비가 되어 있습니다. 부디 관련 사실을 내게 알려주십시오. 여기 내가 가르쳐주는 통로로 신부님의 편지를 보내주십시오. 나는 때맞춰 도착할 것입니다."

1832년 7월 23일, 클레망소(Clemenceau) 신부가 싱가포르를 떠나 페낭에 도착했습니다. 그는 싱가포르의 교우들이 보내는 탄원서를 지니고 있었습니다. 이들은 내게 이 친애하는 내 동료를 자신들의 목자로 달라고 청하고 있었습니다. 이것은 그가 영어를 할 줄 알기 때문이기도 했지만, 그것보다는 그가 이들의 마음을 움직일 줄 알았던 것이 큰 이유라고 할 수 있습니다.

25일, 뒤브와 신부(Dubois, 샴 선교사)가 쓴 편지 한 통을 받고서 나는 내가 조선의 대목구장으로 임명된 것을 알았습니다. 그때부터 나는 더 이상 망설일 것이 없었습니다. 이 편지는 나의 망설임에 종지부를 찍었습니다. 아무도 나의 출발을 반대하지 않았습니다. 곧바로(때는 저녁 5시였습니다) 나는 시노드 형식으로 내 동료들을 모두 불러 모았습니다. 그리고 싱가포르 문제에 대해 그들의 의견을 물었습니다. 우리는 로마에서 온 교서를 읽고 또 읽었습니다. 모두가 싱가포르 식민지의 교우들에 대한 권한이 우리에게 있음이 명백하다는 것을 확신하는 듯했습니다. 이 안건은 무사통과되었으나, 선교사를 즉시 파견해야 하는가, 아니면 로마의 답서를 기다려야 하는가는 만장일치로 처리되지 않았습니다. 콘포르티 신부는 지체하면 위험하다고 강력하게 주장했습니다. 그는 우리가 너무 기다리기만 했고, 어서 빨리 움직이는 것이 최선이며, 나중에는 아마 때가 늦을 것이라고 말했습니다. 롤리비에 신부와 부쇼 신부도 같은 생각이었습니다. 샤스탕 신부는 입을 열지 않았습니다. 알브랑 신부는 로마의 결정을 기다리는 것이 낫겠다는 생각이었습니다. 이 생각이 아마도 최선일 것입니다. 그럼에도 나는 존경하올 콘포르티 신부의 의견이 정당하다고 느꼈습니다. 나는 클레망소 신부가 싱가포르를 떠난 다음에 받은 몇 통의 편지를 읽고 나서, 그곳에 프랑스 사제 한 명을 서둘러 파견하지 않으면 파리외방전교회가 싱가포르를 잃을 것이라는 것을 재확인했습니다. 프랑스인들에게 맞설 능력, 저항할 수 있는 능력이 있다는 이유로 인도 고아의 참사회가 포르투갈 신부의 장상 아니면 동료 자격으로 스페인 선교사를 파견했는데, 그는 싱가포르에 도착하는 순간부터 모든 교우들로부터 존경과 사랑을 한 몸에 받았다고 합니다. 이 선교사는 교우들에게서 집 한 채를 제공받았습니다. 그는 전에 받아왔던 만큼의 충분한 봉급을 보장받았습니다. 마이아 신부(Maia, 파리외방전교회 소속의 반항아)가 그의 오랜 성무 집행 기간 동안 단 한 푼도 받지 못했던 것과는 대조적이지요.

그 스페인 선교사는 교회 건축을 위한 모금회를 개최한 바 있습니다. 가톨릭 신자와 개신교 신자를 아울러서 거의 모든 주민들이 여기에 참여했습니다. 총독은 교회 부지 제공을 약속했습니다. 그는 사목 위원들과 현금을 관리하는 재무관 한 명을 임명해놓았습니다. 계획은 착착 진행되었습니다. 그는 이 모든 일을 보름 만에 해치웠습니다. 이걸 보고도 스페인 사람들이 일 처리를 늦게 한다고 하겠습니까? 또한 그는 말 그대로 성인 신부입니다. 그는 자신에게 곧 불행이 닥치리라는 예감으로 인해 병을 얻기도 했습니다. 그는 양심을 위해 자신의 모든 이익을 버렸고, 교회의 분란을 막기 위해 자기가 할 수 있는 일은 무엇이든 했습니다. 나는 그 같은 업적이 완성되면 그 어떤 프랑스인 선교사도 싱가포르 교회에 발을 들여놓을 수 없을 것이라는 생각에 걱정스럽기까지 했습니다. 그런데 교황 성하께서 싱가포르 선교를 프랑스인들에게 맡기셨다는 사실이 알려지자마자, 마이아 신부는 그 어떤 프랑스 신부도 자신의 소성당에서 미사를 올리지 못하게 했습니다. 비공개적으로, 교우들을 모두 내보낸 뒤에 사제 혼자서 미사를 드리게 했습니다. 한편으로 샴 주교는 자신만이 싱가포르 식민지에 대한 재치권을 갖고 있다고 마음속 깊이 믿고 있었습니다. 주교는 마이아 신부가 자신을 장상으로 인정하고 있다고 믿었기 때문에 그곳에 다른 사제를 파견하지 않았던 것입니다.

랑글루아 신부(파리외방전교회 신학교 교장)와 뒤브와 신부, 그리고 르그레즈와 신부는 나에게 싱가포르에 사제를 한 명 파견하라고 독촉했고, 이 식민지를 거쳐 온 선교사들의 독촉은 훨씬 더 강경했습니다. 마침내 내 눈으로 직접 이곳 그리스도교 신자들의 애절한 상황을 목도한 나는 그 사람들을 구제할 필요성을 어느 누구보다도 더 절실하게 느끼게 되었습니다. 기회도 좋아 보였습니다. 내가 마카오로 떠나게 된 것은 싱가포르를 지나가면서 사제 한 명을 떨어뜨려 놓아도 아무에게도 의혹을 조장하지 않게끔 그럴 듯한 구실이 되는 것이었습니다. 그러나 여러분이 읽어서 알았을 것이고 또 내가 교황청 포교성성 장관 추기경에게 보낸 편지에도 썼듯이, 내가 성공을 거두지 못하리라는 것을 나는 충분히 예견하고 있었습니다.

세 번째 의제가 남아 있었습니다. 즉 그토록 험난한 일을 누구에게 맡겨야 하는가 하는 문제였습니다. 부쇼 신부(베이온 교구 출신 선교사)는 페낭에 필요하다고 판단되었고, 다른 사람들도 역시 떠나기 어려운 중책을 맡고 있었습니다. 사태의 절박함을 봐서 클레망소 신부가 즉시 싱가포르행 길을 다시 밟아야 했습니다. 사실 그는 젊었고 아직 선교 경험이라고는 없지만, 나이가 들면서 이런 결점들은 보완될 것이라고들 생각했습니다. 위의 두 신부(스페인 신부와 마이아 신부)에게 맞서자는 더욱 강경한 주장이 나왔으나, 나는 그 주장에 부화뇌동하는 것을 신중하게 삼갔습니다. 이상이 우리끼리 풀로 테쿠(페낭 신학교)에서 결정한 사항입니다.

1832년

제2장 페낭 출항 / 싱가포르 도착

바로 그날(1832년 8월 4일) 저녁 일곱 시에 나는 싱가포르로 출항하는 배를 탔습니다. 클레망소 신부는 내게 25피아스터를 빌려주었습니다. 뱃삯을 치를 돈이 내겐 없었습니다. 샴 선교지를 떠나면서 나는 아무것도, 응당 내 몫이랄 수 있는 것조차 챙기고 싶지 않았던 것입니다. 나는 내가 떠난다는 사실을 (페낭) 교우들에게 알리지 않았습니다. 내가 배를 타야 할 시간이 되어서야 몇몇 사람이 그 사실을 알게 되었습니다. 그러나 그들은 그저 짧은 여행이라고만 생각했을 뿐 내가 다시는 돌아오지 못하게 되리라는 것은 아무도 상상하지 못했습니다. 8월 4일에 배는 닻을 올렸습니다. 5일은 주일이었는데, 부쇼 신부는 내가 지시한 대로 신자들에게 교황 성하께서 나를 멀고 아주 위험한 선교지로 보냈으며, 언제고 내가 페낭으로 돌아올 희망은 거의 없다고 알렸습니다. 그 후에 들은 얘기로 신자들은 정말 예상하지 못했던 그 소식에 매우 마음 아파했다고 합니다. 그들은 거의 모두 자신들 곁으로 다시 돌아와 줄 것을 간곡히 청하는 내용의 편지를 보내왔습니다. 샤스탕 신부는 나를 따라오고 싶어 했습니다. 그러나 나는 그의 요청을 들어주는 것이 적절치 않다고 생각했습니다. 다만 이 일이 계획대로 잘 진행되면 그를 부르겠노라고 약속했습니다.

13일, 우리는 말라카(Malaca)에 도착했습니다. 이 선교지를 기꺼이 맡아 사목하고 있는 도미니코회 원장 신부는 늘 내게 그랬듯이, 매우 극진히 나를 대접해주었습니다. 나의 길고 빈번한 순례 기간 동안 거쳐 온 다른 모든 곳에 대해서도 이렇듯 자세히 얘기하지는 못하겠습니다.

17일, 싱가포르 땅을 밟은 우리는 동방 박사들이 예루살렘에 입성할 때처럼 환영받았습니다. 우리의 출현으로 이 식민지 전역은 술렁였습니다. 독실한 가톨릭 신자이며 훌륭한 교우인 한 아일랜드 장교가 나를 자기 집에 맞아들였고, 필요한 것들을 넉넉하게 마련해주었습니다. 내 생각에 그는 지금 파리에 살고 있는 한 아일랜드 주교의 동기 같습니다. 그의 성씨는 막수아니(Maksuani)입니다. 클레망소 신부에게는 어떤 프랑스인이 자기 집을 제공했습니다. 그리고 페낭에서 온 한 교우가 자신이 관리를 맡고 있는 어떤 곳을 성의를 다해 개조했고, 모두가 그곳을 봉헌하여 소성당으로 삼았습니다. 이들 세 남자 교우들과 페낭에서 새로 온 한 여자분이 열렬히 우리의 일에 동참했습니다. 나머지 교우들은 무관심하거나 그 이상이었습니다. 그러니 그 세 분(막수아니, 티리에, 도랄)이 없었다면 어디에다 우리의 거처를 잡았을는지 모르겠습니다.

도착하자마자 나는 마이아 신부를 정식으로 집에 초대하여 그의 행동을 헤아려 보고자 했습니다. 그러나 그는 나타나지 않았습니다. 그런데 스페인 선교사(인도 고아에 파견된 포르투갈 선교회 사제)는 아주 다르게 행동했습니다. 그는 뱃머리에 와서 나를 맞이했고, 나의 새로운 거처까지 따라왔습니다. 그리고 여러 차례 나를 찾아왔습니다. 사실 나는 그에 대해서 좋지 않은 선입견을 가지고 있었지만, 나중에는 그가 정직하고 신념을 가지고 행동하는 사람이라고 믿게 되었습니다.

  그런데 저 포르투갈 신부(인도 고아 포르투갈 선교회 파견 사제)는 어떤 타협에도 응하지 않았습니다. 나는 항상 기본적인 사항에 대해서는 교황 성하의 결정에 맡기자고 제안했습니다. 그러나 그는 도무지 이에 동의하지 않았습니다. 더 이상 그를 재촉하는 것이 소용없는 짓이라고 여겨지자, 나는 1년 전 내가 그에게 부여해주었지만 도대체 그것에 대해 전혀 존중의 자세를 보이지 않은 그의 권한들을 모두 박탈해버렸습니다. 어떤 면에서는 이 신부를 용서할 수도 있었습니다. 그는 어차피 고아 참사 위원의 도구에 불과하니까요. 한편 스페인 신부는 얼마간의 망설임 끝에 모든 것에 동의를 했습니다. 그는 샴 주교의 통치권을 받아들였습니다. 그는 고아 지역에 대한 통치권을 유지하면서도 교황 성하의 판단에 부응했습니다. 그런데 먼저 클레망소 신부가 싱가포르를 떠나지 않는 한 중재 조정 사항에 서명하려고 들지 않았습니다. 그는 혼자 있고자 했던 것입니다. 나는 불합리하고 위험해 보이는 그런 조건에 동의할 수 없었습니다. 일은 거기서 답보 상태였습니다. 다만 나는 신자들에게 마이아 신부를 제외하고, 프랑스 선교사와 스페인 선교사 중 마음대로 골라서 성사를 볼 수 있다고 알려주었습니다. 마이아 신부는 내게 트리엔트 공의회 교령에 근거한 정직 처분 서식을 서면으로 보내왔습니다. (그는 나를 견책한다고 하지 않고 나의 주교직을 정지시킨다고 했습니다.)

마이아 신부는 이 교령을 정확히 인용했지만 아주 엉뚱하게 풀이했습니다. 내가 타 교구에서 교구장의 인가도 없이 주교직을 행사하는 떠돌이 주교라는 것입니다. 그는 모든 교우들에게, 누구든지 내가 드리는 미사와 내가 데려간 신부가 드리는 미사에 참석하면, 그 한 가지 사실만으로도 파문당할 것이라고 미리 경고했습니다.

체류 기간이 조금 길어질 것 같아서 나는 그곳의 총독을 찾아보는 것이 좋겠다고 생각했습니다. 나는 그에게 클레망소 신부를 싱가포르의 신임 선교사로 소개했습니다. 이러한 직함에 그가 조금 꺼림칙해 하기는 했지만, 좋든 싫든 일종의 논의에 돌입해야만 했습니다. 나는 그에게 사실을 있는 그대로 설명하는 것으로 만족했습니다. 말을 마치면서 나는 교황 성하께서 싱가포르의 교회 행정을 프랑스 선교사들에게 맡겼는데, 고아 참사회의 선교사들은 이 처분을 맹렬히 비난하고 있다고 그에게 얘기해주었습니다. 총독은 가톨릭 신자입니다. 그래서 이런 문제들에 있어서 교황 성하께 전권이 있다는 것, 그러므로 우리의 권리가 확실하고 명백하다는 것을 알고 있습니다. 그는 "물론 그렇겠지요. 그렇지만 스페인 신부는 좋은 사제입니다. 고아 총독이 특별히 내게 그를 추천했습니다" 하고 대답하더군요.

"그 스페인 신부는 성인 사제입니다. 그렇지 않다고 말씀드리지는 않겠습니다. 하지만 그의 온갖 개인적인 장점을 다 합쳐 보아도, 또한 고아 총독의 추천이 있었다고 해도, 고아 총독이 교회 통치권을 갖고 있지 않은 한 이 스페인 신부가 교회의 재치권을 부여받지는 못할 것이며, 재치권에 의심받을 구석이 있는 한 그것을 확고히 할 수 없을 것입니다."

"주교님의 말씀이 옳습니다. 그러기에 더욱 나는 그 신부에 대해서나 마이아 신부에 대해서나 아무것도 할 수 있는 게 없습니다."

"총독 각하, 나는 이 두 신부에 맞서서 각하의 도움을 간청하려고 온 것이 아닙니다. 이것은 순수하게 교회 일이며, 세속 행정과는 관계가 없는 일입니다. 나는 싱가포르 식민지에서 얼마간 머물러야 하기에, 이 지역의 최고 행정관이신 총독님을 찾아가 이곳의 시민이 될 내 동료 클레망소 신부를 소개하는 것이 나의 의무라고 생각했습니다. 바로 이것이 내가 총독님을 방문한 유일한 목적입니다."

"좋습니다, 좋습니다. 네, 네."

나는 이어서 교회를 짓기 위한 부지를 부탁했습니다. 그는 "기꺼이 해드리지요. 토지대장을 갖다드리도록 할 테니, 미점유지 가운데 마음에 드는 부지를 선택하십시오" 하고 말했습니다. 이상이 이번 회합의 정확한 보고 내용입니다만, 이것은 정작 아주 다른 식으로 보고되었습니다. 사람들은 내가 마이아 신부를 싱가포르에서 강제로 쫓아내도록 총독에게 간청했다고 주장했던 것입니다.

나는 그 스페인 신부가 부쇼 신부와 더불어 이 일을 완결하게 된다면 매우 만족스러워 하리라고 생각했습니다. 그가 부쇼 신부를 대단히 신뢰하고 있었기 때문입니다. 그래서 사람을 시켜 부쇼 신부를 불렀습니다. 그 이후, 스페인 신부가 내가 당초 제안했던 타협안에 서명했다는 것을 알았습니다. 즉 우리는 로마의 결정에 따르기로 했습니다. 클레망소 신부가 선교사로 싱가포르에 남았고, 양편은 서로 관할권을 인정했습니다.

협정이 조인되자마자 두 명의 프랑스인 선교사가 싱가포르에 도착했습니다. 우리는 감사의 표시로 장엄 미사를 올리고 사은 찬미가를 불렀습니다. 스페인 선교사가 미사를 주례했습니다. 두 명의 프랑스 선교사는 부제와 차부제 역할을 수행했고, 다른 두 명은 성가대가 되었습니다. 스페인 출신 주례 사제는 복음서를 읽고 나서 강론을 했습니다. 그는 그들 간에 결정된 합의 사항을 신자들에게 알렸습니다. 강론이 끝나고 나서 모두들 평화의 인사를 나누었습니다. 이 감동적인 예식을 통해, 그 목적이었던 화해의 행위를 확인하면서, 모든 청중의 눈에는 기쁨의 눈물이 흘렀습니다. 신자들은 이런 행복한 순간을 갈망하고 있었던 것입니다. 그들은 그날이 그들 생애에서 가장 아름다운 날이라고 말했습니다. 그런데 교회 분리를 종식시켰어야만 했던 이러한 행위는 교회 분리를 더욱 강화할 뿐이었습니다. 그렇게 프랑스인들이 한 진영을, 포르투갈인 사제가 또 다른 한 진영을 이루었습니다. 그 이후로 두 개의 교회와 두 개의 제단이 존재했습니다. 얼마 후에 그 스페인 사제는 자신이 쏟아온 열정의 대가로, 그리고 프랑스인들과 맺은 화해의 대가로 고아 참사회 선교사들로부터 공식적으로 정직 처분을 받았습니다.

각자 이 일로 어떤 영향을 받았느냐에 따라 이 일에 대한 사람들의 얘기는 각양각색입니다. 나는 비난을 받았습니다. 이는 어쩌면 일리가 있습니다. 그러나 어떤 일이 있어도 변명하지는 않겠습니다. 어떤 일의 정의와 일을 성공시키기 위해 사용한 방법의 정당성을 판단할 때, 보통 사람이라면 거의가 항상 일의 결과에 따라 움직이기 마련입니다. 일이 성공하면 원인은 정당한 것이고, 실패하면 애당초 잘못한 것이거나 대책을 잘못 세웠다고들 합니다. 다른 모든 경우와 마찬가지로 이번 일에서 나는 주도면밀한 검토가 있고 나서야, 또한 내게 충고를 줄 만한 사람들의 의견을 듣고 나서야 행동했습니다. 나에게 착오가 있었다고 하더라도 그것은 순전히 나 혼자만의 것이 아닙니다. 어찌 됐든 샴의 주교가 내 행동을 인정했고,

내가 행한 모든 것을 공인했습니다. 교황청 포교성성은 나를 책망하지 않았습니다. 교황청 포교성성이 프랑스인들 편이라고 공공연하게 선언하고 나설 엄두를 내지 못한 것은 신중함의 소산입니다. 이 불행한 사건은 나에게 많은 괴로움을 안겨주었고, 그 괴로움은 아직까지도 여전합니다. 내 생각을 말해도 된다면, 나는 싱가포르 식민지에 대한 재치권을 포르투갈인들에게 넘겨주자고 프랑스인들에게 말하고 싶습니다. 그렇게 한다면 사실 교우들이 많은 손실을 입게 될 것입니다. 포르투갈이 담당 선교 임무에 충분한 수의 유럽인 사제를 제공할 능력이 없기 때문입니다. 그렇다고 싱가포르가 특혜를 받을 권리가 있는 것도 아닙니다. 그러니 고아 지역의 인도인 사제 한 명을 그곳에 파견하게 될 것입니다. 하지만 인도인 사제는 선을 증진시킬 충분한 열정과 재능이 없고, 악을 제지할 충분한 권위를 갖고 있지 않기 마련입니다. 유럽인들과 유럽인이라고 주장하는 자들은 그런 인도인 사제를 존경하지 않을 것입니다. 유럽인들에게 카나리아가 내는 구르는 소리 같은 인도 이름은 웃음거리가 될 것입니다. 이러한 동기들과 비중이 덜한 다른 몇 가지 이점들을 반드시 고려해야 하겠습니다. 그렇지만 프랑스와 포르투갈 교회의 불행들을 상쇄할 수 있는 좋은 점이라고는 영적인 차원에서조차 없습니다.

저는 출발을 생각해야 했습니다. 항해 계절이 되었지만 나를 무료로 태워주기로 한 배는 나타나지 않았고, 선장들은 하나같이 싱가포르에서 마카오까지 가는 운임으로 1,000프랑, 아니 심지어 1,200프랑까지도 요구했습니다. 그것도 현금으로 내야 했습니다. 최고로 보상해주겠으니 광둥까지 외상으로 태워달라고 부탁해 보았지만 소용없었습니다. 방법이 없었습니다. 그 같은 액수를 지불할 처지가 못 되었습니다. 내 마음대로 쓸 수 있는 돈이 한 푼도 없었습니다. 돈이 있는 사람은 내게 빌려주려고 하지 않았고, 빌려줄 의도가 있을 만한 사람들에게는 돈이 없었습니다. 내가 싱가포르에서 겪었던 장애와 어려움들은 이어서 겪어야만 할 것에 대한 일종의 전조, 아니 차라리 예행 연습이었습니다. 그런데 내 일을 아주 열심으로 시중들던 신자 중의 한 사람인 도랄 씨가 엄청나게 신경을 쓰더니 결국 영국인 선장 한 사람에게서, 100피아스터만 주면 그의 배로 나를 마닐라까지 태워다주겠다는 약속을 받아냈습니다. 클레망소 신부가 또 내게 이 돈을 빌려주었습니다. 이로 인해 그의 재정 상태가 심히 어려워질 텐데도 말이지요. 나는 페낭 신학교 학생인 중국인 청년(왕 요셉)을 여행 동반자로 삼았습니다. 이 청년은 내 여행기에서 중요한 역할을 하게 되므로 여러분에게 소개를 하는 것이 좋겠습니다. 그의 이름은 요셉입니다. 조선 문제가 나오기 전에 이 청년은 병 때문에 신학교를 그만두었습니다. 샤스탕 신부가 페낭에 사는 중국인 교우들의 전교회장으로 그를 추천했습니다. 나는 이 신학생에 대해서 아는 바가 없었습니다. 그를 본 적도, 말을 걸어 본 기억도 없었습니다. 나는 롤리비에 신부를 통해 그에 관한 정보를 얻었습니다. 롤리비에 신부는 "이 청년은 절대로 쫓겨난 것이 아닙니다. 신학교를 그만둔 것은 건강상의 이유였습니다. 그는 신앙심이 깊고, 신학교에서 가장 우수한 학생들 중 하나였습니다. 그는 한자를 잘 알고 있으므로 주교님께서 말을 배우시는 데 도움이 될 겁니다"라고 말해주었습니다. 내가 떠나야 할 때가 되자, 그는 나를 따라오고 싶어 했습니다. 나는 그의 의도를 짐작하지 못하고서, 그가 클레망소 신부의 전교회장 자격으로 싱가포르에 가는 것으로 여겼습니다. 그런데 내가 싱가포르 식민지를 떠날 때 그는 기어코 나를 따라오고자 했습니다. 그런 결심에 놀라서 그에게 물었습니다.

"내가 어디로 가는지 알고 있소?"

"네, 알고 있습니다."

"그렇게 보이지 않는구려. 나는 중국으로 가는 것이 아니라오. 그보다 더 멀고 더 위험한 선교지로 갈 것이오. 그대가 끝까지 고집 부려 나를 따라온다고 해도, 얼마 못 가서 죽게 될 수도 있소. 잘 생각해 보시오."

"주교님께서 조선으로 가신다는 것을 저는 잘 알고 있습니다. 저는 하느님의 은총을 입어 이 여행에 따를 수 있는 위험도, 또 이 선교 임무 중에 발생하는 위험에도 맞설 마음의 준비가 되어 있습니다. 무엇보다 하느님을 위해 생명을 내어놓는다는 것은 두려워할 일이 아니라 오히려 열망해야 할 일입니다."

그의 그러한 대답이 참으로 놀라웠지만, 나는 그것이 열정으로 인한 일시적인 충동은 아닐까 염려되어, 다시금 그의 소명을 시험해 보고자 했습니다. 그래서 싱가포르나 마카오에서 여러 사람을 시켜 그의 마음을 떠보았습니다. 그러나 그의 말은 한결같았습니다. 이후 나는 더 이상 고집하지 않고, 그에게 나를 따라와도 좋다고 허락했습니다. 이 젊은이는 나에게 많은 도움이 되었습니다. 그가 병약한 관계로 내가 출발하기 바로 며칠 전에 신학교를 그만둘 수밖에 없었던 것은 주님의 특별한 뜻에 의한 것입니다. 그는 매우 활동적이고, 중국인 가운데서는 범상치 않게 결심이 굳은 사람입니다. 그는 여행 내내 걷거나 혹은 아주 열악한 장비를 이용하고, 건강이 매우 쇠약해진 상태인데도 나를 돕겠다고 벌써 베이징에서 파리로 가는 길보다 더 먼 길을 다녔습니다. 아주 야윈 몸으로 다 죽어가는 한 중국인 청년이 내게 그토록 도움이 되리라고는 생각지도 못했던 일입니다. 그 당시 사람들은 내가 책략을 써서 이 청년을 신학교에서 몰아냈고, 또 내가 알브랑 신부를 대동하려고 했다며 나를 비난했습니다. 그러나 이는 모두 나를 곡해하는 것입니다.

  일이 다 끝나자, 나는 싱가포르 교우들과 작별 인사를 했습니다. 그들에게 모든 사람들과 화평하고 화목하게 지내며, 순전히 마음이 쏠린다는 이유로 어느 한 파벌에 매이는 일이 없도록 조심할 것을 권고했습니다. 그리고 "교황 성하의 결정을 기다리고, 토를 달 것 없이 그 결정 사항을 따르십시오" 하고 말했습니다. 클레망소 신부에게는 교회를 건축하는 소임을 맡겼습니다. 실로 얼마 안 가서 싱가포르와 풀로 테쿠, 이 두 곳에 교회가 세워진 것을 알았습니다. 샤스탕 신부는 자신도 궁핍하고 그의 신자들도 매우 가난한데, 어떻게 해서 그토록 빠른 시일에 풀로 테쿠에 성당을 지을 수 있었는지 모르겠습니다.

제3장 싱가포르 출항 / 마닐라 도착

9월 12일, 우리는 마닐라를 향해 출항했습니다. 우리가 막 바다에 들어서는데 나를 마카오까지 무료로 태워주기로 한 배가 도착했습니다. 내가 조금 지나치게 서두른 탓에 1,000프랑 가까이 되는 돈을 이미 치렀습니다. 우리 배의 선장은 순박하고 신심이 깊은 사람이었습니다. 하느님께서 자기 배를 지켜주시는 은혜를 구하기 위해 늘 기도를 하곤 했습니다. 그는 태풍을 몹시 무서워했습니다. 선장은 내가 몇 년 전 이 근방에서 무서운 폭풍우를 겪은 일이 있었다는 이유로 매번 나를 믿고 내 의견을 물어 왔습니다. 그는 내게 "이런 날씨를 어떻게 생각하십니까? 태풍의 전조로는 어떤 것들이 있습니까? 태풍을 만나면 어떻게 배를 조타해야 합니까?" 하고 물었고, 나는 생각나는 대로 그에게 말해주었습니다. 날씨가 험할 때면 언제나 선장은 내가 일러준 사항들을 충실히 지켜 나갔습니다. 그는 중국의 바다를 항해한 일이 한 번도 없었던 것입니다. 그러나 다행히도 하느님께서는 우리에게 평온한 항해를 허락하셨습니다. 태풍이 우리보다 앞서 마닐라에 상륙했던 것입니다.

우리가 마닐라 만에 다다른 것은 10월 1일 월요일이었는데, 정작 상륙해보니 그곳은 아직도 9월 30일 주일이었습니다. 필리핀 군도는 1521년 포르투갈 출신 스페인 탐험가인 마젤란이 동쪽에서 서쪽으로 항해하다가 아메리카와 태평양을 지나면서 발견했습니다. 이제 이들 섬에 갈 때는, 서쪽에서 동쪽으로 항해하면서, 희망봉을 돌아 인도양을 거쳐 갑니다. 바로 이것이 여러분들도 나만큼이나 잘 알고 있던 그 범상치 않은 현상의 유일한 원인입니다.

닻을 내리자, 나는 어떻게 상륙을 하고 짐을 찾아야 할지 몰랐습니다. 돈이 하나도 없어서 운임을 지불할 수 없었던 것입니다. 그런데 다행히도 나를 궁지에서 구해줄 일이 일어났습니다. 배를 답사하러 온 스페인 선장이 내가 성직자라는 것을 알고, 자신의 대형 보트를 타고 상륙해주시면 영광이겠다며 간청하는 것이었습니다. 나는 애써 거절하지 않았습니다. 그는 나를 아주 각별히 대접해주었고, 제일 좋은 자리를 내주었습니다. 대형 보트로 항해하는 동안 사람들은 나를 머리에서 발끝까지 위아래로 훑어보았습니다. 사람들은 내가 너무나 소박한 옷차림을 하고 있다고 했습니다. 그들은 내게 몇 가지 질문도 던졌는데 그중 골자만 적어 봅니다.

"수사님이십니까?"

"아니오, 저는 재속 신부입니다."

"어디에 가십니까?"

"선교하러 갑니다."

"당신 정부에서 받는 돈은 얼마나 됩니까?"

"한 푼도 받지 않습니다."

"그러면, 무슨 연금을 타십니까?"

"그 어떤 것도 없습니다. 독실하고 자비로운 우리 동포들이 자진하여 주는 것밖에는 없습니다."

"마닐라에는 무슨 일로 오셨습니까?"

"아무 일도 없습니다. 저는 즉시 마카오로 떠날 것입니다."

"그렇다면 싱가포르에서 마카오로 직접 가는 것이 더 간단하지 않았을까요?"

"여행 삯을 치를 돈이 있었으면 그랬을 테지요."

"하지만 여기에 올 만한 돈은 있었던 게 아닙니까?"

"누가 빌려주었습니다."

"어째서 마카오로 직접 갈 만한 돈은 빌려주지 않았을까요?"

"나를 도와준 사람은 그 많은 경비를 제공할 형편이 되지 못했습니다. 내가 마카오까지 여행을 계속할 수 있도록 도움을 줄 만한 너그러운 스페인 사람을 이곳에서 만나게 되기를 바랍니다."

그들은 나의 그런 기대가 어긋나지 않을 거라고 말해주었습니다. 그렇기는 하지만 한 성직자가 확실한 고정 연금도 없이 이렇게 긴 여행을 감행한 것을 보고 약간 놀라는 눈치였습니다. 배에서 내리니 어떤 장교가 대주교관까지 갈 수 있도록 내게 자기 마차를 내주고 자기는 걸어서 집으로 돌아갔습니다. 이런 일이 프랑스에서도 있었겠습니까? 세기 대주교는 다른 모든 프랑스인 선교사를 맞이하듯이 나를 맞아주었습니다. 이분 자신도 선교사로 일한 적이 있습니다.

마닐라는 필리핀 군도에서 가장 크고 가장 비옥한 루손 섬의 수도로서 꽤나 반듯한 도시지만, 그렇게 크지는 않습니다. 집들도 별로 높지 않고요. 군도에서 매우 빈번하게 일어나는 지진에 잘 견딜 수 있도록 건축되어 있습니다. 내게 비친 마닐라는 어둡고 조용하며 우수 어린 모습을 하고 있었습니다. 성당들은 놀라울 정도로 화려합니다. 대축일에 성당들이 장식될 때면, 성소에는 오직 금은 색만 보입니다. 주 제대와 그 장식 기둥, 조각상, 등잔, 촛대와 의자들조차 모두가 은으로 되어 있으며, 제의와 성당 기물들도 매우 화려합니다. 이 성전을 장식하고 있는 귀금속들은 아메리카에서 온 것들입니다. 스페인 사람들은 신대륙에서 나온 보물들을 차지했지만, 그것들을 고귀하고 종교적인 용도로 쓸 줄도 알았습니다. 그들은 하느님을 절대로 잊지 않았고, 하느님께 가장 좋은 몫을 바쳤습니다.

마닐라에는 유럽인들의 수도원이 네 개나 있습니다. 이들은 마닐라와 섬 내부에서 사목합니다. 교구 성직자들은 모두 현지인 사제들입니다. 필리핀에서 유일한 관구 참사회도 마찬가지입니다. 이곳에는 대학이 하나 있는데, 거기서는 신학과 교회법, 민법을 가르칩니다. 모든 수도회는 계율을 아주 잘 지키며 대단한 존경을 받고 있습니다. 나는 도미니코회 수도사들을 접할 기회가 여러 번 있었는데, 이들은 나에게 특별한 감화를 안겨주었습니다. 매우 엄격한 이들은 일 년 내내 금육을 하며, 자주 단식을 하고, 자정에 일어나 두세 번 성무일도를 바치고, 여러 차례 명상을 하기도 합니다. 이들의 모습에서 성스러운 무언가가 빛나는 것이 보입니다. 그래서 이들에 대한 존경과 사랑의 마음이 들지 않을 수 없었습니다. 이들은 대부분 훌륭한 신학자들로서 청빈하게 살고 있습니다. 아메리카에서 혁명을 일으킨 자들이 이들의 수입을 앗아간 이후로 이들은 가난합니다. 오직 수도원

성당만 화려합니다. 나는 프랑스 선교사들이 얼마 전부터 자기네 수도원에 와서 유숙하지 않는 것에 대해 이들이 괴로워하고 있다는 것을 간파했습니다. 다른 이들도 역시 똑같은 지적을 했습니다. 이들 프랑스인들은 아우구스티노회로 가는 것을 선호합니다. 나는 여러분이 세기 대주교가 부재중일 때라도 몇몇 동료들을 도미니코회로 보내준다면 그곳 수도사들이 기뻐할 것이라고 생각합니다.

  세기 대주교가 내게 한 말에 따르면, 루손 섬은 네 교구로 나뉘어 있습니다. 마닐라가 대교구이고, 나머지는 마닐라 관구에 속한 교구라고 합니다. 루손 섬에는 300만 명의 토착민 가톨릭 신자가 있습니다. 마닐라 대교구 단 한 군데에만 100만 명이 소속되어 있습니다. 외교인으로는 산속에서 숨어 지내는 야만적이고 잔인한 몇몇 원주민 부족만이 있을 뿐입니다. 그들을 개종시키려고 애를 쓰고는 있지만, 엄청난 고통과 인내를 지불해서야 겨우 약간의 성공을 거두고 있습니다. 루손 섬에든 이웃한 섬에든 계속해서 새로운 선교지를 개척해 나가고 있습니다. 그런데 선교지는 번창하고 있지만, 다른 곳과 마찬가지로 여기서도 교회 일꾼이 부족하다는 한탄이 나오고 있습니다. 더 이상 유럽으로부터 예전처럼 많은 수의 교회 인력이 오지 않고 있습니다. 현지인 사제들도 그 수가 많다고는 하지만 만족스럽지가 못합니다. 이상의 세세한 이야기들은 세기 대주교로부터 들은 것입니다.

  마닐라 사람들은 가톨릭에 대한 애착이 매우 강합니다. 인도에서는 그들에 대해 이런 평판이 나돌고 있습니다. 수도 마닐라와 인근 지방의 사람들은 유럽인들이 그들에게 보여준 악한 표양을 보고 못마땅하게 여깁니다. 가톨릭의 영향 때문에 이 식민지는 지금까지 변함없이 스페인 사람들

손에 있습니다. 필리핀 사람들은 행복해 합니다. 이들에 대한 처우가 매우 호의적이고 따뜻한 것이지요. 그런데 이들 토착민 중 어떤 이들은 자신의 행복을 전혀 느끼지 못하고 있습니다. 새로운 것에 대한 애정이 이 섬들 안에까지 엄습한 것 같습니다. 새로운 통치 방식을 갈망하는 사람들이 있는 것입니다. 그들은 스페인의 종속에서 벗어나게 되는 순간 그들의 불행이 시작되리라는 것을 보지 못하는 장님들입니다.

제4장 마닐라 출항 / 마카오 도착

나는 마닐라에서 며칠밖에 묵지 않았습니다. 10월 12일 저녁에는 광둥으로 출항하는 미국 배를 탔습니다. 세기 대주교님이 내게 뱃삯을 치를 만큼의 돈을 주셨습니다. 나는 이 돈을 다만 빌린다는 조건으로 받았습니다. 이 돈은 마카오에서 온전히 되갚았습니다. 나는 기도를 통해 나를 도와주십사고 그분께 청했습니다. "얼마 있으면 기도가 아닌 다른 방법으로 선교 임무들을 도울 수 있을 것입니다" 하고 대주교님은 대답하셨습니다. 그분의 표현이 그랬습니다. 그러나 정작 마지막 작별 인사 때는 "당신은 (조선 입국) 계획을 성공시키지 못할 것입니다"라고 말씀하셨습니다. 당시 나는 그분이 예언자라고 생각하지 않았습니다. 그분이 절망하신 사연은 라미오 신부가 두려워한 사연과 같습니다. 내게 이런 슬픈 예언을 한 사람은 대주교님만이 아닙니다. 움피에레스 신부만이 유일하게 낙관적 견해를 표명했을 뿐입니다. 그러나 나는 아무런 희망이 보이지 않을 때에도 희망을 가져야 한다고 늘 생각했습니다.

13일 아침에 우리는 마닐라 만을 빠져 나와, 17일에 역풍과 역류를 무릅쓰고 마카오를 목전에 두었고, 18일 마카오에 상륙했습니다. 나는 곧장 움피에레스 신부 거처로 갔습니다. 이 신부는 내게 "저희 집에 오시길 잘 하셨습니다. 파리외방전교회 경리부 신부는 주교님을 받아주지 않았을 테니까요" 하고 말했습니다. 나는 그를 통해 우리 전교회의 지도자 신부들이 내린 단호한 대책에 관해 알게 되었습니다. 르그레즈와 신부는 "갑사 주교님께서 마카오에 오시면 집으로 맞아들이지 마십시오. 그분의 일에 아무런 개입도 하지 마십시오. 이 일은 교황청 포교성성이 관여합니다"라는 내용의 편지를 (파리외방전교회 본부로부터) 받았던 것입니다. 이것을 가장 간결한 표현으로 축약해 보면, '그가 어떤 상황에 처하더라도 그에게 어떤 도움도 주지 말라'는 것이 되겠지요. 그러니 프랑스인도 아니고 동료들도 아닌 다른 사람들이 나를 냉대할 수 있으리라는 것에 내가 놀랄 이유가 있겠습니까? 게다가 만약 내가 이 편지에 서명한 사람들을 안다고 해도, 나는 그와 같은 조치 뒤에는 그리스도교적인 어떤 신중함에서 나오는 것과는 다른 동기들이 숨어 있는 것이라고 치부하겠습니다. 르그레즈와 신부는 다행히도 이러한 금지 조치를 부드럽게 설명했습니다. 그는 그것을 전적으로 엄격하게 지켜야 한다고 생각하지 않았습니다. 이리하여 나는 임시로 지내던 곳을 거처로 정할 수밖에 없었습니다.

21일, 나는 여러 장의 교서를 받았습니다. 그것들은 마치 하늘에서 뚝 떨어진 것 같았습니다. 누가 그것들을 보냈을까요? 누가 가져왔을까요? 난 도대체 아는 바가 없습니다. 나는 소조폴리스 주교님(샴 교구장)께 이제는 내가 당신의 부주교가 아니므로 마음 내키시는 대로 다른 부주교를 선택하시라는 편지를 올렸습니다. 이후 얼마 되지 않아서 나는 주교님께서 그런 수고를 면하셨다는 사실을 알게 되었습니다. 내가 계속 페낭에 있었기 때문에 나를 이을 후임자 한 명이 이미 파견됐던 것입니다.

1832년 11월 11일, 랑글루아 신부는 폴린 자리코(Pauline Jaricot)라는 처녀가 1819년 리옹에서 창립한 전교후원회에서 내게 5,600프랑을 지급했다고 알려주었습니다. 나는 그토록 너그러운 처사에 매우 감격했습니다. 사실 이 지원금은 그야말로 때맞춰 온 것이었습니다. 움피에레스 신부와 나는 그 돈이 무척 필요한 참이었습니다. 당신의 이름으로 주시는 한 잔의 물도 당신의 보상을 받을 자격이 있다고 판단하시는 지극히 자비하시고 선하신 하느님(마태 10,42 참조)께서는, 이 독실한 프랑스 교우들을 당신의 풍성한 강복으로 채워주시옵소서. 자신들이 겪고 있는 온갖 고난 중에서도 이들은 지구 반대쪽 극변에 파견된 이 가련한 선교사(브뤼기에르)를 주님 대전에서 절대로 잊지 않고 있습니다. 예수 그리스도의 말씀에 따라서(마태 9,38 참조), 아버지께서 추수할 일꾼들을 보내주십사고 전교후원회 회원들은 간청하고 있습니다. 복음을 전파하는 일꾼들은 식물을 심고 물을 줍니다. 그러나 전교후원회 회원들의 소박하면서도 간절한 기도를 들어주시어, 하느님께서는 자라도록 해주십니다(1코린 3,6 참조). 감사함이라든지, 또 어떻게 보면 정의라는 것도 상호적이어야 한다는 것이 내 견해입니다. 그래서 나는 미사 성제 중에 그들이 살아 있는 동안이나 죽은 뒤에도 그들을 위해 기도하는 것을 나의 의무로 삼고 있습니다. 샴에 있을 때에 우리는 그들을 위해 매주 미사 한 대를 올렸습니다. 하느님께서 우리의 기원과 그들의 기도를 기꺼이 받아들이시어 마침내 조선에 들어가는 문을 열어주시고, 나와 내 동료들이 우리의 이 너그러운 은인들을 위해서 더 나은 일을 하게 되기를 바랍니다.

11월 18일, 우리를 푸저우(福州)로 태워다 주기로 한 나룻배가 푸젠에서 왔습니다. 푸저우에 계시는 푸젠 주교는 내가 마카오에 도착할 경우를 대비해서 내 자리를 하나 잡아두라고 선장에게 특별히 당부해두었습니다. 이 나룻배는 몇 달 더 빨리 오게 되어 있었습니다. 선하신 하느님께서는 이 배가 광둥 근처에서 해적들의 습격을 받게 내버려 두셨습니다. 그리하여 이 배는 먼 바다로 나갈 수밖에 없었고, 그래서 순풍을 만난 덕에 푸젠으로 돌아온 것입니다. 이 배는 석 달이 지나야 다시 바다로 나갈 수 있습니다. 이 뜻밖의 사고가 없었다면 나는 이토록 좋은 기회를 놓쳤을 것입니다. 아마도 우리의 더 큰 이익을 위해 모든 일들을 이끌어가시는 하느님의 섭리가 내게는 매우 유리하면서도 또한 아무에게도, 심지어 이 배의 선장에게도 손해를 끼치지 않은 사고를 허락하신 것입니다.

20일, 나는 마카오 참사 위원 총대리의 요청으로 견진성사를 집전하고, 몇 명의 신학생들에게 품을 줬습니다. 며칠 후에는 또 다른 서품식도 거행했습니다. 이 존경스러운 총대리는 국적이야 어떻든 조선에 드디어 선교사들이 생기게 된다고 아주 만족해 했습니다. 그로서는 걱정할 일이 전혀 없었던 것입니다.

23일, 나는 요셉(브뤼기에르 주교의 중국인 충복)을 베이징에 보내 이 도시에 주재하고 있는 난징 주교와 나보다 먼저 조선으로 가기로 되어 있었던 중국인 사제(유 파치피코 신부), 그리고 매년 음력 12월이면 조선 왕의 이름으로 중국 황제를 배알하러 베이징에 오는 조선 사신들에게 편지를 전했습니다. 이 사신들 중에는 언제나 교우들이 몇 명은 끼어 있습니다. 조선 교우들에게 보낸 편지(부록 '서한 1' 참조)에서 나는 대강 이런 말을 했습니다. "당신들의 소원이 드디어 이루어졌습니다. 하느님께서 여러분들의 기도를 들어주셨습니다. 불쌍한 자들의 아버지께서 여러분들에게 선교사들과 주교를 보내십니다. 이 특은을 받은 사람이 바로 나입니다. 나는 당신들 가운데서 살다가 죽기 위하여 지체 없이 길을 떠납니다. 당신들 왕국에 유럽인 한 명을 맞아들이면서 부딪칠 난관을 겁내지 마십시오. 이 크나큰 사업을 하느님께 의탁하십시오. 하느님의 천사들과 하느님의 성인들에게 기도하고, 특히 하느님의 어머니께 힘 있는 보호를 구하십시오. 당신의 사업을 시작하신 구세주께서는 그 일을 성공적으로 끝마치실 것입니다." 나는 그들의 용기를 북돋아 주려고 내가 할 수 있는 만큼 노력을 다했습니다. 조선 사람들의 소심함이 내 여행의 성공을 가로막을 가장 큰 장애가 될 것이라는 예견된 걱정이 내게 늘 있었던 것입니다. 나는 귀를 기울이고자 하는 자라면 누구에게나 늘 "조선 사람들이 유럽인 선교사를 받아들이기를 원한다면, 아무도 이들의 입국을 막을 수 없을 것입니다. 그러나 조선 사람들이 원하지 않는다면, 그들을 돕고자 해도 무위로 돌아갈 것이며, 다른 이들의 그 어떤 도움도 아무런 소용이 없을 것입니다" 하고 말했습니다. 저는 파치피코 신부(유방제)의 조선 입국이 내게 새로운 장애가 되지 않을까 하는 걱정이 있었습니다. 마카오 경리부는, 어쩌면 로마 교황청조차도 파치피코 신부에 대해 크게 기대를 하고 있었습니다. 그는 나의 선구자가 되어, 내게 길을 마련해주고 장애를 없애고 어려움을 제거하는 등의 일을 하기로 되어 있었던 것입니다. 하지만 나는 이 견해에 전적으로 동의하지 못했습니다. 조선 교우들이 중국인 신부 한 분을 모시게 된 것에 만족하여, 유럽인 신부들을 모셔 들이는 데에 전과 같은 열의를 보여주지 못하지 않을까 염려했습니다. 또 파치피코 신부가 소심하고 박력이 없어서—이는 동양인들에게 공통된 결점입니다—조선의 신입 교우들에게 열정을 불러일으키고 또 그들이 용기를 내도록 북돋아 줄 그 어떤 활동도 못하는 게 아닐까 걱정할 만한 이유가 충분히 있었던 것입니다. 난징 주교도 같은 생각이었습니다. 내 예감이 근거가 있는 것인지의 여부는 이 보고서에 이어지는 내용에서 잘 알게 될 것입니다.

나는 요셉에게 조선 사신들을 만날 수 있도록 발 빠르게 움직여달라고 했습니다. 요셉은 사신들에게 용기를 북돋아 주고, 내가 가야 할 장소와 우리가 서로 의심을 사지 않고 알아보게 할 신호들에 대해 그들과 합의하기로 되어 있었습니다. 요셉은 할 수 있는 만큼 충실히 맡은 바 임무를 다 했습니다. 그는 혹독한 초겨울에 변변치 못한 여장으로 돈도 거의 없이 떠났습니다. 더구나 병까지 들어 있었습니다. 사실 여행으로는 처음 해보는 이 여정은 12,000리나 되었습니다. 즉 그는 베이징에 이르자마자 파치피코 신부와 만주까지 동행해야 했고, 거기서 다시 난징으로 와서 나와 합류했던 것입니다. 그때부터 지금까지 그는 줄곧 뛰어다녔습니다. 그가 베이징까지 가려면 아직도 며칠이 더 남았을 때 돈이 바닥났습니다. 그래서 그는 가지고 간 담요 중에서 한 장을 팔 수밖에 없었습니다. 그에게는 그 어느 때보다도 더 필요한 물건이었는데 말이지요. (중국인들은 여행 중에 언제나 이불을 가지고 다닙니다. 주막에서는 이불을 주지 않습니다.) 목적지까지 300리가 남았는데 돈이 다시 떨어졌고, 그는 이런 자신의 처지가 몹시 당황스러웠습니다. 그래서 불안한 마음으로 어느 작은 읍내를 기웃거리고 있는데, 어떤 중국인이 다가와서 왜 그렇게 심란한 얼굴을 하고 있느냐고 그에게 물었습니다. 그래서 "나는 지금 당장 베이징으로 가야 하는데 길을 가려해도 노자가 없어서 이렇게 울적해 하고 있습니다"라고 말하자, 그 이름 모를 사람이 "슬픔을 거두시구려. 나도 베이징에 가려 하고 있소. 동행할 사람을 한 명 구하는 중인데, 우리 함께 여행하면 되겠구려. 비용은 내가 부담하겠소" 하는 것이었습니다. 그들이 베이징에 도착했을 때, 이 사람은 처음으로 그리스도교에 대한 말을 들었습니다. 그는 깊이 공부하기를 원했고, 이후 그리스도교를 믿고자 하는 열망을 표명했습니다. 하느님께서는 그 사람에게 선행의 대가를 백배로 갚아주고 계셨던 것입니다. 다시 이 여행의 결과에 대한 이야기로 되돌아가야겠습니다.

그렇지만 출발할 생각을 해야 했습니다. 산시를 통해서 가야 하나, 아니면 장난을 통해야 하나? 움피에레스 신부는 그것에 대해 아는 바가 없었습니다. 나를 도와주기로 많은 것을 약속했던 포르투갈 사제들은 내가 조선 대목구장으로 임명되자 약속 이행을 전혀 서두르지 않았습니다. 나는 교황청 포교성성 경리부장 움피에레스 신부에게 그들을 경계하고 완전히 신뢰하는 일이 없도록 조심하라는 내용의 편지를 보냈습니다. 그에게 나는 "그들은 한 세기 반 동안 프랑스 선교사들을 무던히도 괴롭혔습니다" 하고 말했습니다. 이런 지적들은 잘못 받아들여져서 다소 물의를 빚었습니다. 나를 보자 움피에레스 신부는, 포르투갈 신부들이 나에게 실질적으로 도움이 되고 있다고 자신 있게 말했습니다. 그러면서 말하기를 "아시다시피, 너그럽게도 이분들은 주교님께서 조선 선교지에 들어가실 수 있도록 도와주고 있습니다. 이것을 교훈으로 삼아 주교님께서는 3년

후 예수회 신부들이 일본에 들어갈 수 있도록 온 힘을 다해 도와주시기 바랍니다. 그들은 마카오로 올 게 거의 확실하거든요!" 하는 것이었습니다. 나는 이 말을 믿고 싶었습니다. 움피에레스 신부가 언급한 포르투갈 신부들 식으로 예수회 신부들을 도와야 하는 것이라면 뭐 그리 크게 부담이 되는 것도 아닙니다. 이런 생각 때문에 내가 존경스러운 예수회 회원들을 도와서, 왕년에 그들이 활발히 전도했던 일본으로 다시 들어가는 것을 돕는 것은 아닙니다. 하느님의 영광과 영혼의 구원이야말로 제가 예수회 회원들을 돕는 강력한 동기가 될 것입니다. 더욱이 내가 처하게 될 위험이 그 어떤 것이라도 말입니다. 이제 막간의 사건 이야기를 접고 본론으로 다시 돌아가겠습니다.

내가 마카오에 도착하기 전에 성 요셉 신학교의 (포르투갈) 사제들은 나를 만난다는 것에 매우 들떠 있었습니다. 움피에레스 신부에게 자꾸만 "갑사 주교님은 언제 오십니까? 그분이 입국하시도록 모든 준비가 다 되었습니다" 하면서 말이지요. 그런데 내가 조선 대목구장으로 임명된 것을 알고 나서는, 전에 보여줬던 열성을 더는 보이지 않았습니다. 그들은 베이징으로부터 소식을 받기 전에는 내가 떠나지 못하게 막아줄 것을 마카오 주재 교황청 포교성성 경리부장(움피에레스) 신부에게 권고하기도 했습니다. 다행히도 움피에레스 신부는 그 충고를 따르지 않았습니다. 난징 주교님은 내게 여러 번 이런 편지를 썼습니다. 난징 주교 당신이 쓴 편지들의 내용을 움피에레스 신부가 납득하거나 이해하지 못했다는 것입니다. 그 내용인즉, 조선 사람들이 유럽인 선교사를 받아들이지 않으리라는 것입니다. 이런 식의 반응과 파치피코 신부의 조선 입국은 저의 조선 선교를 실패로 몰아갈 수 있습니다. 결국 움피에레스 신부는 유럽인 선교사들 중 한 사람인 자문관에게, "당신이 나라면 어떻게 하시겠습니까? 우리 집에는 내가 초빙한 주교님 한 분이 계시고, 교황청 포교성성에서는 가능하면 그가 그에게 맡겨진 조선 선교지로 가기를 바라고 있는데 말이지요" 하고 물었습니다.

"내가 신부님이라면 그를 보낼 것입니다."

"그렇다면 좋습니다. 그를 보내겠습니다. 이번에 주어지는 기회를 이용하지요."

성 요셉 신학교의 포르투갈 출신 라자로회 신부들은 움피에레스 신부에게 전에 했던 약속대로 내가 난징으로 가도 무방하다고 말했습니다. 내가 떠나기 바로 며칠 전, 성 요셉 신학교 교장이 나를 찾아왔습니다. 그는 내 여행에 관한 이야기를 했으며, 움피에레스 신부 앞에서 내게 이렇게 말했습니다. "상황을 보건대, 아마도 주교님께서는 이미 짜놓은 계획대로 직접 난징으로 가는 것이 좋겠습니다만, 주교님 뒤를 이어 올 선교사들을 위해서 더 빠르고 쉬운 길을 찾을 수 있으리라고 생각합니다. 예를 들면 영국인들이 조선에 갈 때 택했던 바닷길을 따라서 말이지요."

주요 여정이 정해진 것이었습니다. 그는 내게 종이 한 장을 건네주었는데, 거기에는 영국인들이 들어갔던 조선의 하천과 항구가 표시되어 있었습니다. 나는 그럴 줄 미리 알았고, 움피에레스 신부도 역시 그랬습니다.

1832년 12월 14일, 나는 페낭의 교우들에게 작별 편지를 썼습니다. 내가 돌아오지 못할 것 같으면 나의 조선행 여정에 대해 그들에게 알려주기로 약속했습니다.

1832년 12월 17일 밤 10시, 우리는 정박지에서 얼마 떨어지지 않은 곳에서 우리를 기다리기로 되어 있는 푸젠행 배와 접선하기 위해 마카오 배에 올랐습니다. 그런데 워낙 대책을 잘못 세운 터였는지라, 마치 우리 스스로 곤란한 지경에 빠지는 계획 말고는 다른 계획이 없는 듯했습니다. 이틀 동안 이리저리 사방으로 항해하며 살펴보았으나 우리가 타기로 한 푸젠행 배는 발견할 수 없었습니다. 그래서 마카오로 회항하려고 길을 나서던 차, 그제야 그 배가 나타났습니다. 선원 몇 명이 이런 상황을 악용하여 우리 물건을 훔쳤습니다. 항의도 하고 물건을 찾아보기도 했으나 아무런 소용이 없었습니다. 이어서 선원들 쪽에서 항의를 했습니다. 그들은 자신들의 명예 회복을 요구했습니다. 자신들은 정직한 사람이며 우리가 자기들에 대해 만족스러워한다는 내용의 확인서를 써줄 것을 요구했습니다. 우리는 더 큰 화를 당할까 두려워 그 확인서를 써줄 수밖에 없었습니다. 어떻게 하면 진실을 거스르지 않으면서도 그들의 마음을 채워주는가 하는 것이 난점이었습니다. 그래서 우리 중에 도둑을 맞지 않은 한 사람이 그 개인의 이름으로 선원들의 청렴성에 대해서 조금도 불평할 것이 없음을 증언하기로 합의를 보았습니다. 이렇게 이 사건은 막을 내렸습니다.

제5장 마카오 출항

1832년 12월 19일이던가 20일이던가(26신에선 12월 17일), 우리는 우리의 가냘픈 쪽배에 올랐습니다. 일행은 선교사 여섯 명이었습니다. 쓰촨(四川)으로 가는 바이외 교구 출신 모방(Maubant) 신부와 장시로 가는 카오르 교구의 라자로회 회원인 라리브(Laribe) 신부, 이렇게 두 명의 프랑스인과 장난(江南)으로 파견된 포르투갈 에보라 교구 출신 라자로회 회원 두 명, 교황청 포교성성의 선교사로서 산시로 가는 이탈리아 나폴리 교구 출신 작은 형제회 회원 한 명(도나타 신부), 그리고 여러분의 종으로서 어디로 가는지 모르는 나—나는 내게 일어나는 일에 대해 확신하는 게 전혀 없었으니까요—이렇게 여섯이었습니다. 그 밖에 광둥 지방의 중국인 신부가 또 한 명 있었는데, 이 사람은 푸저우까지 육로로 갔습니다.

우리 배는 매우 불편했습니다. 그러나 선원들은 우리를 매우 정중하고 점잖게 대우했습니다. 선장과 화물 관리인, 기관사, 그리고 몇몇 선원이 교우였고, 나머지는 외교인이었습니다.

우리 여행은 길고도 지루했고, 이따금 위험하기도 했습니다. 마카오에서 푸젠 주교가 사는 푸저우까지의 거리는 2,000리가 채 못 됩니다. 그래서 이 여정이 한 달이면 될 것이라고 생각했습니다. 그러나 생각만으로 될 일이 아니었습니다. 유럽의 선박으로는 사흘이면 당도했을 이 여정을 우리는 75일이나 걸렸던 것입니다! 우리에게 물품을 공급하는 이들은 그만 선장의 우격다짐에 넘어가 겨우 한 달 치 식량만 공급해주었습니다. 게다가 때로는 뱃사람들이 많지도 않은 우리 식량을 훔쳐갔기 때문에, 얼마 안 가서 원치 않은 혹독한 단식을 해야만 되었습니다. 이렇듯 돌연 겪게 된 사순절 경험으로 우리는 훨씬 비참해졌습니다. 바로 그것이 내가 가장 두려워했던 바였습니다. 나는 예전에 어느 사순절 기간을 모리타니아 배 위에서 보낸 적이 있습니다. 그 경험 덕에 나는 그것이 어떤 것인지를 알고 있었습니다. 우리 중 한 사람은 어찌나 몸이 쇠약해졌던지 배에서 내릴 때에 걸음을 뗄 수가 없을 지경이었습니다. 그는 서너 번이나 넘어졌고, 말도 못하고 숨도 잘 쉬지 못했습니다. 그러나 식사를 하게 되자 기운이 다시 돌아왔습니다. 마카오에 자신들에게 필요한 모든 것이 있거나 또 없는 것은 모두 채울 능력이 있는 몇몇 사람들은 우리를 두고 히히덕거렸습니다. "이 사람들은 왜 식량을 사지 않은 거야? 돈도 있었는데 말이야. 그러니 푸념할 일은 아니지." 그들은 다른 사람들의 행동에 토를 달기 전에 똑같이 곤란한 처지에 빠져 봤어야 합니다. 그러한 생각은 자기가 사는 마을의 좁은 범주에서 보이는 사물들을 통해 다른 나머지 세상을 판단하는 일단의 단순한 사람들의 논리와 흡사합니다. 우리가 겪은 불편함은 다른 여러 가지 상황이 겹쳐져서 생겨난 것이기도 하지만, 이는 얘기해 봐야 소용도 없고 위험스럽기까지 한 일입니다.

19일부터 26일까지 우리는 닻을 내리고 있었습니다. 이런 일은 우리에게 자주 일어났습니다. 선장은 역풍이 분다고 했습니다. 남풍이었으면 좋았을 터인데 말이지요. 그리고 우리는 여러 달 지속되는 북동 계절풍의 시기로 들어서고 있었습니다. 중국인들은 역풍을 이용해 항해를 할 수 없거나, 할 줄 모릅니다. 중국 배의 건조 상태가 허술하기도 하고 또 방향을 잃을까 겁을 먹기 때문에 그들은 절대로 먼 바다로 나가지 못합니다. 그들은 육지가 보이는 데서만 항해합니다. 그래서 그들의 항해가 길고 위험한 것입니다. 그들이 나침반을 가지고 있는 것은 사실이지만 결코 사용하는 일은 없습니다. 심지어 장거리 항해에 절대적으로 필요한 지식인 자침의 여러 가지 편각 또는 오차에 대해서 알고 있는지조차 의심스럽습니다. 게다가 내가 볼 때 우리의 이 기관사들은 바람의 다양한 나침 방위를 전혀 구별할 줄 모르는 것 같았습니다. 그래도 나침반은 유럽에 알려지기 수세기 전부터 이미 중국에 알려져 있었다는 사실을 인정하며 중국인들에게 경의를 표해야겠지요.

24일. 선장과 화물 관리인이 내게 와서 성탄절 밤에 미사를 드려달라고 청했습니다. 나는 모든 동료들의 의견을 들은 다음 그들의 청을 받아들였습니다. 그런데 이런 경우에 상황적으로 요구되는 모든 세심한 주의를 기울였음에도 자그마한 사고가 일어나고 말았고, 이로 인해 나는 다시는 배에서 미사를 올릴 마음이 없어지고 말았습니다. 이번 미사가 처음이자 마지막이 된 것입니다. 나는 미사를 집전하고 나서야 비로소 중국해에서 미사를 올리는 것이 교황청 포교성성의 교령으로 금지되어 있다는 사실을 떠올렸습니다. 이미 늦어버린 일이었습니다. 우리는 이 사실을 마카오에 보고했고, 이 일에 대해 많은 사람들의 분노를 샀는데, 그것은 자업자득이었습니다. (성혈이 쏟아진) 이 사고는 파도로 생긴 것이 전혀 아니며, 더구나 미사를 올린 장소의 입지 조건 때문에 생긴 것도 아니었습니다. 그것은 육지의 가장 단단한 제대 위에서도 일어날 수 있었을 일이었습니다. 게다가 우리는 선장의 요구에 대해 의논했었습니다. 어떤 이들은 선상 미사를 지지했고 나머지 사람들도 반대하지 않았습니다. 사람들이 투덜댄 것은 사건이 벌어진 후의 일입니다. 하지만 제가 선상 미사를 결정했으니 책망을 듣는 것은 당연합니다.

25일 성탄절에 관헌의 배가 검문하러 나왔습니다. 그 배는 우리 옆에 있던 배에서 아편 두 상자를 뺏고는 그냥 지나갔습니다. 선하신 하느님께서는 우리를 급박한 위험에서 지켜주셨습니다. 만일 우리 배를 검색했었다면 우리 배에서는 아편 대신 성물을 발견했을 테지요.

26일, 우리는 여정에 올랐지만, 네 시간의 항해 끝에 닻을 내려야 했습니다. 날씨가 너무 추웠기 때문입니다. 하지만 그곳은 위도가 22도밖에 되지 않는 곳이었습니다. 우리는 두 달 반이나 해상에 있었는데 바람, 비, 조수, 해적에 대한 두려움 등 모든 것이 우리의 항해를 저지했습니다. 저녁이면 우리는 아무 작은 포구에나 들어가 요새의 대포 아래에서 밤을 보냈습니다. 보초라고는 보잘것없는 관리 한 명과 그의 하인들만 있는 낡은 오두막에다 '요새'라는 이름을 붙일 수 있는 건지 모르겠습니다마는…. 그 요새 아래쪽에는 무장한 작은 배가 한 척 있는 것이 보통이었는데, 그것은 음력 11월과 12월이면 바다에 출몰하는 해적들의 노략질로부터 상선들을 보호하기 위한 것이라고 했습니다.

1833년

1월 24일, 한 하급 관리가 우리 배의 훌륭한 모습에 반해버렸습니다. 우리 배는 그만 그의 징발 욕구를 촉발시키고 말았습니다. 그는 군대를 대만으로 수송하는 데 우리 배를 쓰려고 했던 것이지요. 당시 중국인들은 대만 사람들과 전쟁 중이었습니다. 대만인들이 반란을 일으켜서 대만 총독을 참수했던 것입니다. 그런데 다행히도 우리와 마주친 이 관리는 그 지방을 다스리는 태수에게서 아직 정식 명령을 받지 못한 상태였습니다. 우리 측 사람들이 좋든 궂든 가리지 않고 여러 변명거리들을 제시했습니다. 관리는 그것을 납득하는 듯했습니다. 그 관리가 고집을 부렸더라면 우리는 어떻게 되었겠습니까? 우리는 순풍을 만나게 해주십사 기도드렸습니다. 선하신 하느님께서 그것을 들어주셨습니다. 이리하여 우리는 밤을 틈타 빠져나왔습니다.

25일, 우리는 어떤 초소에 도착했는데, 그 전날 밤 거기에서 짐바리 짐승 두 마리를 도둑맞은 일이 있었답니다. 초소의 군인들은 우리에게 이 사실을 알려주면서 감시를 잘하라고 일러주는 호의를 베풀어주었습니다. 그러나 그들은 우리를 돕겠다는 약속은 해주지 않았습니다. 그저 정박료를 받아내는 것으로 만족하며 돌아가 버렸습니다.

26일, 몇 명의 짓궂은 군인들이 우리 배를 검문하러 왔습니다. 그들은 기필코 우리가 숨어 있던 곳으로 내려오려고 했습니다. 오랜 승강이 끝에 그들은 우리 배에 밀수품이라고는 없다는 것을 납득하는 듯했습니다. 선원들이 서둘러 그들에게 많은 새해 선물을 주자 그들은 물러갔습니다. 그러나 그들이 다음날 다시 올 우려가 있었던 바, 선장은 우리에게 와서 순풍을 빌어달라고 청했습니다. 우리는 기도를 드렸습니다. 바람이 좋아졌습니다. 그래서 날이 밝자마자 우리는 그 고약한 초소를 뒤로 하고 떠났습니다.

27일. 우리는 여정의 꼭 3분의 2를 끝냈습니다. 나머지 길을 가는 데 한 달 이상이 남아 있었습니다. 이곳 초소의 군인들은 더 점잖았고 호기심도 덜했습니다.

28일. 단단히 무장한 여러 척의 해적선이 우리를 습격하려고 다가왔습니다. 그들은 너무 앞서 나가고 있던 조그만 배 두 척을 약탈하는 일부터 시작했습니다. 그 배의 선원들이 조금도 대항을 하지 않았기 때문에 해적들은 물건 노략질로 그쳤습니다. 뱃사람들의 옷을 벗겨서 알몸 상태로 만들긴 했지만 그들을 해치지는 않았습니다. 추위로 꽁꽁 얼어붙은 그 가엾은 뱃사람들은 그 다음 날 우리 배의 선원들에게 자선을 구하러 왔습니다. 그러나 그 아름다운 자선 행위에 동참하면 그 대가로 우리를 관리에게 팔아먹을 배은망덕한 자들이 있을 것이 염려되어, 우리는 그 자선 행위를 하지 못했습니다. 그 배를 습격한 후에 해적들은 곧장 우리에게로 왔습니다. 우리 선장이 조난 신호를 보냈습니다. 그는 근처에 있는 모든 배를 소리쳐 불렀습니다. 총 여섯 척의 배가 우리에게로 모여들어, 일렬로 나란히 전진했습니다. 선장과 화물 관리인은 미사를 여러 대 봉헌할 것을 맹세했습니다. 우리 배의 선원들은 무서워 벌벌 떨면서도 침착했습니다. 우리 측 배들의 승선 인원은 모두 합해 봐야 140명밖에는 되지 않았고, 무기도 없었습니다. 이 숫자가 정확한지는 모르겠으나, 화물 관리인의 보고가 그렇습니다. 해적은 다해서 300명이 넘었고 무장도 잘 되어 있었습니다. 그런데 중국에서는 도둑으로 몰려 응분의 벌을 받을 양이 아니면 배에 무기를 싣는 것이 금지되어 있습니다. 그러니까 해적들만 이 법을 비껴가는 셈입니다. 선하신 하느님께서 우리를 불쌍히 여기셨습니다. 그 해적들은 감히 우리 배를 공격하려고 접근하지도 못하고 물러갔습니다. 우리는 사은 찬미가를 불렀습니다. 그러나 선원들과 이웃 배들이 들을 것을 염려하여 작은 소리로 불렀습니다.

　밤이 되자 우리는 수백 척의 배가 모여 있는 정박지로 들어갔습니다. 관례에 따라 군인들이 와서 배를 검문하고 정박료를 지불토록 했습니다. 뱃사람들은 그들에게 서둘러 정박료를 지불하고 나서, 우리가 당한 일을 하나도 빠짐없이 얘기했습니다. 군인들은 우리가 무릅썼던 위험들에 대한 이야기에 민감한 모습이었습니다. 하지만 그러는 사이에 밤이 왔습니다. 군인들은 검문을 하지 않고 물러갔습니다. 바로 우리가 기원했던 바입니다. 그리고 나서 조금 뒤에 해적들이 다시 나타났습니다. 그들은 정박지 입구로 왔지만 감히 아무 짓도 하지 못했습니다. 우리가 길을 나섰을 때 그들이 세 번째로 나타났으나, 이번에 우리는 같은 방향으로 가는 약 50척의 배와 동행하고 있었습니다. 해적들은 얌전하게 물러가는 쪽을 택했습니다. 그리고 이후로는 더 이상 우리를 약탈하러 오지 않았습니다. 그때는 음력 12월이었습니다. 이 무렵에는 도적질이 흔하고 처벌도 그다지 엄하지 않습니다. 관리들은 겁도 많고 마음도 약해서, 또 어쩌면 일종의 미신 때문에 이런 비행을 눈감아 줍니다.

제6장 푸젠 푸저우 도착

좋지 않은 날씨가 계속되었습니다. 우리는 지겨운 여행이 마침내 끝이 나길 빌었습니다. 그런데 반대로 푸젠 주교님은 우리가 너무 일찍 도착하지 않기를 선하신 하느님께 기도드리고 있었습니다. 주교님은 우리 배가 태수의 명령으로 푸저우 포구에서 붙잡혀 대만으로 압송될까 염려하셨던 것입니다. 마침내 우리는 (1833년) 3월 1일에 푸저우 포구에 닿았는데, 그때 대만에서 일어난 반란들이 진압되었다는 공식적인 보도가 나왔습니다.

푸젠 주교님이 우리 모두와 특히 내게 보여주신 애덕은 비길 데가 없습니다. 우리는 심부름꾼들까지 합해서 열네 명이나 주교관에서 머물렀습니다. 그 가운데 몇 사람은 여러 달 거기서 지냈습니다. 주교님은 너그럽게도 우리가 필요로 하는 모든 것을 마련해주셨습니다. 또 우리가 안전하게 여행을 계속할 수 있도록 마음을 써주셨습니다. 게다가 그분은 우리에게만 너그러운 모습을 보여주신 것이 아닙니다. 우리의 선임 선교사들과 후임 선교사들에게도 똑같은 도움을 주셨습니다. 이들에게 당신 대목구를 경유할 것을 권유하시기까지 했습니다. 이렇듯 고귀하고 가톨릭 주교다운 행동은 교황청 포교성성 장관 추기경의 찬사와 감사를 받을 만했습니다. 그분은 매우 가난하십니다. 하지만 그럼에도 불구하고 가난한 사람들을 많이 도와주십니다. 이따금 주교님이 우리를 위해서 또는 다른 사람들을 위해서 돈을 쓰시는 것을 보고 우리가 송구스러운 감정을 드러낼 때면 그분은 그저 "하느님께서 마련해주실 겁니다"라고 대답하실 뿐이었습니다.

3월 9일, 프랑스 바이외 교구 바시(Vassy) 출신의 모방 신부가 내게 와서 쓰촨 선교지를 포기하고 나를 따라 조선에 가겠다고 했습니다. 그는 "저는 오래전부터 이런 생각을 가지고 있었습니다. 이런 생각을 말씀드리기 전에 신중히 검토하려고 했습니다"라고 말하는 것이었습니다. 나는 그의 말을 듣고 매우 놀랐습니다. 하지만 나는 그에 관해 아무런 결정도 하지 않았습니다. 그가 조선 선교에 대해서 말하는 태도를 보고 어떤 결단을 내리는 게 무익하다고 생각했습니다. 그래서 나는 그에게 "그런 소명을 가지셨다니 나로서는 대단히 기쁜 일입니다마는, 신부님께서 하느님과 상의할 일이지 내 원의를 물을 일이 아닙니다. 이렇게 중요한 일을 결정하는 일을 내가 떠맡을 수는 없습니다" 하고 대답했습니다. 하지만 함께 있을 시간이 없었습니다. 모방 신부는 그 다음 날 싱화(興化)로 떠나게 되어 있었고, 나는 언제든지 난징으로 길을 떠날 수 있는 상황이었습니다. 우리는 함께 푸젠 주교님에게 가서 의견을 들어보기로 합의했습니다. 이 계획에 대한 찬반 이유를 듣고 난 푸젠 주교님은, 모방 신부가 조선으로 가는 것이 좋은 일일 뿐만 아니라 어느 면으로는 필요하기까지 한 일이라고 말했습니다. 우리는 그 즉시 쓰촨 주교에게 편지를 써서 쓰촨으로 떠나려는 심부름꾼에게 맡겼고, 바로 그날 모방 신부는 싱화로 떠났습니다. 그로부터 일 년 석 달이 지나서 나는 쓰촨 대목구장인 시니트 주교의 편지를 받았습니다. 주교는 편지에서 이렇게 말했습니다. "조선이 여기보다 훨씬 더 선교사가 필요합니다. 모방 신부가 우리 선교지에 와서 그의 열성을 발휘해주었으면 정말 좋았겠습니다마는, 그가 당신을 따라서 조선으로 가는 것을 섭섭하게 여기지 않겠습니다. 왕 요셉도 데리고 가도록 기꺼이 허락합니다. 이 순간부터 모방 신부는 쓰촨 선교지와 맺었던 모든 임무에서 자유로워졌습니다."

3월 20일, 나는 정식으로 작성된 항의문 하나를 받았는데, 이 항의문에는 모방 신부가 장난을 거쳐 가는 것을 반대한다는 입장이 표명되어 있었습니다. "우리는 주교님께서 장난 지방을 지나가는 것을 허락한 바 있습니다. 하지만 다른 사람들은 결코 안 됩니다." 한 포르투갈 선교사가 모방 신부의 여정을 우연히 알아버렸습니다. 포르투갈 신부는 두려워했습니다. 나름대로 근거 있는 두려움이었습니다. 여러 해 전부터 유럽인이 단 한 명도 없던 지방에 여러 유럽인들이 갑자기 도착하면 동요가 일어나고 어쩌면 박해의 요인이 되지 않을까 두려워했던 것입니다. 항의에 맞서야 할까요? 아무런 저항도 하지 않는 게 상책이지요. 나는 평소 나의 의지처인 푸젠 주교님을 만나러 갔습니다. 그분의 조언을 듣고 난 뒤, 내가 먼저 앞서 가고, 얼마 후에 모방 신부가 내 뒤를 따라나서기로 결론을 내렸습니다. 나는 새로운 명령이 있을 때까지는 모방 신부가 보에 신부 후임으로 싱화부에 그냥 남아 있었으면 했습니다. 그래서 이 생각을 편지로 써서 마카오에 보냈는데, 누가 받아보았는지 모르겠습니다. 이 계획이 성공하지 못하게 되면, 모방 신부가 장난에 정착하여 내 소식을 받을 때까지 그곳에서 사목하는 게 옳다고 나는 생각했습니다. 그래서 장난 주교에게 모방 신부를 사목자로 받아주십사고 요청했습니다. 장난 주교는 이러한 조치에 기꺼이 동의하는 듯했습니다. 그러나 누구도 예측할 수 없던 여러 가지 사정 때문에 그 어떤 계획도 실행에 옮겨지지 않았습니다. 선하신 하느님께서는 우리가 모를 합당한 이유로 완전히 그 반대의 일을 허락하셨습니다.

난징 주교, 그리고 어쩌면 그 주교 측근 사람들은 나와 모방 신부가 교황청 포교성성의 선교사라는 자격으로 좀 더 쉽게 조선에 들어가기 위해, 파리외방전교회 신학교의 교수 신부들과 공모를 꾸몄다고 믿는 것 같았습니다. 모방 신부는 이 점에 대해 많은 질문을 받았습니다. 그는 사실 그대로 분명하게 대답했습니다.

29일, 나는 같은 포르투갈 선교사에게서 다음과 같은 통보를 받았습니다. 나는 난징에 심부름꾼을 데려갈 수 없으며, 이를 위반하면 총대리의 권한으로 심부름꾼을 배에 가둬두고 하선을 금할 것이라는 공식적인 통보였습니다. 사람들은 내 심부름꾼(아중)이 말이 많고 거칠고 정직하지 않다는 둥, 난징 선교지 도처에서 문제를 일으킬 수 있는 사람인 것으로 생각했던 것입니다. 사실 그에게 이런 것들 중 몇 가지 결점이 있다는 것은 인정해야겠지요. 그가 예절 교육을 전혀 받지 못했다는 것은 그와 조금만 가까워지면 쉽게 알아차릴 수 있습니다. 하지만 그는 선동자는 아니었습니다. 게다가 그에게는 그의 결점들을 메워주는 장점들이 있었습니다. 결과적으로 나는 동행 선교사도 심부름꾼도 없이 혼자서 여행을 할 수밖에 없었습니다. 그렇다고 이런 사소한 장애들이 나를 놀라게 하지는 못했습니다. 더 큰 일들이 일어나리라고 예상하고 있었기 때문입니다. 페낭을 나서면서부터 내가 즐거운 산책을 하러 가는 것이 아님을 잘 알고 있었습니다. 그리고 나중에는 내가 아주 큰 손실을 입은 것이 아님을 깨달았습니다. 이 젊은이는 내게 무익하고 부담이 되었을 것이기 때문입니다. 이처럼, 하느님의 섭리는 우리가 고약하다고 생각했던 일을 우리에게 이로운 일로 바꿔주십니다.

푸젠 주교가 상주하는 푸저우는 그리 높지 않은 산과 언덕으로 온통 둘러싸인 고장입니다. 그중 일부 산과 언덕은 작은 소나무와 차나무로 덮여 있습니다. 이 귀한 관목이 생산되는 주요 지역이 푸젠입니다. 대체로 중국과 대부분의 타타르 지방 산악 지대는 완전히 민둥산이며 거의가 척박합니다. 중국인들이 몇몇 지역에서 이 척박한 산들을 개간하는 데 성공한 것은 오로지 인내하며 열심히 일한 덕분입니다. 중국의 산악 지대는 보기 흉해서 바라보면 우울한 마음이 들 만큼 슬픈 모습을 하고 있습니다. 중국 산악 지대는 아시아 남쪽 지방이나 말레이시아의 해안이나 인도네시아 섬들의 산과는 너무도 다릅니다. 후자의 경우는 산 아래에서 정상까지 큰 나무들로 덮여 있어서 온통 생명력이 넘칩니다. 그래서 바라보고 있노라면 눈이 즐거워지고 마음도 밝아집니다. 반면, 전자는 세월이 흐르면서 갈색으로 변한 바위나 메마른 황토빛 흙만 보이며 바짝 마른 관목 몇 그루만이 드문드문 자라고 있고, 그 빈약한 성장 상태를 보노라면 그것들을 생산해낸 토양의 척박함을 불평하는 듯 보입니다. 푸젠에서는 이제 밀을 생산하기 시작하고 있는데, 어쩌면 광둥 지방 북쪽에서도 마찬가지일 것입니다. 그러나 쌀이 주식인 주민들은 밀로 빵을 만들 줄 모릅니다. 그리고 이 지방에는 과일이 거의 나지 않습니다. 난다고 해도 품질이 좋지 않습니다.

그러나 리치는 예외입니다. 이 과일은 중국에서 알아주는 과일입니다. 싱화 근방에서 생산되는 것이 최상품입니다. 한편 중국의 북부에서는 이 과일을 전혀 찾아볼 수 없습니다. 그래서 황제는 그것을 베이징까지 가져오게 합니다. 그러면 신선도를 유지하며 이 과일을 수도에까지 운반하는 방법을 소개하겠습니다. 나무에 물이 올랐을 때 그 가지 가운데 한 개에 퇴비를 한 줌 붙여두면 그 안에서 잔가지가 뿌리를 내립니다. 그 다음에 그 나무를 잘라 흙으로 채운 상자에 심습니다. 그러면 나무가 꽃과 열매로 뒤덮입니다. 리치가 거의 익을 만하면 그것을 정기 배달편으로 베이징에 보냅니다. 시간과 거리를 어찌나 잘 측정하는지 리치가 완벽하게 익게 되는 바로 그 시점에 과일이 주렁주렁 달린 나무가 황제의 궁궐에 도착하게 됩니다.

나는 푸젠에서 밀랍을 만들어 내는 특이한 나무 한 종을 보았습니다. 어떤 이는 이 나뭇잎들이 붉다고 말했지만, 이것은 맞는 말이 아닌 듯싶습니다. 그 잎들은 가을에만 이 색깔을 띱니다. 어쩌면 다른 지방에서는 언제나 붉은색을 띨지도 모르지만 말입니다. 또 사람들은 중국의 상당수 지역에 특이종 나무가 있는데 거기에 작은 벌레들이 밀랍을 쌓는다는 얘기를 자신 있게 했습니다. 나는 그런 종류의 것을 본 적이 전혀 없습니다.

내가 봤을 때, 푸젠과 이웃 지방의 해안 지역은 겨울과 봄, 그러니까 12월부터 5월 말까지는 전혀 쾌적하지가 않았습니다. 나는 진정으로 쾌청한 날을 보름도 겪지 못했습니다. 거의 항상 안개가 낀 데다 습하고 찬 바람이 불며, 비가 자주 내립니다. 대체로 같은 위도 상의 유럽보다 중국이 훨씬 춥습니다. 푸저우는 위도 27도에서 28도 정도밖에 되지 않는데, 얼음이 얼고 바닷가까지 눈이 내립니다. 저장(浙江)과 장난(위도 33도)은 종종

수로가 얼어붙는 바람에, 한 달 내내 항해가 중단되는 일이 있습니다. 베이징(위도 39도 56분)은 5개월 가까이 계속해서 얼음이 업습니다.

푸젠 사람들은 거만하고 끈질기며, 장사 수완이 있고 고기잡이를 하며, 항해술이 능하다고들 합니다. 그들은 중국인들이 들어갈 수 있는 곳이면 어디든, 아시아 전역의 여러 섬과 해안에 흩어져 있습니다. 해안 지역의 경우, 그들의 양식은 물고기와 붉은 쌀뿐입니다. 이 지방의 어부들은 크고 살찐 조개를 얻기 위해 특이한 방법을 사용한다고 주장합니다. 해안가에 고랑을 내고—필시 간조 때겠지요—그 고랑에다 작은 조개들을 뿌립니다 (이런 표현이 가능하다면 말이지요). 밀물 때 작은 조개들이 죽지 않도록 충분히 물을 공급합니다. 몇 달이 지난 뒤 어부들은 잘 자란 조개들을 모래 속에서 캐냅니다. 이것이 사실인지는 보장하지 못하겠습니다. 나도, 내게 그 이야기를 해준 사람도 두 눈으로 직접 목격한 바 없기 때문입니다. 이야기꾼의 말이니 믿거나 말거나이지요. 그저 재미로 꾸민 이야기일 수도 있습니다.

푸젠 북부에는 그리스도교 신자들이 살고 있습니다. 많은 지역에서는, 그렇다고 도처에서 그런 것은 아닙니다마는, 공공연히 그리스도교를 전하기도 합니다. 그곳에 도착해서 우리는 집 안에 갇혀 지내려니 했지만, 주교는 우리에게 "그럴 필요가 없습니다. 들판으로 산책하러 가십시오. 아무것도 두려워할 게 없습니다" 하고 말했습니다. 우리는 이 외출 허가를 잘 활용해 여럿이 함께 외출하곤 했습니다. 그런데 교우들이나 외교인들이나 모든 사람들이 우리에게 인사를 했습니다. 그들은 우리가 유럽인인 줄 알아보았을 것입니다. 그것은 그리 어렵지 않은 일이었으니까요. 과연 여자들은 독실합니다. 모두들 그리스도교와 선교사들에게 강하게 의지하고 있습니다. 얼마 전에 그들 가운데 어떤 남자가 그리스도교에 대항하여 중대한 잘못을 저질렀습니다. 그의 친부모는 그를 죽이기로 결심했습니다. 하지만 다행히도 이들은 자문을 구하러 주교를 찾아갔습니다. 여러분도 짐작하시겠지만, 주교는 그들의 결심을 바꿔주었습니다.

하느님께 자신을 봉헌하는 동정녀들도 상당히 많습니다. 그들 가운데는 성 도미니코 수도회의 제3회 진짜 수녀들도 있습니다. 동정녀들은 나이가 삼사십 세가 되면 머리 수건을 하사받습니다. 이들은 자신이 종신 서원하는 날과 자신의 장례식 날에만 수녀복을 입습니다. 이를 제외한 날에는 평생 청색이나 검은색 옷감으로 만든 원피스를 입으며, 이는 선교사 신부의 복장과 매우 흡사합니다. 이들은 머리에 아무런 장식을 하지 않습니다. 바로 이 점이 속세를 포기하지 않은 다른 여자들과 이들을 구별하는 방법이 됩니다. 이들의 규칙은 엄격합니다. 이들은 자정에 기상해야 합니다. 자주 기도를 바치며 한 주간 동안 여러 번 단식을 합니다. 이들 수녀들은 수녀원에 갇혀 사는 것이 아닙니다. 자신들의 가족과 함께 삽니다. 그러면서도 이들에게는 원장 수녀와 부원장 수녀가 있습니다. 그들은 노동을 하며 생활합니다. 때로는 그들 부모가 지참금을 쥐어주기도 합니다. 그러나 이 점에서 그들은 딸들에게 지참금을 주는 것을 허용하지 않는 중국법을 어기는 것입니다. 부모들은 딸들을 천한 동물처럼 팔 수도 있고—이걸 말해야 하나?—심지어 죽여버릴 수도 있다는 것입니다. (법은 이런 가혹한 행위를 처벌한다지만, 정부는 그것을 묵인하고 있습니다.) 부모가 딸들에게는 절대로 지참금을 줄 수 없습니다. 아들만이 유산을 물려받습니다. 딸만 있을 경우, 재산은 남자 자손을 추적하여 가장 가까운 친척에게 당당한 권리로 넘어갑니다. 가장이 나서서 촌수야 어디까지 가든 상관없이 친척 남자 아이

134 브뤼기에르 주교 여행기

를 양자로 삼는 경우가 아니라면 말이지요. 야만적인 편견으로 인해 어쨌든 실제 생활에서 여성이 남성보다 열등하고 퇴화한 인종으로 간주되고 있습니다. 특히 사회의 상류층에서 이런 속박과 굴종의 상태를 더 잘 볼 수 있습니다. 중국과 마찬가지로 아시아의 다른 지역에서도 여성의 운명을 달래주고 여성에게 더 큰 자유를 주는 것은 그리스도교 신앙뿐입니다. 그리스도교는 어떤 면에서 여성들에게 시민의 신분을 회복시켜주었다고 말할 수 있습니다. 교우 여성들과 외교인 여성들 간의 차이점이 워낙 두드러지기 때문에 이방인들은 그리스도교를 여성들의 종교라고 부를 정도입니다.

얼마 전 푸젠의 한 비신자가 그의 딸들 중 그리스도교 신자인 딸 하나를 한 이방인과 강제로 결혼시키려고 했습니다. 이 고결한 처녀는 이 끔찍한 결합을 피할 방도를 찾지 못한 나머지, 아버지의 집에서 도망을 쳤습니다. 아버지 눈을 속이고, 장기간에 걸친 수색을 피하기 위해 그녀는 강가에 자신의 옷을 남겨두고 한 도미니코회 수녀에게 피신했습니다. 사람들은 그녀가 절망감으로 물에 빠져 죽었다고 믿었습니다. 몇 년이 지난 후 이 처녀의 아버지는 병이 들어 위독한 상태에 놓였습니다. 이 사실을 안 소녀가 아버지의 곁으로 달려가서는 그를 개종시키려고 했습니다. 아버지는 오래 전에 죽었다고 믿었던 딸이 살아 돌아온 것을 보고 놀라며 기뻐했습니다. 딸은 아버지에게 자신이 살아온 이야기를 들려주었고, 아버지를 개종시키기 위해 애썼습니다. 이로 인해 결국 아버지는 세례를 청하여 받았습니다. 그리고 효성스럽고 그리스도교적인 신앙 행위를 마친 이 거룩한 처녀는 자신의 최초의 피난처로, 자신의 은인 수녀가 있는 곳으로 돌아갔습니다.

선택의 은총이 순전히 하느님 자비의 결과임을 증거하는 또 다른 사건이 이 지방에서 일어났습니다. 이 은총은 인간의 의지나 노력에 달려 있는 것이 아니라 오직 하느님의 자비에 달려 있는 것입니다(로마 9,16 참조). 그리스도교 신자 여인과 관면 혼배한 어느 비신자가 교황청 포교성성의 교령으로 자녀 모두를 그리스도교 신앙 안에서 자라게 할 것이라고 약속했습니다. 이 남자는 많은 식구를 거느리게 되었습니다. 자식들은 세례를 받도록 했으나 그중 하나는 제외시켰습니다. 이 아이가 외교인으로 자라길 원하는 마음이 필사적이었습니다. 그의 말로는 자신이 죽은 후에 가족 중의 누군가가 자기 영혼을 돌봐주어야 하기 때문이랍니다. 내가 더 이상 이 세상에 존재하지 않게 되면, 누가 나를 위해 제사를 지내주겠는가? 누가 내게 먹을 것을 주겠는가? 누가 내게 옷을 입혀주겠는가? 그런데 그 사람이 병에 걸려 죽게 되었습니다. 그의 그리스도교 신자 자식들은 성공할 가망이 없다고 보아서인지 아버지를 개종시키려고 애썼던 것 같지가 않습니다. 그런데 그의 자식들 중 비신자 아들만이 아버지를 개종시키려고 노력했으며, 결국 그 열매를 맺었습니다. 그는 아버지에게 다음과 같이 말했습니다. "아버지, 저는 학자입니다. 저는 책을 많이 읽었고 여러 종교, 특히 우리 종교에 대해 잘 알고 있습니다. 그래서 그리스도교만이 진정한 종교이며, 다른 종교는 모두 거짓임을 깨달았습니다. 아버지께서 돌아가신 다음에 행복해지시길 원하신다면 이 종교를 믿으십시오. 제 권유에는 무슨 이익을 노리는 바가 없습니다. 저도 아버지와 같은 종교를 신봉하고 있지 않습니까." 다 죽어가던 그 사람은 이 말을 듣고 확신을 얻었습니다. 그래서 세례를 받고 그리스도교인으로 죽었습니다. 그런데 '하나는 데려가고 하나는 버려둘 것이라는 성경 말씀처럼'(루카 17,34-35 참조) 정작 아버지를 개종시키려 애썼던 그 아들은 여전히 비신자로 남았습니다.

푸젠 선교지는 마닐라의 도미니코회 신부들이 맡고 있습니다. 이곳의 대목구장, 총대리, 모든 선교사들, 중국인 사제들, 신학생들은 모두 도미니코회 소속입니다.

4월 3일에는 총대리 신부의 초대로 신학교를 방문했습니다. 총대리는 신학교 교장직을 겸하고 있습니다. 이 신학교는 경사진 언덕의 아름다운 곳에 위치하고 있습니다. 그 맞은편에는 아름다운 골짜기가 있으며, 그 아래에는 푸저우강이 흐릅니다. 이 강은 항구이기도 한데 우리가 하선했던 곳입니다. 학교에는 실내 소성당이 하나 있고, 그곳에 성체가 모셔져 있습니다. 그 조금 아래쪽에는 아주 커다란 교회를 한 채 지어놓았습니다. 바로 이곳이 성무일도에 참여하기 위해 신자들이 찾는 곳입니다. 이곳은 푸젠 선교지 가운데서도 경이로운 곳입니다. 신자들은 이곳을 작은 로마라고 부릅니다. 우리는 할 수 있는 만큼 장엄하게 성주간 성무일도를 올렸습니다. 제단을 장식하기 위한 작은 성모상은 20리 떨어져 있는 다른 작은 소성당에 모셔져 있습니다. 선비 네 명이 예복을 갖춰 입고 행렬을 지어 성모상을 모시러 갔고, 많은 신자들이 촛불을 들고서 그들을 따랐습니다. 그들은 어떤 마을을 가로질러 갔는데, 그곳 거주민들은 거의 모두가 외교인이었습니다. 그리스도교인들의 적이었던 것입니다. 그런데 그들이 이번에는 감히 아무런 말도 하지 못했습니다. 행여 그들이 제일 강자는 아니었을 것이기 때문이지요. 프랑스에 이런 도시가 하나 있다고 합니다. 거기서 이런 예식을 행했다면 엄청난 신성 모독의 빌미를 제공했을 것입니다.

부활절에 신자들은 장엄한 미사를 원했습니다. 그들의 간절한 소망을 들어주어야 했습니다. 그런데 문제는 글을 읽을 줄 알고 성가를 아는 성가

대원을 찾는 일이었습니다. 예전에 성모 미사에서 성가를 불렀던 사람 둘이 나타났습니다. 그래서 나는 부활절 미사를 집전하고, 성가대는 성모 미사곡을 노래하기로 결정했습니다. 그 다음 날 빈첸시오 페레리오 성인(스페인 출신의 도미니코회 신부, 1350년-1419년)을 기리기 위한 9일 기도가 시작되었습니다. 매일 강론이 있었고, 강론자는 신학생이었습니다. 음악이 대규모 관현악으로 연주되었습니다. 사람들은 내가 참석하기를 열렬히 원했을 테지만, 마침 나는 몸이 불편했으므로, 참석하지 않아도 될 좋은 구실이 되었습니다. 중국 음악의 단점을 한 가지 들면 단조로움입니다. 악기들은 조잡해서, 그것들 중 몇몇은 아주 거칠고 시끄러운 소리를 내기 때문에 경우에 따라서는 소음으로 들릴 정도입니다.

여러 명의 신자들이 부디 참석해서 자신들에게 영광이 되어주십사고 우리에게 부탁을 해왔습니다. 총대리 신부는 그들을 기쁘게 해주고 싶어 했습니다. 그들은 유럽인들의 커다란 코와 내 눈의 색깔을 보고 놀라는 듯했습니다. 그들은 나를 맹인으로 여겼습니다. 내가 생각해도 중국 전역과 아시아의 여러 지역을 돌아다녀 봐야 푸른 눈을 가진 사람은 단 한 명도 찾기 어려울 것입니다. 도미니코회 신부는 수염이 금발이어서, 중국인들은 그가 적어도 60세는 되었다고 확신했습니다. 그들은 "신부님은 수염이 완전히 백발이셔"라고 말하곤 했습니다. 방문 기간 마지막 무렵에 우리는 부자로 알려진 한 교우의 집으로 안내를 받았습니다. 그는 상당히 존경받는 사람인 것 같았습니다. 안주인이 우리를 만나고 싶어 했습니다. 이 여인은 우선 시아버지를 부르게 하더니 성직자들을 제외하고 일반 사람들을 방에서 나가게 해달라고 요청했습니다. 그런데 그 여인이 문 앞에서 우리 가운데 자신의 친척인 중국인 사제가 끼어 있음을 알아보았습니다. 여인은 다시 시아버지에게 전갈을 보내어 그를 되돌려 보내주기를 청했습니다. 이런 소란이 있고 나서야 여인은 우리와 자리를 같이하는 영광을 베풀었습니다. 부인은 성장을 하고 나타났습니다. 부제가 입는 제의 모양의 옷을 입고 그 위에 천을 하나 걸쳤는데, 이것은 대주교님들이 걸치는 어깨띠(Pallium)와 흡사했습니다. 부인은 넘어질 것을 염려해 시녀 두 명의 부축을 받고 있었습니다. 그렇지만 몇 발자국 움직일 일도 없었고, 바닥은 아주 평평했습니다. 여인은 내게로 곧장 와서 인사를 하고는 금방 물러났습니다. 신학교에 있던 유럽산 강아지 한 마리가 우리를 따라왔었는데, 여인은 그 강아지를 보고 싶어 했습니다. 그런데 문제는 다른 사람 눈에 띄지 않으면서 어떻게 그 여인의 호기심을 충족시키느냐 하는 것이었습니다. 우리는 한 가지 궁여지책을 찾아냈습니다. 부인은 어두운 방 한구석에 자리를 잡았습니다. 거기 있으면 앞을 분간할 수 있으면서도 사람들 눈에는 띄지 않았던 것입니다. 우리는 방문 앞에서 그 강아지가 왔다 갔다 하게 배려해주었습니다. 그 여인은 이 귀여운 스패니얼 강아지를 갖고 싶어 했겠지만, 주인은 그녀에게 줄 생각이 없었습니다. 그렇게 해서 이 별난 방문은 끝이 났습니다. 나는 그 같은 광경에 조금 화가 났습니다. 이 부인은 공손하고 아주 신앙이 두터웠지만, 상류층 부인으로서 자신의 높은 신분이 주는 모든 특권을 누리고자 했습니다. 그런데 이렇게 대단한 특권들이라는 것이 어느 누구의 눈에도 띄지 않는다는 것, 그리고 혼자서는 걸을 줄 모른다는 것이었답니다.

1833년 4월 12일, 우리에게 장난으로 떠날 채비를 해야 한다는 소식이 왔습니다. 짐을 꾸리고 돈 계산을 하려는데, 은화로는 꼭 260프랑밖에 없었습니다. 그 나머지는 모두가 통용되지 않는 돈이었습니다. 이 얼마 안 되는 돈을 가지고 칠팔천 리나 되는 길을 나서야만 했습니다. 나는 내 심부름꾼을 마카오로 보내면서, 이 통용되지 않는 돈을 새 돈으로 바꿔서 가져오라고 했습니다. 그런데 그 뒤로 나는 심부름꾼도 돈도 다시는 보지 못했습니다.

여기서 필요한 충고를 한 가지 해야 되겠습니다. 중국 북부에서는 피아스터를 받지 않습니다. 몇몇 고장에서는 그 무게를 달지 않고 20퍼센트까지 손해를 보이기도 합니다. 이 동전의 모양새며 새겨진 인물상들과 꽃들을 보고 타타르 사람들과 북쪽 지방의 중국인들은 의아해 합니다. 예쁜 겉모양 속에 무슨 속임수 같은 것이 감춰져 있지나 않을까 두려워합니다. 그래서 이곳에서는 100피아스터를 받았어야만 하는데, 실제로는 80피아스터만 받거나 어쩌다 그보다 덜 받는 일도 종종 있습니다. 이런 부당한 일을 피할 수 있는 아주 간단한 방법이 하나 있습니다. 그것은 가운데에 작은 단추 같은 모양의 것이 달려 있는 원형 혹은 반원형 모양의 작은 은괴로 피아스터를 바꾸는 것입니다. 중국인들은 이 은괴를 일러 양(¥)의 심실이라고 합니다. 환전에 가장 합당한 은괴는 5피아스터에서 7피아스터 정도의 값이 나가는 것들입니다. 이것들은 중국 전역에서 통용되는 반면, 다른 모양의 주괴들이나 지방 이름이 새겨진 주괴들은 아무 데서나 통용되지 않습니다. 환전을 하면 손해를 보게 됩니다. 하지만 광둥에서는 이런 식의 금전 교환이 손쉽게 널리 행해지고 있을 뿐더러 손해를 보지 않습니다. 나는 어떤 사람에게 이미 이런 정보를 준 적이 있었습니다. 그런데 그는 그것을 염두에 두었던 것 같지 않아 보입니다. 하지만 이번에는 사정이 다르리라 믿습니다.

19일 저녁, 모방 신부가 도중에 아무런 사고도 겪지 않고 싱화에서 돌아왔습니다. 나는 그에게 그에 관해 어떤 결정이 내려졌는지, 그리고 내가 처한 상황이 어떤지에 대해서 일러주었습니다. 그는 300피아스터가 조금 더 되는 자기 돈을 내게 주었습니다. 그는 마카오로부터 돈을 받을 것이라는 희망을 갖고 푸저우에 남았습니다.

제7장 푸젠 푸저우 출항

    1833년 4월 23일, 우리는 우리를 난징(南京)까지 데려다주기로 되어 있었던 배를 탔습니다. 나는 카스트로 신부 앞으로 보내는 푸젠 주교의 편지를 지니고 있었습니다. 나는 어떤 강한 예감이 있었기에—결국은 나에게 닥치고야 말았지만—난징 주교 총대리 앞으로 편지를 써줄 것을 푸젠 주교에게 부탁을 했었던 것입니다. 나를 호의적으로 대해주고 또 나에게 심부름꾼들을 붙여주게끔 말입니다.

    27일, 우리는 닻을 올렸습니다. 우리의 항해는 지난번보다는 편안했습니다. 그러나 400-500미터 전방의 것은 아무것도 보이지 않을 정도로 짙은 안개를 자주 만났습니다. 함께 항해하는 배들은 대통을 불어서 신호를 줌으로써 서로 너무 멀리 떨어지지 않도록 하고, 그리하여 거센 풍랑에서도 노략질하는 해적들의 손아귀에 떨어지지 않도록 했습니다. 어떤 때는 어둠 속에서 암초를 제때 발견하지 못하고 부딪혀서 파선할까 염려되어 닻을 내려야 했습니다. 2월부터 5월까지 이곳 바다는 짙은 안개로 뒤덮이는 일이 잦습니다. 그러나 안개가 걷히면 하늘이 대단히 맑아서 아주 멀리 있는 사물들도 명확히 보입니다. 이는 라페루즈(La Pérouse)가 관찰한 것인데 나도 그와 유사한 것을 관찰한 것 같습니다.

5월 6일, 일출 조금 전에 우리 배는 모래톱에 처박혔습니다. 다행히 바람은 약했고 우리가 곤경에 처한 것을 눈치 챌 만한 해적도 근처에 없었습니다. 마침내 우리는 모래톱에서 벗어나 탐사를 벌였지만 도무지 수로를 찾지 못했습니다.

10일과 11일, 우리는 서로 다른 세 사람 눈에 띄게 되었고, 우리가 유럽인임을 알아본 것인지 그들은 배에 올라왔습니다. 그중 한 사람은 우리를 더 자세히 보려고 선실 문을 열었고, 거기에는 내 동료 한 사람이 숨어 있었습니다. 이런 무례한 호기심에 내 동료는 마음이 조금 상했지만, 우리 배의 화물 관리인은 담대한 사람이라, 우리에게 조금도 걱정할 것이 없다고 안심시켰습니다. 그리고 우리가 항해를 계속했기 때문에, 그들이 나쁜 마음을 먹었던 것이 사실일지언정, 그들은 그 못된 계획을 실행에 옮길 시간이 전혀 없었습니다.

5월 12일에 우리는 저장성 북쪽에 위치한 하푸라는 포구에 닿았습니다. 이곳이 바로 일본으로 가는 중국 배들을 만날 수 있는 곳입니다. 이 배들은 6월에 출발하나 봅니다. 열대 계절풍인 남동풍을 이용해 일본으로 가는 것입니다. 그리고 계절풍이 바뀔 때 중국으로 돌아옵니다. 우리는 지체 없이 하선했습니다. 그리고 배를 하나 임대한 후 이 배에 몸을 실어 장난의 제일 남쪽에 있는 도시 중 하나인 장난부까지 갔습니다. 그런데 우리가 탄 배 주인이 우리를 알아보았습니다. 우리의 이상한 얼굴 모습, 짐짓 침묵을 지키는 것, 드러나지 않으려고 애쓰는 것 따위가 그의 의심을 자아냈던 것입니다. 도시 근처에 이르렀을 때에 그는 더 이상 노를 젓지 않겠다며, 우리와 동행하던 푸젠인 의사에게 말하기를, "당신은 영국인 아편 장사치들을 내 배에 들여놨군요. 당신이 신중하지 못한 탓에 내가 붙잡혀 가게 될 거요"라고 했습니다. 그 의사가 그렇지 않다고 해도 완고한 배 주인은 우리가 밀수꾼들이라고 믿는 마음을 버리지 않았습니다. 그런데 사람을 시켜 손에 몇 백 냥의 엽전을 슬쩍 쥐어주자, 이것으로 우리는 더 이상 영국 사람도 아니고 아편 밀수꾼도 아니게 되었습니다. 우리는 한낮에 배에서 내려서 약사 교우의 집으로 갔습니다. 우리 일행은 푸젠에서 서품된 젊은 포르투갈 선교사와 젊은 중국인 신부, 그리고 여러분의 종인 나, 이렇게 셋이었습니다. 내 눈이 중국인들에게는 낯선 색깔인지라 검은색 거즈로 된 띠로 가렸더니 눈썹과 코도 부분적으로 가려졌습니다. 여행객들은 먼지로부터 눈을 보호하느라 이런 것을 하고 다닙니다. 중국에서는 파란 눈, 큰 코, 금발, 갸름한 얼굴형에 혈색까지 과도한 빛이 돌면 수상하게 봅니다. 그래서 크고 둥근 머리에 얼굴은 평평하고 눈썹의 털이 적으며, 튀어나오지 않은 작고 검은 눈에 납작한 코, 수염도 가늘고, 피부색은 누렇고, 검고 뻣뻣한 직모를 가진 선교사가 중국 관화(官話)까지 웬만큼 할 줄 안다면 중국을 안전하게 돌아다닐 수 있을 것입니다. 하지만 체형이나 외모가 성소를 주는 것은 결코 아니니, 이런 인상착의에 만족하기보다는 성령의 인도하심을 구하고 선교사의 도덕적 자질에 신경을 쓰는 것이 더

옳을 줄 압니다. 하느님의 섭리에 자신을 내맡겨야 하겠지만, 그렇다고 진중하려면 꼭 지켜야 하는 규칙들을 소홀히 하면 안 됩니다. 선하신 하느님께서는 또한 당신이 원하시면 비신자들의 눈을 띠로 가려 눈이 있어도 보지 못하게 할 줄 아십니다. 또 설령 발각되더라도 꼭 나쁜 결과들이 이어지는 것만은 아닐 수 있습니다. 돈이 있어 밀고인의 입을 막을 수 있는 경우에는 더욱이 그렇습니다.

자정에 우리는 다시 수로로 들어섰습니다. 그리고 1833년 5월 15일 새벽 다섯 시에 어떤 농가에 이르렀는데, 그곳에는 소성당이 하나 있었습니다. 교우들은 우리더러 그대로 머물렀다가 이튿날인 예수 승천 대축일 미사를 집전해달라고 청했습니다. 내 두 동료는 그냥 가던 길을 계속 가기를 원했습니다. 나는 교우들의 소원을 들어주려고 남았습니다. 그런데 어느 중국인 회장이 내 옷이 지나치게 소박하다고 지적했습니다. 그래도 샴에 있을 때보다는 낫게 입은 편이었는데 말이지요. 그 사람은 내게 이렇게 말했습니다.

"각하(사람들은 포르투갈 주교들을 이렇게 부릅니다) 그런 옷을 입고 미사를 드리시면 안 됩니다. 그 일로 교우들의 빈축을 사게 될 것입니다."

"어떻게 하지요? 난 다른 옷이 없는데 말이오."

"옷을 사셔야지요."

"돈이 없는데요."

"빌려드리지요."

"그걸 언제 갚게요?"

"나중에요."

"나는 영영 갚지 못할 것 같은 생각이 듭니다. 아직 내 수중에 남아 있는 얼마 안 되는 돈은 이보다 더 절박한 일에 쓸 작정이오. 굶어 죽는 것보다는 좋지 않은 옷을 입는 쪽이 더 낫습니다."

그러나 교우들은 나의 해명을 받아주지 않았고, 그 구역의 회장이 자기 예복을 내게 빌려주었습니다. 미사 주례와 복사들, 그리고 미사에 참석하는 남자들이란 남자들은 한결같이, 심지어 거양성체 때와 영성체 때에도 내내 모자를 쓰고 있습니다. 여자들은 결코 그런 일이 없습니다. 다시 말하면 이 근방에서는 바오로 사도가 규정한 것과는 정반대로 합니다(1코린 11,2-16 참조). 산시에서는 여인들이 고해성사를 볼 때나 영성체를 받아 모실 때 베일을 씁니다. 선교사들이 애초에 중국의 관습들을 지나치게 존중했던 것 같습니다. 이보다 더 큰 편견들도 파괴할 수 있었으니 만큼 이런 편견쯤은 없앨 수 있었던 것이며 또한 지금이라도 없앨 수 있습니다. 나는 산시에서 모자를 쓰지 않고 미사를 드렸고, 복사들도 모자를 쓰지 않았습니다. 그런데 아무도 이 사실에 주목하지 않았습니다. (현지 대목구장은 좋은 게 좋다는 식입니다.)

교우들은 떠나기 전에 내게 정중한 식사 대접을 하고 싶어 했습니다. 사람들은 식탁에 붉은색 비계 양초를 꽂은 촛대들을 올려놓았습니다. 그리고 촛불을 켜지 않는 신중함을 보였습니다. 때는 정오였습니다. 식탁과 의자들은 돋을무늬가 있는 붉은색의 비단 천으로 장식했습니다. 식탁은 유럽식으로 차렸습니다. 성찬 자리에서 몇몇 관리들은 숟가락과 포크를 사용합니다. 이 경우를 제외하고는 젓가락을 사용해 식사를 합니다. 최상석은 우리나라의 경우와 같습니다. 다만 나뭇결 명패가 제일 높은 상석 앞에 있는 것을 볼 수 있습니다. 요리를 가져올 때마다 요리를 높이 들고 내 앞에서 무릎을 꿇었습니다. 이런 태도가 특별한 대우였는지, 아니면 중국의 일반적인 관습이었는지는 모르겠습니다. 식사는 과일을 대접하는 것으로 시작되고, 이어서 맛이 이상한 몇 가지 향채를 곁들인 고기가 나옵니다. 그들은 이 모든 것을 빵도 밥도 없이 먹는데, 그래도 포도주는 곁들여 마십니다. 식사 맨 마지막에는 밥을 가져옵니다. 식탁을 치우고 나서는 담배를 피우고 차를 마십니다. 그리고 얼마 정도의 시간이 지난 후 과일이나 당과를 먹습니다. 그러나 이토록 화려한 식사를 즐기려면 무척 부유해야 합니다. 중국인들은 보통 아홉 시에 아침 식사를 하고 대여섯 시에 저녁 식사를 합니다. 점심에는 과일과 단 것이 있으면 그것을 먹습니다. 그런데 이것은 세도가들이 먹는 방식입니다. 가난한 사람들도 하루에 두 번 식사를 하지만, 안타깝게도 거르기 일쑤입니다. 그런 사람들은 저녁을 먹어도 아주 늦게 그리고 지극히 형편없이 먹는다고 할 수 있습니다.

   그 밖의 많은 나머지 특성들은 생략하겠습니다. 여러분들도 알고 있을 테니까요. 예수회 회원들의 통찰력은 이런 것을 하나도 소홀히 흘려보내지 않았습니다. 그들의 보고서는 완벽합니다. 그렇지만 이러한 습관들이 중국 전역 어디에서든지 꼭 관찰되는 것이라고는 감히 확언하지 못하겠습니다. 그래도 중국인들이 그들의 법을 지키는 일과 마찬가지로 관습을 지키는 데 있어서도 진지하고 획일적이며 한결같은 것은 사실입니다. 그들은 격식을 차리며, 예의범절을 지키는 노예들입니다. 그들에게는 프랑스 사람들이 갖고 있는 불같고 변화무쌍한 상상력은 없습니다. 그렇지만 시대와 지역을 구별해주는 미묘한 차이들이 있습니다. 예를 들면, 오늘날의 중국인은 3세기 전 그의 조상들이 입던 대로 옷을 입지 않습니다. 마찬가지로 푸젠 사람들은 난징 사람들보다 복장 면에서는 더 소박하고, 예의 면에서는 덜 엄격합니다. 난징 사람들은 더 도시적이고, 더 호사스러움을 과시합니다. 아마도 그들이 더 부유하기 때문일 것입니다. 문자와 언어의 기본은 제국 전역에서 동일하지만, 발음과 어조는 지방에 따라 심하게 차이가 납니다. 즈리와 산시는 접경 지역이지만, 주민들 간에 항상 소통이 잘 이뤄지는 것은 아닙니다. 같은 언어로 말하는데도 말이지요. 푸젠의 방언, 그리고 심지어 광둥의 방언은 나머지 다른 지방들과 더 큰 차이를 보입니다. 이 때문에 푸젠 사람들과 함께 생활해 보지 않고는 아무도 그들의 말을 알아듣지 못합니다.

1833년 5월 18일, 베이징발 편지 한 통을 받았습니다. 그 편지에는 조선 사람들이 주교를 모시게 되어 기쁨의 절정에 달해 있다고 적혀 있었습니다. 그들은 눈물을 흘리며 다음과 같이 외쳤다고 합니다. "몇 해를 기다린 끝에 드디어 우리가 바라던 바 이상으로 우리의 소원이 이루어졌습니다. 우리는 선교사를 한 분 청했는데, 하늘에서는 우리에게 여러 선교사님들과 주교님까지 보내주십니다."
 어떤 내용이 더 있었냐고요? 그들은 나를 가장 먼저 맞이해야 한다, 파치피코 신부보다 먼저 맞이해야 한다고 했습니다. 이 편지는 난징 주교의 숙소 주인이 내게 쓴 것이었기 때문에 나는 자세히 검토해 보지도 않고 모두 믿었습니다. 다른 사람들도 그렇게 믿는 것 같았습니다. 하지만 나중에 내가 실수를 저질렀음을 알았습니다. 진실을 제대로 파악하기 위해서는 무시하고 읽어야 할 것들이 있었던 것입니다. 이곳에는 중국 전역을 여행한 적이 있는 고결한 노인이 한 사람 있었습니다. 그에게 나의 길 안내를 맡아줄 의향이 있는지 물어보았습니다. 그는 그러기로 나와 약속했습니다. 내가 조금 서두르길 아주 잘했습니다. 이틀만 늦었어도 그 노인은 내게서 벗어났을 테니까요. 그는 자신이 그토록 가볍게 약속해버린 것에 대해 후회를 되풀이했습니다.

같은 날, 막 숙소를 정했을 때 난징 교구의 주교 총대리인 카스트로 신부가 나를 만나려고 이곳까지 왔습니다. 나는 그에게 심부름꾼 한 명을 구해달라고 청했지만, "저로서는 불가능한 일입니다. 제 심부름꾼도 구하지 못하는 처지입니다. 저는 산동으로 가야 합니다. 그래서 이미 짐을 그 지방으로 부쳤습니다만 저와 동행할 사람을 하나도 구할 수가 없군요. 그래서 즈리에 있는 길잡이 하나를 불러오도록 하는 수밖에 없습니다"라는 대답을 들었습니다. 그것은 추호도 틀림없는 사실이었습니다. 우리가 얘기를 나누는 동안, 그 집에 있던 사람들은 나와 약속한 그 노인이 약속을 취소하도록 옆에서 부추기고 있었습니다. 사람들 말인즉, "우리 선교지에 속하지도 않은 주교님을 안내하려고 어떤 이득도 없는 일에 몸을 내던지겠다니, 자네는 정말 어진 사람이네. 이분이 우리 선교사들 중 한 분이라면 그야 좋은 일이겠지. 하지만 이분은 이방인이시잖은가? 자네가 약속을 취소하는 편이 현명할 것이네". 이 노인이 설득당했을까요? 나는 아는 바가 없습니다. 분명한 것은 그가 날 찾아와 말하기를 "당신네 말을 알아듣는 다른 심부름꾼 한 사람을 구하지 못하면 당신과 동행할 수 없습니다" 하고 말한 것입니다. 그러나 장난의 어디에서 우리말을 알아듣는 사람을 구하겠습니까? 포르투갈 신부들은 마카오 성 요셉 신학교 신학생이었던 45세가량의 남자를 내게 추천해주었습니다. 그는 성적 부진을 이유로 신학교에서 퇴학당한 경력이 있습니다. 그래도 라틴어 몇 마디는 할 줄 알고 있었습니다. 이 사람은 그 당시 조선에 가고자 하는 원의를 드러내기도 했었습니다. 마카오, 파리, 로마에서 이 중국인을 조선의 청년으로 착각하여 큰 기대를 걸었던 것입니다. 그러나 나를 만나면서 그의 열정은 아주 식어 버렸습니다. 카스트로 신부와 나는 영신적이고 인간적인 차원의 온갖 이유를 들어서 그에게 나의 심부름꾼 겸 통역관으로 일할 것을 권고했습니다. 그러나 그는 "나는 그럴 수 없소"라고 단언했습니다. 조선에 복음을 전하겠다고 스스로 나섰던 자는 나와 함께 즈리까지 갈 용기도 없었던 것입니다. 두려움은 무서운 병으로, 쉽게 치유되지 않습니다. 나는 푸젠에서 되돌려 보내버렸던 내 첫 번째 심부름꾼(아중)이 아쉬운 판이었습니다. 하지만 하느님께서 당신 섭리로 분명한 허락을 내리시지 않으면 아무런 일도 일어나지 않기 때문에 나는 주님의 뜻에 내 자신을 맡겼습니다.

다른 방법이 보이지 않았기 때문에 요셉을 내 곁으로 다시 불러들이기 위해 다섯 가지 각각 다른 경로로 베이징에 편지를 썼습니다. 하지만 내 편지 전달을 담당했던 신부는 그 편지들이 라틴어로 쓰였다고 믿고는, 그것을 자신의 집에 보관해버렸고, 반면 나는 초조하게 답장을 기다리고 있었습니다.

1833년 5월 23일, 나는 카스트로 신부와 헤어졌습니다. 유럽인 선교사 여러 명이 모여 있으면 근방에 사는 외교인들이 의심하지 않을까 염려한 것이고, 이는 일리가 있었습니다. 나는 교우 몇 명이 사는 조그만 마을에 중국인 신부와 함께 있었습니다. 이 성직자는 밝은 성격의 소유자로 중국인들 사이에서는 드문 인물입니다. 그는 나를 지극정성으로 보살펴 주었습니다. 그가 바라는 만큼 내가 말을 많이 하지 않았기 때문에 그는 내가 슬픔에 젖어 있다고 생각했습니다. 그는 유럽인들과 함께 오랫동안 생활했었기 때문에 유럽인들에 대해 호감을 갖고 있었습니다. 그렇지만 그는 그 다음 주간에 다른 선교지로 가야 했습니다. 그래서 나는 혼자 남게 되었습니다. 하지만 마카오에서부터 나와 함께 온 두 명의 젊은 선교사(포르투갈 출신의 라자로회 장난 선교사)들이 여드레에 한 번씩 나를 찾아왔습니다. 그들이 나를 각별하게 대해주었으니 칭찬하지 않을 수 없습니다. 그들은 내게 중국의 전통 옷도 여러 벌 주었습니다. 끝끝내 그것을 가지고 무엇을 해야 할지 몰랐지만 말입니다. 그렇다고 우리 사이에 내가 원했던 그런 친근함, 그 허심탄회한 교감이 흐른 것은 아니었습니다. 우리는 모두 예의를 갖추고 조심스럽게 서로를 대했기 때문에 나는 그들을 신뢰할 수 없었습니다.

유럽인들이 난징이라고 부르는 장난 지역은 비옥합니다. 쌀과 온갖 종류의(중국에서 발견되는 것들로서 온갖 것임을 의미) 채소가 많이 나고, 과일도 풍부합니다. 이 지방은 광대한 평야 지대로, 사방팔방이 무수한 관개 수로들로 구획되어 있습니다. 이 수로들은 늘 작은 배들로 넘쳐납니다. 육로는 좋지 않으며 진흙탕이 되기 일쑤여서 사람들은 이왕이면 수로로 다닙니다. 이들 수로의 수원은 양쯔강과 황하입니다. 장난에는 교우들이 많이 있는데, 그들은 독실하지만 소심합니다. 그들은 대부분 시골에 살고 있습니다. 어부 교우들은 매우 열성적이고, 땅을 경작하면서 사는 농민 교우들은 그보다는 조금 덜합니다. 부자들과 도시에 사는 사람들이 가장 열의가 없습니다. 대체로 여자들과 남자들 모두 부활절 의무를 잘 지킨다고 들었습니다. 소성당들은 아름답고, 때로는 우아하게 장식이 되어 있기도 합니다. 거기에는 그런대로 아름다운 그림들이 있습니다. 그러나 중화 제국의 관례와 풍습보다 더 좋은 것이란 아무것도 없다고 생각하는 중국인 화가들은 성 미카엘을 무관 복장으로 그리고, 성녀 아녜스와 성녀 가타리나를 중국인 부인 복장으로 그립니다. 사실 유럽의 판화들을 바탕으로 해서 그릴 뿐이면서 말이지요. 이런 소성당들 옆에는 흔히 동정녀들의 공동체가 하나쯤 있기 마련이고, 장상 한 사람의 휘하에 있으나 결코 허원하는 일은 없습니다. 그중에는 자신의 가족과 함께 지내면서 동정을 지키는 이들도 있습니다. 중국인들의 명예를 위해 나는, 중국인들이 결혼도 중시하지만 어떤 경우에는 완전한 금욕도 크게 중요시한다는 사실을 지적해야겠습니다. 중국에서는 자식들을 나이가 차기도 전에 약혼시키는 일이 흔하며, 때로는 탄생과 함께 약혼시키기도 합니다. 당사자들의 의사는 거의 무시됩니다. 이런 약혼은 파기하기가 어렵고, 특히 여자 쪽에서 파혼하기는 더욱 어렵습니다. 관할 당국은 좋든 싫든 처녀들이 자신들의 부모가 정혼해 둔 사람과 혼인하지 않으면 안 되게끔 합니다. 그런데 처음 정혼한 이후로 결혼할 때까지는 많은 세월이 흐르게 됨에 따라 이따금 남자가 죽는 경우가 생깁니다. 이때 만약 약혼녀가 애초의 혼약을 지키고, 또한 다른 남자와는 결코 혼인하지 않겠다고 밝힐 경우, 주무 관청 앞에서 이런 내용을 공표함으로써 법이 정한 일정한 액수의 돈을 받을 권리를 갖습니다. 그 젊은 동정녀는 이 돈을 사적인 용도로 쓸 수도 있지만, 자신의 고귀한 결심을 항구적으로 증거해줄 열녀비를 세우게 할 수도 있습니다. 이것은 죽은 당사자의 혼령과 결혼하는 일종의 영혼 결혼인 것입니다. 장난에서는 그와 같은 열녀비들이 큰 수로나 공공 도로를 따라서 흔하게 눈에 떠며, 간혹 주택의 대문 앞에서도 발견됩니다. 언제나 가장 눈에 잘 떠거나 왕래가 가장 빈번한 장소들이 선택됩니다. 이 열녀비들은 마차가 드나드는 대문의 형태를 하고 있습니다. 두 개의 커다란 돌을 일정한 거리를 두고 수직으로 세우고, 그 다음 이 두 개의 돌 위에 수평으로 세 번째 돌을 엎어놓고 그 위에는 열녀비를 세우는데, 열녀에게 경의를 표하는 의미로 그 사람의 이름을 새겨놓습니다. 이 모든 돌들은 저마다 다소간 조각이 되어 있는데, 수평으로 놓인 돌에는 장식이 지나치게 많습니다.

푸젠, 장난, 장시성(江西省)에서, 그리고 아마도 중국 전역에서 교회는 병자들에게 성사를 주는 일에 심혈을 기울이고 있습니다. 난징에 머무르는 동안 내가 본 바에 따르면 노자 성체를 배령하고 병자성사도 받도록 하기 위해 사람들이 300리, 나아가 400리까지 떨어진 거리에서부터 작은 배로 병자들을 실어 날랐습니다. 또한 성유가 기적을 일으키고 병자들에게 건강을 회복시켜준 것도 한두 번이 아니었습니다. 중국의 착한 신입 교우들이 갖고 있는 불타는 신앙과 많은 프랑스인들이 병든 부모에게 보내는 가혹한 연민 사이에 얼마나 큰 차이가 있습니까? 신앙이 허약한 탓에 이들 프랑스인들은 자기들의 구세주, 하느님이라고 할 수 있는 자신들의 부모를 집 안에 모신다는 생각만으로도 공포에 떨며 뒷걸음질치는 것입니다. 이것은 임종 시 자신의 잘못을 깨닫고 뉘우칠 것으로 예상됐던 이 늙은 죄인들이 죄인의 상태로 그냥 죽게 내버려 두려고 악마가 찾아낸 방법 중 가장 확실한 방법입니다. 아니 더 정확히 말해서, 이 오만하고 무모한 자들에 대한 하느님 정의의 마지막 표현입니다!

당시는 이 지방에 전염병이 주기적으로 창궐하던 시기였습니다. 남자보다 여자들이 더 많이 죽었습니다. 내가 집행한 일고여덟 번의 병자성사를 받은 이들 가운데 남자는 단 한 명뿐이었습니다. 이것은 아마도 이 계절에 시골 아낙들이 하는 일의 성격 탓인 듯합니다. 남자들은 씨 뿌리고 모를 심는 반면, 그것을 키우고 김을 매는 것은 여자들의 일입니다. 고여서 썩는 물에 늘 잠겨 있는 논에서 발산되는 증기, 이글거리는 태양의 열기, 여성의 연약함 등, 이 모든 것이 남자들보다 여자들 쪽의 사망률을 더 높이는 데 기여합니다.

1833년 6월 1일, 한 신부가 나를 찾아왔습니다. 이 신부는 어떤 중국 부인의 부탁이라고 하면서 두 달 전에 죽은 이 부인의 딸을 다시 살려주든가, 그렇지 않으면 적어도 그의 영혼의 안식을 위해 기도해달라고 부탁하러 온 것이었습니다. 나는 죽은 이를 위해 기도하는 것은 확실히 약속하겠으나, 그를 다시 살린다는 약속은 결코 할 수 없다고 대답했습니다. 오직 하느님만이 기적을 행하십니다. 사람은 제 아무리 성인이라고 하더라도 하느님의 도구에 지나지 않는 것입니다.

26일, 요셉이 장난에 도착했습니다. 그는 난징 주교 앞으로 몇 통의 편지를 가져왔습니다. 이 편지들의 내용인즉, 교황 성하께서 조선을 (난징 주교로서 베이징 주교직을 겸한) 그의 재치권에서 떼어내어 조선 선교지를 대목구로 승격시켰다는 것이었습니다. 난징 주교는 이러한 조처에 대해 아주 만족하는 듯 보였습니다. 그는 요셉이 베이징 주교관에 머무는 내내 융숭한 대접을 해주었습니다. 주교는 조선 사람들과 교섭을 벌이는 임무를 맡고 싶어 하지 않았습니다. 그래서 요셉에게 다음과 같이 말했습니다. "네가 이 일에 개입하는 편이 낫겠구나. 너는 너의 주교가 파견한 사람이다. 그러니 바로 네가 이 일과 관계되는 셈이다." 파치피코 신부는 이 새로운 사태를 껄끄럽게 지켜보았고, 못마땅한 내색을 했습니다.

그 후 얼마 지나지 않아 조선 사절 수행원 가운데서 유일한 교우였던 사람이 (베이징) 주교관에 왔습니다. 그에게 나의 편지, 내가 앞에서 말한 바 있던 그 편지가 전달되었습니다. 그 편지를 통해서 나는 조선 사람들에게 선교사 여럿과 주교 한 사람이 조선 선교에 배당되었으며, 또 내가 그들에게로 가려고 벌써 길을 나섰다는 사실을 알렸습니다. 조선 교우는 예기치 못한 소식을 듣고 깜짝 놀랐습니다. 그는 개인적으로 몹시 만족하다는 내용의 말을 몇 마디 했으나, 실은 만족감보다는 오히려 놀라움을 더 드러내 보였습니다. 그는 논의를 마치면서 개인적으로는 입국을 돕고 싶지만 자기 혼자서는 아무런 약속을 할 수 없다, 귀국해서 여러 교우들의 의견을 들어보기 전에는 아무런 약속도 할 수 없다고 말했습니다. 이상이 그 조선 사람이 준 희망의 전부입니다. 얼마 후에 그는 조선으로 떠났습니다.

난징 주교는 요셉이 파치피코 신부를 만주까지 수행했으면 했습니다. 그래서 그에게 이렇게 일렀습니다. "너는 길을 잘 알 터인즉, 갑사 주교님께서 조선으로 들어가시기까지 무사 안전하게 랴오둥의 교우들 집에 묵으실 수 있도록 그 교우들과 함께 조처를 취해놓아라. 그런 뒤 난징이나 푸젠으로 주교님을 모시러 가서, 같은 길로 해서 목적지 조선까지 인도해드리도록 하여라."

파치피코 신부와 요셉은 부활 주일이 지난 후 만주로 향했습니다. 만리장성에 이르자 그들은 감히 성문을 지나갈 엄두가 나지 않았습니다. 그곳을 넘어가는 것은 정말 어려운 일입니다. 그들은 쌓은 지 오래되어 생긴 성벽 구멍 하나를 이용해 성벽을 넘었습니다. 성문 가장 가까이에 있는 구멍들은 보초들이 지키면서 매일 일정한 시간마다 순찰을 합니다. 그들은 다행히도 보초들과 부딪히지는 않았지만, 자기 몸만 빠져나가면 되는 게 아니고 짐들도 들여보내야 했습니다. 짐들 속에는 여러 가지 성물이 들어 있어서 짐을 지고 가는 사람들이 크나큰 위험을 당할 수도 있는 것이었습니다. 그래서 그들은 다음과 같은 계략을 썼습니다. 세 명의 여교우와 짐을 마차에 싣고 이 위험천만한 길을 넘게 했습니다. 그들은 서로 만날 장소에 대해 사전에 합의해놓았습니다. 이 시도는 무사히 성공했습니다. 그 운명의 문 앞에 이르렀을 때 그 여교우들은 다음과 같은 질문들을 받았습니다.

"뭐하는 사람들이오?"

"이 근처에 사는 중국인들입니다."

"목적지가 어디요?"

"성 저 너머에 있는 친척집에 들르러 갑니다."

"이 가방 속에 든 것이 뭐요?"

"우리네 옷가지들입니다."

"당신네 옷이라? 엄청나게 많이 들었나 보군."

"그럼요. 잔치에 초대를 받았으니 잔치 기간 내내 친지들 앞에서 점잖게 보이고 싶어서 그럽니다."

"됐소. 가 보시오."

이보다 더 심하게 수색했다면 중국의 예의범절에 어긋날 뿐 아니라, 나아가 미풍양속을 해치는 일이 됐을 것입니다. 예의범절은 중국이나 동양 전역에서 매우 까다롭습니다. 이곳 중국에서는 여자의 짐을 수색하는 것은 금지된 물건을 소지한 것으로 지명 고발되었을 경우에 한합니다. 프랑스에서도 세관원들이 이처럼 예의 바르게 행동했을지 의문입니다. 타타르에 도착하고 나서, 파치피코 신부는 랴오둥에서 포교를 시작해야 했고, 요셉은 교우들 가운데 내 은신처를 내어줄 사람을 찾아야만 했습니다. 요셉이 처음으로 문의한 사람들은 나를 받아들이길 원하는 태도를 보였습니다. 그들은 이 젊은이에게 귀에 발린 말 몇 마디를 했습니다. 요셉은 이러한 칭찬들을 우리를 향한 온정과 헌신의 진심 어린 증거로 여겼습니다. 이렇게 해놓고 요셉은 부랴부랴 난징으로 왔습니다. 도중에 그는 마카오로 가고 있던 중국인 한 명을 만났습니다. 요셉은 이처럼 좋은 기회를 이용해서 움피에레스 신부에게 우리 일에 관해 알려주고자 했습니다. 그는 자신이 사실이라고 믿은 모든 것을 말했습니다. 그런데 바로 그의 편지들이 많은 사람들에게 오해를 불러일으켰습니다. 그렇다고 그것이 그의 잘못은 아닙니다. 그는 제일 먼저 당한 사람이었습니다.

난징에 도착했을 때 요셉은 난징 주교의 편지 몇 통을 갖고 왔습니다. 난징 주교는 관할 선교사들에게 내가 필요로 하는 물건을 모두 대어줄 것과, 타타르로 갈 수 있도록 심부름꾼들을 구해줄 것을 명령했습니다. 그때까지는 난징 주교의 고귀하고 관대한 처사에 대해 기쁨이 넘칠 뿐이었습니다. 그에 대한 신뢰가 다시 생기는 듯했습니다. 그러나 불행히도 이러한 선의는 오래가지 못했습니다. 시간이 지나고 생각이 깊어지면서 난징 주교의 선의는 완전히 사라져버렸습니다. 수학자들처럼 표현하자면, 이 선의가 시간과 반비례하여 줄어들었다고 하겠습니다. 무엇이 이토록 급작스런 변화의 요인이 될 수 있었는지 모릅니다마는, 이러한 변화의 요인으로는 난징 주교의 소심함과 내가 조선에 들어가지 못하게 되리라는 확신을 꼽겠습니다. 그래도 난징 주교의 편지들 덕택에 내가 하는 일들은 좀 더

활기를 띠게 되었습니다. 내게 길잡이가 셋은 있어야 하겠다는 판단이 내려졌습니다. 내게는 길잡이 둘이 있었습니다. 요셉은 40세가량 된 라틴어를 할 줄 아는 어떤 남자에게 의견을 타진했습니다. 요셉이 어찌나 웅변적인 언사를 쓰고 비장하게 말했던지 불행히도 이 사람을 설득시키고 말았습니다. 요셉은 "아니, 뭐라고요? 유럽의 모든 교우들과 중국에 있는 모든 주교님과 모든 선교사님과 교우들이 조선에 관심을 쏟고 있는 판입니다. 그런데 당신 혼자만 무심하게 지내겠다는 말인가요?" 하고 말했던 것입니다. 그 사람은 이토록 웅변적 언사에 버텨낼 수가 없었습니다. 당장이라도—그때가 저녁 열한 시였습니다—나를 수행하겠다고 약속했습니다. 이들 두 사람은 즉시 출발하려고 나한테 왔습니다만 나는 앓고 있었습니다. 이 하루 동안의 휴식도 아주 힘겹게 얻어낸 것이었습니다. 세 번째 길잡이의 이름은 요한이었습니다. 으뜸 길잡이 노인의 이름은 바오로였습니다. 요셉은 또한 자칭 조선 사람, 즉 나를 수행하기를 그토록 완강하게 거부했던 바로 그 사람의 마음도 끌어들이고자 했습니다. 그러나 이 남자는 우리가 다시 같은 일을 되풀이하는 것을 알아차리고는 도망쳐 버렸습니다.

그리고 우리가 떠난 다음에야 다시 나타났습니다. 그는 결국 우리의 제안에 굴복하게 될까 봐 두려웠던 것입니다. 요한도 그랬으면 좋았을 것을. 그리했다면 내 여행 경비가 줄어들었을 테니까요!

나는 가진 돈이 거의 없었습니다. 그나마 가지고 있던 얼마 되지 않는 돈은 난징 지방에서 통용되지 않았습니다. 환전하면 2할이나 손해를 볼 판이었습니다. 장난에서는 구석에 찰스 4세가 각인된 피아스터만이 통용됩니다. 그것도 잘 새겨져 있어야 합니다. 구석에 페르디낭이 찍힌 것은 도대체 받으려고 하지 않습니다. 그들은 이렇게 말합니다. "이건 여자 얼굴이잖소. 머리가 짧군 그래. 그러니 받지 못하겠소." 너무 심하게 손해를 보지 않기 위해서 나는 가진 피아스터 중의 일부를 어떤 중국인 상인에게 주었습니다. 그 상인은 우리가 베이징에 이르면 그 값어치만큼 은괴로 돌려줄 것을 약속했습니다. 우리는 이 돈을 정확히 돌려받았습니다. 난징 주교는 우리가 돈을 이 남자에게 맡겨도 무사할 것이라고 우리에게 언질을 주었던 것입니다.

떠나야만 하는 시점에서 우리는 타타르에 가기 위해 해로를 이용할 것인가 육로를 이용할 것인가 하는 점을 의논했습니다. 나는 바다로 갔으면 좋겠다 싶었으나, 이 일에 끼어든 중국인 신부는 나를 싣고 가기로 되어 있던 배의 선장과 선원들이 도무지 미덥지 않다고 나에게 말했습니다. 요셉도 나를 위한답시고 바다 여행을 말렸습니다. 그는 "우리는 파선하게 될 것입니다. 그리고 주교님이 익사하시는 날에 조선은 끝장날 것입니다" 하고 말하는 것이었습니다. 그래서 육로로 가기로 결정이 났습니다.

7월 20일에 우리는 길을 떠났습니다. 마침 폭염이 시작되는 시기였습니다. 장난에서의 7월과 8월의 폭염은 감당할 길이 없습니다. 이 계절에 길을 다니는 사람이라고는 가난한 이들뿐입니다. 때로는 질식해서 죽을 위험을 무릅씁니다. 열대 지방이 이보다 더 더울까 싶습니다. 전혀 햇볕이 들지 않는 방에 있는 탁자와 의자가 불에 쬔 것만큼이나 뜨겁습니다. 사람의 몸이 높은 온도에도 견딘다지만 삼복더위의 열기가 몸에 닿는 것은 지독히도 괴로운 일입니다. 다행히도 이 더위가 오래 지속되지는 않습니다. 사흘이나 나흘, 혹은 닷새가 지나면 비바람이 몰아칩니다. 바람이 불거나 그 밖의 원인들로 더위가 수그러듭니다. 그러나 더위는 얼마 안 있어 전과 같은 기세로 맹렬해집니다. 이런 주기적 변화가 8월 말까지 계속됩니다. 이런 어려운 나날들 속에서, 자정이 되어도 나는 정오에 그늘에 있을 때처럼 덥게 느껴졌습니다. 자정이 지나서 새벽 두세 시가 되어야 비로소 숨이 트이기 시작합니다. 교우들은 나를 염려하여 내가 이토록 더운 날에 길을 떠나는 것을 말렸습니다. 그러나 나는 그들이 바라는 대로 할 수가 없었습니다. 더 늦었다면 나의 주요 길잡이를 놓치고 말았을 것입니다. 그는 음력 8월에 마카오에 가기로 되어 있었던 것입니다. 요셉은 나름대로 교우들의 이의를 일축했습니다. "적도의 태양 아래서 여러 해를 살았고 또 순교를 각오하고 있다면 중국의 더위쯤은 얼마든지 무릅쓸 수 있습니다."

이리하여 우리는 7월 20일에 출발했습니다. 나는 세 명의 길잡이를 데리고 있었는데, 이들 셋 모두 납득하기 어려울 만치 소심하고 무능했습니다. 그들의 보호 감독을 받는 동안 나는 줄곧 심한 고통을 겪었습니다. 피로와 궁핍으로 중도에서 죽는 줄만 알았던 게 여러 번이었습니다. 그러나 선하신 하느님께서는 그것을 허락하지 않으셨습니다. 우리는 며칠 동안 나룻배를 저어 양쯔강으로 흘러 들어가는 작은 운하들 쪽으로 갔습니다.

26일, 우리는 한 세관을 거쳐야만 했습니다. 그러나 담당 세관원들은 잠을 자고 있었고, 그들이 대신 불침번으로 세워놓은 자들은 우리에게 아무 말도 하지 않았으며, 우리 역시 아무 말도 하지 않았습니다. 나는 이 조그만 사건을 남은 여정에 대한 좋은 징조로 보았습니다.

27일, 우리는 황제 운하로 들어갔습니다. 나는 이미 저장에서 이곳을 항해한 적이 있습니다. 이 운하는 푸젠에서 시작되는 것으로 보입니다. 황제 운하는 광대한 평야 지대를 흘러갑니다. 이것은 저장, 장난, 산둥, 즈리 지방을 가로질러서 베이징에서 약간 떨어져 있는 황해에서 끝납니다. 운하는 바다에서 조금밖에 떨어져 있지 않습니다. 그리고 바로 이 사실 때문에 운하 활용도가 크지 않습니다. 이 운하는 그 길이가 약 4,000리에 달하는 것으로 보입니다. 굴곡을 모두 계산에 넣으면 어쩌면 훨씬 더 길 수도 있습니다. 내가 볼 때 이 운하의 평균 너비는 (프랑스 서남부) 랑그도크(Languedoc) 운하보다 두 배 반은 더 넓어 보였습니다. 그 깊이가 얼마나 되는지는 모르겠습니다. 이 운하는 흐르면서 만나게 되는 양쯔강과 황하, 그리고 그 밖의 하천들에서 물을 공급받습니다. 이 운하는 옛것과 새것의 두 부분으로 구분할 수 있습니다. 옛것은 푸젠에서 시작하여 난징에서 끝나고, 새것은 황하에서 시작하여 베이징 근처 바다까지 펼쳐집니다. 옛것을 건설하게 한 자가 누구인지는 모르겠습니다만, 새것은 명 왕조 황제(명나라 제3대 황제인 영락제, 1402년-1424년 재위)의 지시로 판 것입니다. 이 사람은 중국 명나라 황제로서는 처음으로 수도를 베이징으로 옮긴 사람입니다. 그가 만리장성 일대를 차지한 것은 만주 몽골인들의 침입을 더욱 쉽게 막기 위함이었습니다. 그가 황제로 등극하기 전까지는 난징이 제국의 수도였습니다. 이 운하를 판 목적은 결코 공공의 이익을 위한 것이 아니었습니다. 단지 정부의 실익만을 염두에 둔 것이었습니다. 즉 지방에서 조공으로 정부에 바치는 쌀을 먼저 난징으로, 이어서 베이징으로 실어 나르게 하기 위함이었습니다. 내가 보기에 이 운하는 어떤 여행객들이 주장했던 것만큼 웅장하지 않습니다. 이 운하는 중대한 결점이 하나 있는데, 하천들의 흐름을 따르지만, 곳에 따라서는 바다의 조수 간만의 영향을 받는다는 것입니다. 이 운하는 다른 운하들에 비해서 그 길이가 매우 깁니다. 하지만 나머지 모든 면에서는 랑그도크 운하보다 수준이 떨어집니다. 프랑스의 운하는 공익만을 고려한 것이었습니다. 그 당시까지 극복할 수 없을 것이라 여겼던 어려움들을 어떤 호수나 강에 기대지 않고 이겨냈습니다. 어떤 산의 꼭대기에는 커다란 저수지들을 만들어서, 지혜롭고도 경제적으로 분배되는 그 물줄기들이 운하의 규모에 맞추어서 물을 공급하게 했습니다. 일어날 수 있는 모든 사고와 오랜 기간의 가뭄도 대비했습니다. 세월이 흐르거나 수량이 불어나면서 자연히 발생하는 파손을 수리하고 항해를 개선하는 공무원 토목 기사들이 늘 대기하고 있습니다. 이들은 바위나 언덕이 있는 곳도 항해가 가능하도록 만들 줄 압니다. 이들의 노력으로 물은 어디서나 똑같은 수위를 유지합니다. 반면 중국의 운하는 토목 공학 실력이 변변치 않은 사람이라도 만들 수 있었을 것입니다. 중국은 황제 운하 말고도 평평한 평야 지대 도처에 운하를 파서, 그 운하 물길 쪽으로 몇 개의 강줄기들을 연결시킵니다. 그러니 운하는 강물의 흐름을 따를 수밖에 없습니다. 중국인에게서 이보다 더 나은 토목 공학을 요구한다는 것은 불가능한 일입니다.

  1833년 7월 28일, 우리는 양쯔강으로 들어섰습니다. 이 강이 중국에서 가장 크고 가장 훌륭한 강이며 중국의 거의 모든 물줄기들이 이곳으로 흘러든다는 것은 어김없는 사실입니다. 이 강은 광대한 지방들로 위풍당당하게 흘러갑니다. 그래서 어떤 지방들은 비옥하게 만들고, 또 어떤 지방들은 망쳐놓기도 합니다. 이 강물이 범람했을 때 가장 많이 피해를 보는 곳은 주로 후광(湖廣, Huguam: 호남, 호북, 광동, 광서 지역을 총칭하는 표현) 지방입니다. 이 강은 그 길이가 칠팔천 리에 이를 정도입니다. 아무도 내게 그런 말을 해주지 않았지만, 어림잡아 판단컨대 그렇습니다. 이 강의 수원은 서부 타타르라지만, 티베트나 그 근방일 확률이 더 높습니다. 이 강은 쓰찬을 통해서 중국으로 들어오고, 거기서부터 동북쪽으로 조금 거슬러 올라가 후광 지방을 통과하면서 이 지방을 호북과 호남, 두 곳으로 나눠놓습니다. 이어 동남동쪽으로 내려가 장시로 들어가고, 장난의 가장 큰 지역을 통과한 후, 제국의 가장 동쪽 지역인 황해로 그 물을 토해 내게 됩니다. 중국의 중심부에서부터 바다에 이르기까지 이 강의 평균 너비는 30에서 45리가 됩니다. 우리는 사흘 동안 이 강을 항해했습니다. 항해 중 나는 한 번도 하안 양쪽을 동시에 본 적이 없었습니다. 이 부근의 강 너비가 50리는 될 수 있었다는 게 내 생각입니다. 갠지스 강과 아시아의 다른 강들처럼 이 강에도 그 흐름을 따라가면서 여러 가지 다른 이름이 붙습니다. 쓰촨에서는 그것을 다르게 부릅니다. 이 강물이 광대한 너비를 가질 때에만 비로소 강하(江河)라는 이름을 갖습니다. 양쯔강을 '강하'라고 하는데, 강하는 고유명사가 아니라는 것을 지적해야겠습니다. 이것은 강 그 자체를 의미하거나 아니면 차라리 커다란 저수지를 의미하는 보통명사입니다. 사모아인들의 메눔, 메남, 그리고 캄보디아인들의 메콩과 같이, 말하자면 물줄기들의 모체인 것입니다. 중국인들은 여러 개의 강물에 강하란 이름을 부여합니다. 그 가운데 대표적인 것으로는 바로 양쯔강, 그리고 만주와 조선을 가르는 압록강이 있습니다. 후자가 바로 선교사들이 조선 왕국으로 들어가기 위해 얼음 위로 건너가야 하는 그곳입니다.

나는 프랑스에서 제작한 중국의 어떤 지도들에서 엄청난 오류를 한 가지 발견해냈습니다. 중국의 이 커다란 강을 강하(양쯔강) 또는 황하라고 부르고 있는 것입니다. 그러나 이것들은 엄연히 서로 다른 두 개의 강입니다. 이 두 개의 강은 그 수원과 흐름, 그리고 하구가 각각 확연히 다릅니다. 이 강들이 바다 가까이에서는 서로 매우 근접해 있는 것은 사실이지만, 각각의 물줄기들이 뒤섞이는 일은 결코 없습니다. 다만 난징에서 조금 떨어진 지점에 이들 두 개의 강을 소통시키는 운하를 한 군데 파서 서로 양쪽으로 항해하는 일이 용이하도록 되어 있긴 합니다.

다른 지도들에서는 베이징 시를 흐르는 커다란 강을 하나 그려놓고는 이것을 황하라고 부르고 있습니다. 베이징을 지나는 그 하천은 황하가 아닌 그리 대단하지 않은 강입니다. 프랑스의 오드(Aude) 강이나 에로 강보다 훨씬 보잘것없으며, 이것의 이름은 황하가 아닙니다. 황하에 대해서는 나중에 이야기하겠습니다.

29일, 우리는 난징 근처를 지나갔으나 그곳으로 들어가지는 않았습니다. 우리는 그곳에 아무런 관심도 두지 않았습니다. 난징과 베이징 그리고 중국의 나머지 모든 도시에도 여행객의 관심을 끌 만한 기념물은 전혀 없습니다. 이곳은 광대한 성벽으로 둘러싸여 있는 도시이지만 명 왕조의 영락제가 제국의 수도를 베이징으로 옮긴 이후에는 인구가 많지 않은 곳입니다. 이 도시는 정방형의 형태를 이루고 있다고 합니다. 모든 길이 일직선으로 나 있고 서로 직각을 이루며 구획지어 있습니다. 내 길잡이들 중 한 명이 내게 베이징의 큰 규모와 웅장함에 대해서 얼마나 힘주어 말했던지 마치 니네베나 고대 바빌론을 묘사하는 것 같았습니다. 그러나 동양인들은 툭하면 과장을 하기 일쑤입니다. 그들이 하는 이야기에서 진실을 찾으려면 상황들과 사실들을 합한 후 10분의 1만 취해야 합니다.

제8장 양쯔강을 건넘

　7월 31일, 우리는 육지에 내렸습니다. 내 으뜸 길잡이 바오로는 거기서 되돌아가고 싶어 했습니다. 우리가 탄 배의 갑판에 내가 너무 자주 올라가는 것을 보았다는 것입니다. "이웃 배의 사공들이나 시골 사람들이 주교님을 보고는 유럽인임을 알아차렸을지도 모릅니다. 그렇게 되면 우리에게 좋지 못한 일이 일어날 겁니다. 저는 다른 사람들이 조심하지 않은 탓에 생기는 위험 앞에 저를 노출시킬 생각이 조금도 없습니다. 그래서 저는 이만 물러갑니다" 하고 말하는 것이었습니다. 요셉은 그를 타일렀고, 나는 앞으로 더욱 행동을 삼갈 것이라고 약속했습니다. 요셉이 노인을 어찌나 잘 구슬렸던지 그는 그냥 남았습니다. 이런 풍파가 가라앉자, 우리는 여행의 방식에 대해 의논했습니다. 돈을 아껴야 한다는 것에 대해 모두의 의견이 일치했습니다. 갈 길은 먼데 우리는 가진 돈이 별로 없었던 것입니다. 요셉의 생각은 거지 행색을 하고 걸어서 가야 한다는 것이었습니다. 나는 이에 반대하며 그들에게 말했습니다.

"나로서는 이렇게 더운 때에 걸어서 5,000리 길을 간다는 것이 불가능하오. 여러분이 짜놓은 애초의 계획에 따라 하루에 100에서 120리나 가야 한다면 더욱이 그렇소." 요한은 현기증이 나고 게다가 뇌졸중도 걱정된다고 말했습니다. 그러므로 그에게는 탈 것이 필요했습니다. 결국 가능한 방법으로 여행을 계속하기로 했습니다. 바오로가 으뜸 길잡이인 만큼 우리 여행단을 조직하는 임무를 맡았습니다. 한편 나는 중국식으로 마시고, 먹고, 기침하고, 코 풀고, 걷고, 앉고 하는 따위를 배웠습니다. 그도 그럴 것이, 중국인들은 유럽인처럼 하는 것이 하나도 없는 탓입니다. 얼마 안 있어 바오로는 수레 두 채를 가져왔습니다. 한 채에는 짐을 싣고, 다른 한 채에는 사람을 태울 요량이었습니다. 나는 길잡이 한 사람을 데리고 내 몫의 수레에 올라탔고, 나머지 두 사람은 나귀 두 필을 타고 마부 노릇을 했습니다. 내 존재가 발각될지 모른다는 두려움이 여전히 남아 있었기 때문에, 사람들은 나를 가난한 중국인 행색으로 꾸몄습니다. 그들은 더러운 바지 한 벌과 적삼 한 벌, 챙이 넓은 낡은 밀짚모자만을 주었습니다. 내 눈 부위는 널따란 검은색 띠로 가렸습니다. 사람들은 나를 무슨 탈쯤으로 여겼을 것입니다. 이렇게 괴상한 옷차림은 호기심 많은 사람들의 눈을 피하기는커녕 오히려 더 저들의 주의를 끌었습니다. 아이들은 물론 어른들까지도 내 앞에 와서 무릎을 꿇고는 거리낌 없이 마음대로 이 괴상망측한 모습을 감상했습니다. 내 길잡이들은 겁을 잔뜩 먹고 나를 어찌해야 할지 몰라 했습니다. 우리가 함께 관리 앞으로 끌려갈지도 모른다는 두려움에 그들은 노상 떨었습니다. 그러나 결국 그것은 그들의 잘못이었습니다. 그들이 네 바퀴 달린 작은 수레 하나만 빌렸다면 이런 모든 불편을 면할 수 있었을 것입니다.

이렇게 해서 우리는 이런 비참한 장비로 여행을 시작했습니다. 그나마 그것을 오래 보존할 수가 있었다면 다행이었을 것이나, 슬프게도 이 세상에서의 행복은 오래가지 못하는 것이라 얼마 안 가서 우리는 이런 쇼를 포기해야만 했습니다. 우리는 발걸음을 옮길 때마다 우천, 사정이 좋지 않은 길, 조수 간만, 진흙탕들과 마주치며 불가피하게 걸어가지 않으면 안 되었습니다. 우리가 수레에 실려 가는 것이 아니라 수레를 끌고 가야만 했습니다. 나귀 대여소가 있기는 했으나 우리의 길잡이는 지나치게 절약하느라 나귀를 빌리려고 하지 않았습니다. 그리고 막상 자기가 피로에 기진맥진하여 나귀를 빌리려면 없기가 십상이었습니다. 나는 그 어떤 값을 치러서라도 탈 것을 하나 구해달라고 했습니다. 그러자 나귀 한 마리를 반나절 쓰기로 하고 빌려 왔습니다. 이것이 처음이자 마지막이었습니다. 불행히 나는 의견을 한 번 개진했던 것인데, 길잡이들은 이를 못마땅하게 여겼습니다. 사람들은 내게 절대 입을 열지 말라고 당부했습니다. 누군가 내게 그것은 여행단의 대장을 모욕하는 것이라고 알려주었습니다. 모든 것을 지혜롭게 예견하고 조절하는 것은 대장의 임무입니다. 섣부른 지적은 그 사람 마음을 상하게 하고, 오던 길로 돌아가 버리게 할 수 있는 것입니다.

그래서 나도 다른 사람들처럼 걸어야만 했습니다. 나는 불편한 중국 신발 때문에 곧바로 발에 상처를 입었습니다. 나는 이 이상야릇한 중국 신발을 벗고 맨발로 갔습니다. 내 안내인들이 이것을 보고 질색을 했습니다. 그들은 내게 '뿌하오칸(不好看)', 즉 보기 좋지 않다고 말했습니다. 사실 신발을 신지 않은 중국인을 보기는 드문 일입니다. 거지가 배고파 죽을 수는 있지만 맨발로 죽는 일은 절대로 없습니다. 내 늙은 길잡이는 자기 신발에 어찌나 집착을 하는지 냇물도 신을 신고 건널 지경이었습니다.

나는 열병이 낫지 않은 상태에서 난징을 떠났습니다. 걷기 시작한 첫날부터 나의 몸 상태는 더욱 악화되었습니다. 피로하고 무더운 데다가 먹지도 마시지도 못하고 온갖 어려움을 겪은 결과, 복부에 심한 통증을 느꼈습니다. 이질이 분명했습니다. 갑자기 열이 오르는 바람에 나는 기진맥진하여 계속 눕거나 앉아 있어야만 했습니다. 나에게는 휴식이 필요했지만, 그렇게 해달라고 할 수가 없었습니다. 안내자들 말로, 주막에 머무르는 것은 위험하다는 것입니다. 의원을 부르는 것은 더욱더 큰 위험을 자초하는 일이었습니다. 교우 집을 찾아갈 수도 있었겠지만, 아무도 그곳의 교우들을 알지 못했습니다. 이교인들에게서 교우 집 정보를 구한다는 것은 대단히 무모한 짓이었습니다. 이 모든 것은 옳은 말이었습니다. 나머지 일은 온전히 하느님의 섭리에 맡기고 가능한 한 빨리 즈리에 가는 것 외에 다른 방법이 없었습니다. 영양이 풍부하고 위생적인 음식을 먹는다면 기운을 다시 차릴 수 있었겠지만, 우리가 얻어먹을 수 있는 것이라고는 찐만두뿐이었습니다. 이따금 만두 장사는 얇은 피로 된 이 작은 만두 속에 고약한 냄새가 나는 파 같은 것을 넣기도 했는데, 나는 이 만두를 도저히 먹을 수가 없었습니다. 당연하지요. 그런데 내 길잡이들은 이 만두를 기막히게 좋아했습니다. 그들에게 이 기이한 만두는 새로운 발견이었던 것입니다. 어떤 때는 밀가루 반죽한 것을 조그맣게 잘라서 끓는 물에 둥둥 띄운 것을 한 그릇 주기도 했습니다. 맛을 더 좋게 하느라고 마늘, 후추, 날호박 따위를 듬뿍 집어넣은 이 괴상한 국에 오래 묵은 기름으로 양념까지 하니, 이것을 먹고 나면 24시간 동안 목구멍이 칼칼했습니다. 아무리 시장기가 들어도 나는 도저히 이런 국에 입맛을 맞출 수가 없었습니다. 서너 술만 뜨고 나면 아무리 계속 먹어보려고 애를 써도 그만 멈출 수밖에 없었습니다. 이

만두의 속을 채운 마늘과 다른 열대 양념들 때문에 내 배 속에서는 불이 났고, 나로서는 도저히 해소할 수 없는 갈증이 일어났습니다. 내 길잡이들이 여전히 내게 물을 주는 것을 거부했기 때문에 만두와 국을 먹는 것을 단념해야 했습니다. 대신에 나는 작은 빵을 먹었습니다. 다만 그 빵에 파가 들어 있지 않은지 유의해서 살폈습니다.

나는 한 개에 반 냥하는 과일과 참외를 사 먹고 싶었지만, 나를 위태롭게 하고 있던 설사병 때문에 불가능했습니다. 저녁 시간은 내가 먹고 휴식을 취하기에 가장 알맞은 때였으나, 또한 바로 이때가 열이 가장 심해지는 때이기도 했습니다. 길잡이들은 누워 있는 내게 음식을 가져오곤 했습니다. 내가 "지금은 먹을 수가 없소. 침상 옆에 두시오. 열이 좀 내리고 나면 그때 먹을 것이오" 하고 말하지만 그들은 밤에 먹는 관습이 중국에는 없다고 대답하고는, 음식을 도로 가지고 물러가는 것이었습니다. 뜨거운 차를 듬뿍 마시면 그나마 좋아졌는데, 그 초라한 주막에서 항상 차를 구할 수는 없었습니다.

나는 길잡이 한 사람에게 내 쪽으로 와주도록 신호를 보내곤 했습니다. (나는 말하는 것이 금지되어 있었습니다.) 그가 오면(늘 오는 것은 아니었으니까요) 차를 좀 갖다달라고 청하곤 했습니다.

"없습니다."

"물 좀 주시오."

"냉수는 주교님 병과 상극입니다. 아무리 목이 마르더라도 냉수를 마시는 것은 삼가셔야 합니다."

"그러면 뜨거운 물을 좀 주시오."

"중국에서는 차를 마시는 경우가 아니면 절대로 더운 물을 청하지 못합니다."

"주막 주인에게 병자가 마실 것이라고 말하시오."

"주인에게 성가신 청을 하여 그를 귀찮게 하는 것은 중국 예법에 어긋나는 일입니다."

이렇게 말을 주고받은 결과는 내가 물을 마시지 않고 견뎌야 한다는 것이었습니다. 어떤 때는 밤에 마시려고 그들 몰래 차 한 잔을 감춰두기도 했습니다. 피로하고 열이 나다 보니 몹시 목이 타는 것이었습니다. 그러나 그들에게 들키는 날이면 무자비하게 뺏기고 말았습니다. 왜냐고요? 중국에서는 밤에 물을 마시는 관습이 없다는 것입니다. 밤에 어두컴컴한 데서 물을 마시는 것이 옆에서 자고 있는 사람들의 눈에 띄기라도 하면 내가 유럽인임이 발각될 수 있다는 것이었습니다! 두려움이 이렇게까지 판단력을 흐려놓는다는 것을 믿을 수 있겠습니까? 그렇지만 그들이 이런 식으로 행동하는 것은 바로 그 두려움 때문이었습니다. 그들 말로는 내가 들켜서 잡히게 될까 봐 걱정하는 것이고, 그렇게 되면 조선 선교지는 버려진 채로 있게 된다는 것이었습니다. 그들의 의도는 필경 선한 것이었습니다. 나는 그것에 대하여 그들에게 감사하는 바입니다. 그러나 내 생각에, 그들은 목적을 달성하는 데 있어서 그보다 덜 혹독해도 되었을 것 같습니다. 그들은 가늠할 수 없을 만큼 소심했습니다. 주막에 들어가면 나는 얼굴을 벽 쪽으로 돌리고 누워야 했습니다. 내가 식탁에 앉으면 다른 식탁에 앉아 있는 사람들이 나를 알아볼지도 모른다는 것이었습니다. 내가 비스듬이 몸을 돌리고 앉으면, 그것은 중국에서는 전대미문의 행동이었습니다. 벽을 향해 몸을 돌리고 앉으면, 괴이한 행동이어서 의심을 자아낼 수 있었습니다. 문 옆에 앉아 있으면 지나다니는 사람들이 내가 유럽인임을 알게 될지도 모른다는 것이었습니다. 어떻든 그들의 말을 듣자면 누워 있는 것밖에는 내게 유리한 다른 자세가 없다는 것이었습니다. 한번은 내가 안경을 벗었다고 차를 내주지 않았습니다. 그런데 그때는 밤 열한 시였습니다.

　더욱이 어느 길잡이는 많은 은수 성인들도 하지 않는 고행을 내게 시키려 들었습니다. 내가 피로에 기진맥진한데다 작열하는 햇볕에 거의 질식할 지경이 되어 그늘에 가서 앉으려고 하면 그는 이렇게 빈정거렸습니다. "어떻게 고통을 피하려고 하실 수 있지요? 주교님이 쉬어야 할 곳은 햇볕 아래, 그리고 쓰레기더미입니다. 조선에 들어가시면 십중팔구는 순교를 하시게 됩니다. 그러니 도중에서 돌아가시는 한이 있더라도 더위와 허기와 갈증과 발열 따위는 견뎌내셔야 합니다." 이 말은 요약하면, "당신은 중국에서 굶주림과 빈곤으로 죽을 지경이 되어야 합니다. 그래야 나중에 조선에서 순교자가 될 자격이 있는 것입니다"라는 의미였던 것입니다! 이런 종류의 논리는 다만 침묵으로 응수할 일입니다. 자, 이 이야기는 이제 그만 하겠습니다. 우리의 여행 이야기로 다시 돌아갑니다.

　우리는 저장성에서 산시성의 경계선까지, 약 3,000리가량의 넓고 기름진 평야 지대를 걸었습니다. 드물게 외따로 떨어진 몇 개의 구릉을 만나는 정도입니다. 1,500리를 가는 동안에는 언덕 하나 구경하지 못했습니다. 사방이 지평선 끝에서 사라져버리는 한결같은 풍경이 펼쳐졌습니다. 다만 몇 개의 작은 둔덕이나 높이 6-10척가량의 흙더미들이 나타나면 이런 단조로운 행진이 일시 중단되었습니다. 이것들은 무덤이었습니다. 지평선은 몇 개의 작은 버드나무 숲으로만 경계가 지어졌는데, 이 숲들이 우리에게는 어떤 도시나 마을에 대한 지표였습니다. 그것은 눈앞에 펼쳐져 있는 풍

말들로서 여행자를 잘 안내하거나 때로는 잘못 인도하기도 합니다. 그런데 내가 지금 막 묘사한 그림으로 중국의 나머지를 판단한다면 착각하는 것입니다. 다른 곳에는, 그리고 내가 말하고 있는 지방들에도 수많은 구릉과 산들이 있습니다. 그러나 이 아름다운 평야 지대에서 우리가 본 것은 엉성하게 지어진 도시와 마을들뿐이었습니다. 도처에 흙으로 지은 단층 오두막집들뿐인데 지붕과 벽은 풀로 덮여 있습니다. 만일 문과 창문을 발견하지 못했다면 이 초라한 집들을 둔덕으로 여길 수도 있었을 것입니다. 도시의 거리도 포장이 되어 있지 않습니다. 오직 중심 지역들에서만 벽돌로 지은 집을 몇 채 볼 수 있을 뿐입니다.

우리의 여행은 제2차 수확기와 일치했습니다. 중국인들은 땅을 휴경 상태로 버려두는 법이 없습니다. 대부분 그들은 일 년에 두 번 파종하는데, 한 가지 방식만을 사용해 밭을 경작합니다. 프랑스처럼 밀 씨를 공중에 흩뿌리는 것이 아니라 정원에 나물을 심는 것과 같은 식으로 고랑에 파종합니다. 빵 대신에 먹는 조 종류의 곡물에는 여러 가지가 있습니다. 그중에는 프랑스에서 빗자루를 만들 때 쓰는 것과 비슷한 종류(수수)가 있습니다. 그들은 알곡을 먹기도 하고, 그것으로 술을 만들기도 합니다. 잎으로는 가축을 먹여 키웁니다. 줄기나 밑동은 땔감으로 사용되며, 이따금 집 짓는 재료로도 쓰입니다. 강낭콩, 호박, 참외, 수박 등을 파종해놓은 커다란 밭을 도처에서 볼 수 있습니다. 중국 북부에는 프랑스에서 만나볼 수 있는 거의 모든 곡물과 과일이 있습니다. 중국 과일은 하나같이 유럽의 과일보다 질이 떨어집니다. 중국 과일들은 타고난 그대로의 맛을 지니고 있는데, 이것은 중국인들이 품종을 개량하려는 노력을 거의 하지 않는다는 것을 말해줍니다. 유럽에는 과일나무들이 각 과마다 무수히 많은 품종이 있습니다. 그런데 중국은 품종의 수효가 많지 않습니다. 중국에는 우리가 보지 못한 과일들이 몇 가지 있습니다. 마찬가지로 유럽에는 중국에 없거나 앞으로도 가져보지 못할 많은 과일이 있습니다. 중국에는 포도 덩굴을 정자나 아케이드 모양으로 올린 몇 가지 종류의 포도 나무가 있습니다. 그런대로 맛이 좋은 품종도 있습니다. 포도를 완전히 숙성시키는 일은 없습니다. 중국인들은 포도주 만드는 법을 모릅니다. 유럽의 선교사들이 이 지역에서 포도주 만드는 것을 처음으로 시도한 사람들입니다. 즈리에서는 설탕으로 포도주를 발효시킵니다. 산시에서는 포도주를 살짝 숙성시킵니다. 쓰촨에서는 중국의 포도주를 유럽 포도주와 섞는다는 말을 들었습니다. 북쪽 지방에서 가장 흔한 과일나무는 대추나무입니다. 길가 어느 곳에서나 이 나무를 볼 수 있습니다. 중국은 누에의 나라라고 말합니다. 어쩌면 그럴 수도 있겠지만, 나는 뽕나무를 그리 많이 보지는 못했습니다. 목화는 이들이 선호하는 재배 식물입니다. 이것은 내가 남부 아시아에서 봤던 것과는 다릅니다. 후자는 관목으로서, 그 가지와 잎사귀의 형태 면에서 라일락과 아주 흡사한데, 내가 중국에서 본 목화는 초본으로서 해마다 죽기 때문에 해마다 다시 파종해야 합니다. 이 목화 품종은 그 키가 3, 4척 정도밖에 자라지 못합니다. 그 잎은 엷은 초록색이고 포도 나무 잎 모양을 하고 있습니다. 꽃은 희거나 노랗습니다. 북부에서는 늦봄에 파종하고, 늦여름이나 초가을에 수확합니다. 이것은 프랑스 남부 지방에서 잘 자랄 것으로 여겨집니다. 난징 지방에는 목화솜을 생산하는 목화 품종이 있는데, 그들도 프랑스처럼 이것으로 옷감을 만들어냅니다. 이것을 '노란 난징' 이나 '난징 옷감' 또는 그냥 '난징' 이라고 부릅니다.

신뢰할 만한 증인에게서 보고 배운 바에 따르면, 중국에는 산이 여럿 있습니다. 그것들은 불모지이거나 별로 비옥하지 못합니다. 평야는 매우 기름지며, 비가 충분히 내릴 때는 프랑스보다 생산성이 훨씬 뛰어납니다. 가뭄은 중국에서 가장 큰 재앙인데, 그것이 드물게 발생하는 것도 아니고 그로 인한 재난이 엄청나서, 수백만 명의 중국인이 굶어죽습니다. 같은 해에 중국의 일부에서는 가뭄으로 찌드는 한편, 다른 지역에서는 홍수로 폐허가 되는 일을 보는 일이 드물지 않습니다. 홍수 때문에 가장 큰 고통을 당하는 사람들은 양쯔강과 황하 유역 사람들입니다. 이 지역에서는 흔히 "하느님께서 우리를 전쟁과 가뭄, 그리고 홍수로부터 지켜주소서!" 하고 말합니다. 요컨대 곡류와 과일, 야채 등 중국에서 생산되는 모든 농작물은 프랑스보다 한참 질이 떨어집니다. 쌀, 오렌지, 리치, 참외, 수박만은 쓸 만합니다. 나머지는 모두 형편없거나 별것 아닙니다.

중국은 농업을 존중합니다. 농업은 가장 중요한 산업입니다. 학식이 있는 선비는 나라의 어떤 지위에도 앉을 수 있습니다. 상업을 천시하지만, 부유한 상인에게는 존경을 보냅니다. 군인 신분은 별로 중요시 여기지 않습니다. 문관은 늘 무관 위에 있습니다. 이발사 신분은 아들 세대까지 천대를 받습니다. 이상이 내가 여행하면서 목격한 것들입니다. 이제 세부 사항으로 들어가겠습니다.

8월 2일, 어떤 푸젠성 사람이 나를 알아보았습니다. 그는 귀 있는 자라면 다 들어라 하고 내가 따시양젠(泰西洋人, 유럽인)이라고 떠들어댔습니다. 같이 가던 길동무와 오랫동안 시비도 벌였습니다. 그 길동무가 "그럴 리가 있나, 생각 없는 사람 같으니라고. 유럽인이 감히 여기까지 올 수 있으리라고 보는가?" 하고 말하자, 그 푸젠인은 "나 생각 없는 사람 아니네.

참말이지 저자는 유럽인일세. 그 (퍼런) 눈에서 알아봤단 말일세. 누구하고라도 내기할 준비가 되어 있다네" 하고 대답했습니다. 다행히도 그 사람은 우리가 가는 길과는 다른 길로 갔습니다. 이리하여, 하마터면 중대한 문제가 발생할 뻔한 이 논쟁 한 판은 막을 내렸습니다. 이 작은 사건으로 말미암아 내 길잡이들은 훨씬 더 까다로워졌고 내 처지는 더욱 난감해졌습니다.

4일, 우리는 호수 가운데 위치한 세관을 만났습니다. 우리는 난관도 위험도 겪지 않고 세관을 통과했습니다. 우리의 으뜸 길잡이는 또다시 무서워 떨기 시작했습니다. 그는 나머지 두 길잡이를 보고, "당신 둘이서만 주교님을 모시고 가도록 하시오. 나는 그만 돌아가겠소" 하고 말했습니다. 이런 기막힌 소리를 듣고 두 사람은 비탄에 잠겼습니다. 요셉이 다시 한 번 나서서 수고하는 방법밖에 없었습니다. 요셉은 그에게 인내심을 불러일으키고 다시금 용기를 되살리는 일장 연설을 펼쳤습니다. 워낙 잘 구슬렸기에 마침내 그를 설복시키고야 말았습니다. 이리하여 그는 세 번째로 나와 동행하는 데 동의했습니다.

5일, 우리는 베이징으로 가는 국도로 길을 갔습니다. 이 길보다 참혹한 길은 다시없습니다. 산악 지대는 사다리나 층층대 길이요, 우기의 평야 지대는 마차가 빠져드는 밑도 끝도 없는 진구렁입니다. 몇 척씩 푹푹 빠지는 진흙탕에 지나지 않습니다. 때로는 마차가 차축까지 빠지고, 말은 귀까지 빠지는 바닥없는 진구렁들을 만나기도 합니다. 포석을 깔거나 다듬어놓은 곳이라고는 아무 데도 없습니다. 도저히 다닐 수가 없게 되어야만 보수를 하는 것입니다. 나그네들은 차라리 이웃해 있는 밭으로 다니는데, 그것은 길을 질러가기 위해서이기도 하고 (길은 언제나 구불구불합니다.) 날이 건조하거나 비가 옴에 따라서 먼지 속 또는 진흙탕 속을 계속 걸어가야만 하는 고통을 피하려 함입니다. 이 주도들은 그 너비가 엄청나다는 사실 하나밖에 주목할 만한 점이 없습니다. 여기에는 돌로 만든 다리가 몇 개 놓여 있습니다. 나는 당시까지만 해도 돌다리는 유럽인들이 인도에 건설하게 한 것들 외에는 본 적이 없었습니다. 사실이지 나는 아시아의 일부분만을 보았던 것입니다.

6일, 내 존재가 세 번째이던가 네 번째로 탄로난 날입니다. 우리는 차를 마시려고 길가의 어느 노점에 발길을 멈추었습니다. 그런데 고관 한 사람이 불쑥 나타났습니다. 그가 탄 가마를 지던 자들이 우리와 함께 차를 마시기를 원했습니다. 그들은 상전이 이토록 괴상한 인물을 실컷 감상할 수 있게 하려고, 바로 내 앞에 가마를 내려놓았습니다. 모두들 목을 축이고 있는데 그 지방의 관장을 배알하러 가는 중국인 한 무리가 지나갔습니다. 그중 한 사람이 "유럽인이다!" 하고 소리쳤습니다. 이 끔찍한 말에 아연실색한 내 길잡이들은 혼비백산하여 도망을 칩니다 그려. 나는 이렇게 갑작스런 공포의 원인이 뭔지도 모르면서 그들 뒤를 좇았습니다. 이 사건 때문에 우리는 우리와 우리를 고발하는 자들과의 사이에 거리를 두기 위해 더 많이 걷고 더 많이 피로를 겪어야 했습니다. 그렇지 않아도 앞서 우리는 40시간을 쉬지 않고 걸었는데 말입니다. 선하신 하느님께서는 우리 뒤를 따라오던 외교인들이 아무 눈치도 채지 못하게 하셨습니다. 어쨌건 그들이 눈치를 챈 낌새는 없었습니다. 이번에 들킨 것으로 해서 내 괴로움은 그 절정에 달했습니다. 내 길잡이들은 이제 나를 두고 어찌해야 할지 몰라 했습니다. 그들이 위험을 덜기 위해 취하는 방책들은 죄다 나를 더욱 괴롭히는 것이었습니다.

10일, 우리는 서로 길이 어긋났습니다. 이날은 아침 일찍부터 오해가 있었습니다. 몇 사람이 이쪽 길로 갔다면, 나머지 사람들은 다른 저쪽 길로 갔습니다. 들판 한가운데에 혼자 남은 나는 매우 황당했습니다. 다행히 내 길잡이 한 명과 합류하게 되었지만 그 사람의 몸 상태가 나보다 더 나은 것도 아니었습니다. 그는 자기가 매순간 졸도하지 않을까 겁을 내고 있었습니다. 그는 시장기로, 나는 갈증으로 죽을 지경이었습니다. 24시간가량 우리는 먹지도 마시지도 못했습니다. 우리는 중국인들이 '고량'이라고 부르는 수수 줄기를 빨면서 즐거운 시간을 보냈습니다. 오후 네 시에 어떤 농부를 만났는데, 그는 우리에게 차 대신 물과 마늘국을 주었습니다. 나는 내 길동무에게 "자, 용기를 냅시다. 배는 고프지만 적어도 이제 갈증은 달랬소이다" 하고 말했습니다. 앞서 우리는 저녁거리를 얻기 위해 조처를 취했습니다. 내 길잡이는 작은 외투를 걸치고 있었는데, 우리는 먹을 것을 사기 위해 그것을 팔기로 합의했습니다. 그리고 다음날에 대한 걱정은 하느님의 섭리에 맡겼습니다. 그러나 선하신 하느님께서는 우리가 그런 극한의 상태에까지는 처하지 않게 해주셨습니다. 어떤 마을의 주민들이 우리에게 우리 동료들의 소식을 전해주었습니다. 우리는 피로에 지친 상태였습니다. 우리는 말 한 필과 소 한 마리가 매어 있는 마차 한 대를 돈도 없이 빌렸습니다. 이렇게 해서 우리는 우리 동료들이 있다고 추정되는 곳까지 실려 간 것입니다. 마부에게는 여정을 끝낸 다음에 돈을 지불해주겠다고 약속했습니다. 우리는 이런 행색으로 한 작은 도시에 들어가서 우리 일행과 만났습니다. 우리의 행색을 보고 의아해 하는 사람은 아무도 없었습니다. 중국에서는 말, 나귀, 소, 암노새를 모두 함께 같은 수레에 매단 것을 보는 것이 드문 일이 아닌 것입니다. 우리는 급히 점심을 먹었습니다. (해가 지려고 하는 참이었습니다.) 그러고는 좀 쉬려고 생각하고 있었는데 우리의 으뜸 길잡이의 생각은 그렇지 않았습니다. 그래서 다시 걸음을 옮겨야 했습니다. 한 시간 동안 길을 간 뒤에 우리는 또 한 번 길이 서로 어긋났습니다. 결국 밤 열한 시가 되어서야 가까스로 같은 주막에 다시 모이게 되었습니다. 누군가 내게 먹을 것을 가져왔습니다. 나는 그에게 마실 것을 달라고 했습니다. 그러자 "이 시간에는 차가 없습니다"라고 대답하기에, 나는 "그러면 먹지 않겠소"라고 했습니다. (위에서 이미 언급한 바 있는) 국을 먹으면 배도 부르지 않고 갈증만 심해진다는 것을 나는 경험으로 알고 있었습니다. 그래서 저녁을 먹지 않고 자리에 들었습니다. 이렇게 하는 것이 처음도 아니었거니와 마지막도 아니었습니다. 이날은 몹시 피로한 하루였습니다. 이날 이후 내 병은 악화 일로로 치달았습니다.

제9장 황하를 건넘

8월 13일, 우리는 황하를 건넜습니다. 이 강은 양쯔강과는 아주 다른 강으로, 베이징을 통과하지 않습니다. 이 도시와 가장 가까운 곳이라 해도 1,500리 정도는 떨어져 있습니다. 황하의 원천은 타타르에 있습니다. 이 강은 칸쑤(甘肅)를 통해 중국으로 들어와 산시로 흘러들고, 허베이(河北) 북쪽을 지나서, 하남으로 유입되고, 산둥을 거쳐 장난의 일부를 관통하고 나서, 양쯔강 북부 황해로 빠집니다. 이 강물은 언제나 누런 구릿빛을 띠고 있기 때문에 황하란 이름을 갖게 되었습니다. 광대한 평야 지대 한가운데를 흘러감에도 불구하고 물살이 어찌나 빠른지, 나는 중국의 지표면이 동쪽에서 서쪽으로 갈수록 심하게 치솟은 것은 아닌가 생각하게 되었습니다. 실제로 중국의 서쪽과 남서쪽에 위치한 티베트(Tibet)는 해발 고도가 아주 높습니다. 그곳에는 안데스 산맥의 침보라소(Chimborzo)보다 더 높은 봉우리들이 있습니다. 우리가 강을 건넌 지점은 비가 오는 날씨였는데도 그 폭이 고작 1,500미터 정도에 불과했고, 수위는 그 기슭과 같은 높이였습니다. 그런데 강물이 크게 불어나면 이 강은 엄청난 공간을 뒤덮으면서 강가에 사는 사람들을 비탄으로 몰아넣습니다. 어떤 곳은 제방을 쌓아 강물을 막기도 하지만, 이 강물은 제방을 무너뜨리거나 제방을 넘어서 물길을 따라 만나는 마을들을 집어삼켜 주민들을 익사시키거나 엄청난 피해를 일으킵니다. 이 강에서 비롯되는 홍수는 중국의 3대 재앙에 속합니다. 우리는 이 강을 나룻배 같은 것을 타고 건넜습니다. 사람이 어찌나 많았던지 아무도 앉을 수 없었고, 서 있기도 힘들 지경이었습니다. 나는 어떤 중국인 앞에 서 있었는데, 이 사람은 내가 뭐하는 사람인지를 극구 알고 싶어 했습니다. 그러나 나는 입을 꼭 다물고 있었습니다. 그는 나의 이 기이한 모습을 마음껏 감상하기 위해 할 수 있는 만큼 쭈그리고 앉았습니다. 그는 넋을 잃고 나를 바라보고 있었습니다. 그러나 다행히도 배의 방향을 잡던 키잡이가 내 어깨와 옆에 있던 사람들의 어깨 위로 뛰어넘어 다녔고, 이 거친 움직임이 도강하는 동안 계속되었기 때문에 그 넋 나간 구경은 중단되었습니다. 우리가 강 둔치에 다다랐을 때 강기슭은 배들로 꽉 들어차 있었고, 비어 있는 자리라고는 아주 작은 공간밖에 없었습니다. 사고 없이 배를 대려면 아주 정확하게 키를 잡아야 했습니다. 워낙 물살이 세어서 우리 배는 닻을 내리고 있던 중국 배의 충각(衝角)을 향해 나아갔습니다. 우리는 난파해서 익사할 수 있는 위험으로 치닫고 있었습니다. 헤엄을 칠 줄 아는 사람들은 예외가 될 수 있겠지만, 나는 그런 부류에 끼지 못했습니다. 그러나 결국 서로 소리쳐 부르고, "뱃머리를 대, 키를 오른쪽으로 틀어, 왼쪽으로 돌려" 하고 소리친 보람이 있어 상대방 배를 슬쩍 스치는 정도에 그쳤습니다. 배에서 내려 발을 디딘 그곳이 산둥 지방이었습니다.

(1833년 8월) 17일, 언제나 그랬듯이 아침나절 내내 물과 진흙 속을 걷던 우리는 걸어서는 건널 수 없는 강물을 만났습니다. 배를 타는 수밖에 없었습니다. 내가 거느리는 사람들은 점심을 먹었으나, 나는 굶어야 했습니다. 시장에 도대체 성한 음식이라고는 없었던 것입니다. 어쨌건 바로 이것이 내가 그들에게 먹을 것을 청했을 때 그들이 내세웠던 핑계입니다. 우리가 배에 올랐을 때 나는 보통 때보다 훨씬 심해진 열로 극심한 갈증에 시달렸습니다. 입술이 말라 아래위로 어찌나 착 달라붙었던지 손으로 떼어내야만 입이 벌어질 지경이었습니다. 나는 물을 달라고 했습니다. 그러나 내게 물을 줄 수 있거나 주려고 하는 자는 아무도 없었습니다. 우리가 강 복판에 있었는데도 말이지요.

나는 내가 누워 있던 널빤지 아래로 손을 집어넣었다가 배 바닥에 물이 스며든 것을 알았습니다. 나는 몹시 기뻤습니다. 나는 계속해서 손가락을 물로 적셔서 그것으로 혀와 입술을 축였습니다. 그때 나는 사악한 부자를 떠올리며(루카 16,19-31 참조), 그의 처지보다는 내 처지가 훨씬 더 낫다고 생각했습니다. 나는 숯불 위에 누워 있지도 않고, 내 목을 축일 만한 물도 있지만, 그 사악한 부자에게는 이런 조그마한 위안도 영원토록 제공될 바 없으니 말입니다. 배에서 내릴 때 안내자들은 둔치까지 나를 안아서 내려놓았습니다. 나는 임종에 처한 해수병자처럼 숨을 헐떡였습니다. 숨이 어찌나 꽉 막히던지 거의 20분 동안은 꼭 숨이 넘어가는 줄 알았습니다. 나는 발작하는 사람처럼 먼지 속에서 뒹굴었습니다. 이런 특이한 광경과 괴상한 옷차림 때문에 내 주위로 사람들이 구름처럼 모여들었습니다. 더럭 겁이 난 내 안내자들은 부랴부랴 나를 옮겨놓았습니다. 나는 어떤 초막의 그늘에 있었습니다. 그런데 그들은 바람이 잘 통하는 곳에서 공기를 마시게 한답시고 햇볕이 쨍쨍 내리쬐는 밭 가운데로 나를 보냈고, 이 장면을 완벽하게 연출하기 위해 안내자 하나가 내 얼굴에 중국 모자를 얹어놓았습니다. 하지만 이 모자 때문에 바깥 공기가 조금도 통하지 않게 되어 하마터면 그나마 붙어 있던 숨길마저 아주 끊어질 뻔했습니다. 드디어 선하신 하느님께서는 차를 좀 구해 올 수 있도록 허락하셨습니다. 나는 거의 데일 정도로 뜨거운 차를 여러 잔 들이마셨습니다. 차를 마시니 숨은 돌리게 되었지만, 그래도 기운은 돌아오지 않았습니다. 나는 "힘내자, 오늘은 죽지 말아야지" 하고 스스로 다짐했습니다.

우리는 또 길을 떠나야만 했습니다. 그곳은 위험했습니다. 길이 마르고 평탄했던 바, 나는 걷지 않아도 되었습니다. 사람들이 나를 수레에 내던졌습니다. 이렇게 나는 주막에 닿을 때까지 얼마간의 휴식을 취할 수가 있었습니다. 그동안 나는 우리가 가던 길을 계속해서 가려면 무슨 방법을 써야 할 것인가에 대해 궁리했습니다.

그 이튿날 나는 한 발자국도 옮길 수 없는 상태라는 것을 알았습니다. 그러나 나는 우리 주님께서 제자들에게 주신 "내일 일은 걱정하지 마라. 그날 고생은 그날로 충분하다"(마태 6,34 참조)라는 교훈을 상기해야만 했습니다. 과연 비가 아주 오랫동안 몹시도 내렸기 때문에 묵어갈 수밖에 없게 된 것입니다. 몹시 열이 올랐던 나는 이번에는 비 오듯 땀을 흘렸습니다. 거의 48시간 동안 음식이라고는 콩알만큼밖에 먹지 못했지만, 이렇게 땀을 잔뜩 흘리고 나니 기운이 조금 회복되는 듯했습니다. 나의 길잡이들은 여전히 겁에 질려서, 36시간을 쉬는 동안 줄곧 나를 널빤지 위에 누워서 얼굴을 벽 쪽으로 돌린 채 지내게 했습니다. 이런 자세는 편하지가 못했습니다. 나는 조금만 신경 쓰면 반대쪽으로 돌아누울 수 있을 것이라고 생각했습니다. 그러나 그것은 착각이었습니다. 이렇게 약간 움직인 것을 가지고 내 길잡이들은 기겁하여 나를 심하게 꾸짖고 형언할 수 없는 위협을 해댔습니다. 그들 중 하나가 내게 말했습니다. "제가 조선 사람들에게 말해서 주교님이 조선에 입국하지 못하도록 막고 말 것입니다. 로마에도 편지를 쓸 것입니다. 신중하지 못하여 중국의 모든 선교지를 잃어버리게 만들 수 있는 위험한 사람을 도로 불러가도록 말입니다."

그런데 어째서 그런 큰 소동이 일어난 것일까요? 내가 오른쪽으로 모로 누운 상태에서 여러 시간을 보낸 다음에 어느 순간 왼쪽으로 돌아누우려는 무모한 짓을 했기 때문입니다. 나는 이렇듯 자비로운 꾸지람에 아무 대꾸도 하지 않았습니다. 자세를 바꾸고 싶을 때에는 머리 쪽과 발 쪽을 바꿔서 누우면 되었습니다. 이렇게 함으로써 나는 언제나 벽을 보고 있을 수 있게 되었습니다. 이런 기이한 변화에 그들은 좀 어리둥절해 했지만 걱정하지는 않았습니다. 그들은 나의 행동이 기발하다고 말하는 정도로 그쳤습니다. 그들은 어떤 방법을 동원해서든지 나를 괴롭힐 음모를 꾸몄던 것 같습니다. 그렇게밖에 생각할 수 없는 것이, 그들 중 하나가 내 앞에서 다른 이에게 이렇게 말했습니다. "주교님의 성격을 길들여서 그분이 조선에 들어갈 만한 자격을 갖추게 되도록 모든 점에서 그에게 반박하고, 그분이 바라는 모든 것과는 반대로 해야 할 것이오."

그들은 내가 아직도 미진한지 나를 단련시키는 데 있어서 아직도 성이 다 차지 않은 듯합니다. 이 길잡이는 프랑스인들 머리통은 모두 철통같아 (그가 쓴 표현입니다.) 고분고분하지 않은 성격을 갖고 있다고 확신했던 것이며, 나는 이 독특한 편견의 희생자였던 것입니다.

제9장 황하를 건넘 183

8월 19일, 나는 공복에다 땀으로 흠뻑 젖은 채 다시 길을 떠나야 했습니다. 길이 침수되어 있었습니다. 한 시간쯤 걸은 뒤에, 나는 지팡이로 더듬어서 물이 더 얕은 곳을 찾다가 웅덩이에 빠지고 말았습니다. 나는 이 물구덩이에 빠진 채 있다가 손에 잡히는 풀포기들을 붙잡고 힘겹게 몸을 일으켰습니다. 물에 흠뻑 젖은 나는 입고 있던 한 벌 옷 중 짧은 저고리를 빨려고 그보다 덜 깊은 웅덩이로 들어갔습니다. 갈아입을 옷이 없었던 것입니다. 15분이 지나자 햇볕에 모든 것이 다 말랐습니다. 나는 끔찍할 정도로 열이 심해지리라 예상했지만, 그와는 정반대의 결과가 나타났습니다. 발열이 다른 날들보다 덜했습니다. 프랑스에서 이런 일을 당했더라면 죽고도 남았을 터인데, 여기서는 오히려 상태가 호전되었습니다.

23일, 일행이 모두 병이 들었습니다. 또다시 묵어갈 수밖에 없었습니다.

24일, 요셉이 포도 한 송이와 중국 포도주 한 병을 가져왔지만, 포도는 신 포도즙만큼이나 시었고, 술은 물보다 못한 것이었습니다. 그래도 요셉이 내 영명 축일을 훌륭하게 기념하기를 바랐던 모양입니다. 나는 프랑스를 떠난 뒤로 포도를 먹어 본 적이 없었습니다. 어떻든 나는 이 포도를 잘 구워지지 않은 호떡 한 조각과 곁들여 먹었습니다. 이 성찬 덕에 나는 배가 몹시 아팠습니다. 이 세상의 행복은 오래 지속되는 것이 없습니다.

25일, 우리는 한 세관과 맞닥뜨렸습니다. 도 바오로는 그 세관원들의 심문에 내가 나서서 임하기를 바랐습니다. 그들은 나 같은 이를 체포하게 되면 굉장히 좋아했을 터인데 말이지요. 그러나 요셉과 양 요한은 반대 의견을 보였습니다. 대다수가 바오로의 생각을 물리쳤습니다. 결국 우리는 먼 길로 돌아감으로써 이 난국에서 벗어났습니다.

전날부터 내 길잡이들은 짐꾼들 중 일부를 돌려보내더니, 얼마 안 있어 모두 다 보내버리고 말았습니다. 이들은 물러나기 전에 나에게 인사를 하고 싶어 했을 터이지만, 요셉은 내가 늘 그랬던 것처럼 누워 있기 때문에 그들의 인사를 받을 수 있는 상황이 아니라고 그들을 이해시켰습니다. 이 순박하고 촌스러운 사람들은 아무런 눈치도 채지 못한 것 같습니다. 그들은 내가 귀머거리에, 장님이나 다름없고, 심지어 약간 정신이 나간 사람으로 믿고 있었습니다. 우리는 그들이 믿고 싶은 대로 믿게 내버려 두었습니다. 그들에게 내가 유럽인이라는 생각이 들 여지만 없기를 바라면서 말이지요. 그들은 가끔 내 제자에게 "저 사람은 뭐하는 자요? 도무지 듣지도 못해, 말도 하지 않아, 걸을 줄도 몰라. 어딜 가나 정신이 나간 사람처럼 앉아만 있으니 말이오. 당신들 참말 큰 골칫덩이를 맡고 있구려" 하고 말했습니다. 이에 내 제자(왕 요셉)는 "당신들 말이 맞소. 저 사람이 우리가 공히 친분이 있는 친구들을 만나러 우리와 함께 가기를 원하는 거요. 그래서 좋든 싫든 돌봐줄 수밖에 없는 거라오. 저 사람이 우리한테 이렇게까지 짐이 될 줄 알았더라면 우리 무리에 끼워주는 것에 동의하지 않았을 텐데 말이오" 하고 대답하는 것이었습니다.

양쪽 모두 진실을 말하고 있었으나, 말의 뜻은 서로 달랐습니다.

8월 26일, 나는 극도의 피로감을 느꼈지만, 그래도 걸어야 했습니다. 우리에게는 이제 나귀도 수레도 없었습니다. 모두 돌려보냈던 것입니다. 내 길잡이는 차를 마시자고 나를 어떤 주막으로 데리고 갔습니다. 나는 앉기

제9장 황하를 건넘

가 무섭게 잠이 들어버렸습니다. 질겁한 길잡이는 번개처럼 나를 끌고 나가 허허벌판에서 쉬게 했습니다. 그러나 정작 자신은 더위를 씻으려고 주막에 남았습니다. 그의 말로는, 중국에서는 전대미문의 그 따위 몰상식한 행동이 같이 식사하는 다른 사람들의 의심을 살까 두렵다는 것이었습니다.

얼마 안 있어 우리는 다시 길을 떠났습니다. 가끔 나는 평소대로 해의 높이와 내 그림자 길이를 살펴서 곧 어두워질 것인지 여부를 관찰하곤 했습니다. (나로서는 그때가 어느 정도 휴식을 취할 수 있는 유일한 시간이었답니다.) 내가 이런 상태일 때 우리는 어떤 동네(즈리)로 들어갔습니다. 나는 느린 걸음으로 늙은 길잡이를 따라가고 있었습니다. 그런데 갑자기 두 남자가 나를 붙잡는 것 같더니만 어떤 집으로 끌고 들어가는 것입니다. 그같이 기습을 당해 조금 놀라기는 했으나, 겁은 나지 않았습니다. 이유는 모르겠습니다. 아마도 그럴 만한 시간적 여유가 없었던 것 같습니다. 그들을 좀 살펴본 나는 그들이 포졸이 아니라는 것을 깨달았습니다. 그들은 나를 막 대하면서도 내게 미안해 하는 기색을 보였습니다. 그들은 그들 방언으로 "겁낼 것 없소. 우리 집으로 들어가시오" 하고 말했습니다. 나는 속으로 "옳지 됐다. 교우들이로구나. 이제 다 왔구나!" 했습니다. 조금 놀라웠던 것은 그들이 군중 속에서 나를 그렇게나 쉽게 알아봤다는 것이었습니다. 그러나 그것은 나보다 앞서 갔던 요셉이 그들에게 내 인상을 일러주었던 덕이었고, 또 내게는 아주 뚜렷한 특징들이 있었기 때문이었습니다.

나를 맞이해준 사람들의 집에 도착해서 내가 제일 먼저 청한 것은 침대였습니다. 그러나 휴식을 취한 지 얼마 되지 않아서 열이 다시 올랐습니다. 나는 쇠약해질대로 쇠약해져서 3주 동안이나 걷지도, 앉지도 못하고 온종일 침대에 누워 지내야만 했습니다. 한 달을 쉬고 나니 열이 없어졌고 기운을 차릴 수 있었습니다. 그러나 내가 도착하기 전날 밤에 생긴 사건이 내게 또 다른 병을 하나 얹어주었습니다.

나와 동행하던 길잡이가 이불 한 채를 빌려다주고 싶어 했는데, 불행히도 그는 이것을 구해왔습니다. 이불을 덮자마자 나는 머리에서 발끝까지 이를 잔뜩 뒤집어쓰게 되었습니다. 대중국 제국에 사는 사람치고 이가 득실거리지 않는 사람은 없습니다. 푸젠의 배에서 내렸을 때부터 그때까지 나는 알아서 이를 퇴치했었습니다. 이번에도 오래지 않아 이에서 해방되기는 했지만, 이를 없애고 나자 곧 다른 병고가 이어졌습니다. 나는 심한 가려움에 시달렸고, 이 고통은 여섯 달 동안이나 지속되었습니다. 머리에서 발끝까지 피부가 온통 벗겨지고, 여기저기에서 피가 났습니다. 나는 옴이 올랐나 하여, 중국 의원 여럿에게 진찰을 의뢰했습니다. 오른쪽, 왼쪽으로 오랫동안 맥을 짚어 보고 나서 그들은 하나같이 옴은 아니라고 했습니다. 어떤 의원들은 추위를 먹어서 그런 것이라고 말했고, 또 다른 의원들은 물을 너무 많이 마셔서 그렇다고 했습니다. 내가 하마터면 더위와 갈증 때문에 죽을 뻔한 사람이었는데도 말입니다. 그런데 그들 중 한 사람은 내 병이 근심에서 기인된 것이라고 했습니다. 이 사람이 제대로 판단했을 수 있습니다. 어찌됐건 모두가 나를 옴 환자 취급을 했습니다. 그들은 고약을 처방해주었습니다. 그대로 따르는 수밖에 없었습니다. 그런데 이 약을 바르자마자 머리 전체가 엄청나게 부어올랐습니다. 나는 마실 수도, 먹을 수도, 입을 벌릴 수도 없게 되었습니다. 잇몸 전체에서 피가 났습니다. 여섯 달 동안 약을 쓰며 인내하고 나서야 마침내 나는 완전히 나았습니다.

우리는 도착하는 날로 즉시 다시 길을 떠날 채비를 했습니다. 내가 앓고 있었기 때문에 내 길잡이들은 내 의견은 들어보지도 않고, 또 내가 생각했던 것과는 좀 다르게 모든 것을 준비했습니다. 그들은 노새 두 마리와 말 한 필과 마차 한 대를 샀습니다. 다 해서 400프랑가량 되었는데 돈이 부족했습니다. 사람들은 한 외교인에게서 고리로 돈을 빌렸습니다. 내가 앞서 말한 적이 있는 베이징 상인이 우리에게 돌려주기로 되어 있던 돈으로 빚을 갚는다고 약속했습니다. 이 일은 이틀 동안에 벌어지고 결말이 난 일이지만, 나는 그것에 대해 아무 것도 모르고 있었습니다. 길잡이들은 나한테 물어볼 필요가 없다고 생각한 것입니다. 이제는 마부 한 명만 있으면 되었습니다.

우리가 묵고 있던 즈리(직예) 지역의 중국인 선교사가 마부 한 사람을 구해주겠다고 나섰습니다. 그는 거기에서 닷새 길이 되는 곳으로 남자를 하나 보내어 자기가 알기로 그 근방에서 가장 말을 잘 부린다는 마부를 데려오게 했습니다. 이런 제안을 받고 기가 막힌 이 마부는 단호히 거절했습니다. 그는 "저는 저 자신과 주교님과 여러 교우들을 죽음이 훤히 보이는 곳에 노출시키고 싶지 않습니다"라고 말했습니다. 이 말은 온 마을을 공포로 몰아넣었습니다. 지나치게 소심한 내 길잡이들이 그곳 교우들에게 두려움을 불어넣은 것이었고, 마부의 이런 대답으로 공포심은 극에 달했습니다. 나는 사람들이 우리 여행에 대해 좋지 않은 소문들을 퍼뜨렸다는 것을 알고 있습니다. 사람들은 우리의 행렬이 불안을 야기시켰고, 어떤 곳들에는 위험을 불러들였다고 말했습니다. 아마 이 소문들은 로마와 파리까지 도달했을 것입니다. 이 모든 보고 내용은 거짓입니다. 나와 내 동료들의 존재는 우리가 지나온 선교지의 평화와 고요를 깨뜨린 적이 결코 없으며, 우리에게 은신처를 제공한 사람들을 위태롭게 한 적도 없었습니다. 오늘까지 하느님은 우리를 특별한 방법으로 보호해주셨습니다.

1833년 9월 1일, 내 길잡이들과 동네의 유지들이 나를 찾아와서 그들이 의논한 결과를 알려주었습니다. 양 요한이 그들을 대변하고 있었습니다. "각하, 각하께서는 이제 더는 가실 수 없으십니다. 위험 부담이 크고 확실합니다. 아무도 각하를 모시고 갈 용기를 내지 않을 것입니다. 그러니 각하께서는 오신 길로 되돌아가시든지, 산시나 후광이나 마카오로 가셔야 합니다. 이 마을 교우들은 각하를 더 이상 돌봐드리기를 원치도 않고 또 그럴 수도 없습니다. 저희들 생각은 이런데 각하의 생각은 어떠신지요?" 그러고는 이렇게 덧붙였습니다. "각하께서 만주로 들어가려고 하시다가는 틀림없이 붙잡혀 죽임을 당하실 것입니다. 그것도 푸젠과 난징 주교님의 마부들 모두와, 이들 지역에 사는 모든 교우들, 그리고 우리가 지나온 지방의 모든 관원들과 함께 말입니다. 이렇게 되면 박해가 산시, 쓰촨 등지에까지 파급될 것입니다." 모두가 이 웅변가에게 박수갈채를 보냈습니다. 사람들은 나 한 사람의 부주의 때문에 총체적으로 학살이 일어날 것임을 확신하고 있었던 것입니다. 다만 요셉만이 반대 의견을 가지고 있었습니다. 그는 "내가 직접 밟았던 길로 가면 타타르에 들어갈 수가 있습니다" 하고 말했습니다. 그러나 그의 의견은 심한 냉대를 받았습니다. "자네는 경솔한 사람일세. 자네는 유럽인들을 제국의 한가운데, 그리고 베이징 성문 앞까지 끌어들이고 있어. 그것도 총체적인 박해를 일으키고 교우들이 모두 학살당하게 할 위험을 무릅쓰면서 말이야. 자네가 끝까지 그런 조언을 할 생각이라면 우리는 물러가겠네. 각하의 생각은 어떠십니까?" 나는 그들에게 반대하는 것이 슬기롭지 못하다고 판단하여, "내 제자와 이야기해 본 다음에 말해주겠소"라고만 대답했습니다. 이내 회의는 끝났습니다. 다른 사람들이 물러간 다음에 나는 요셉에게 물었습니다.

"자, 우리의 상황을 어떻게 생각하시오? 어떻게 했으면 좋겠소?"

"계속해서 전진해야 한다고 생각합니다."

"나도 그렇게 생각하오. 하느님의 섭리는 우리를 여기까지 인도해주셨고, 모든 위험을 모면하게 해주셨소. 이것은 미래에 대한 하나의 보장이오. 하느님의 섭리가 요구하는 대로 가능한 모든 주의를 게을리 하지만 않는다면 말이오. 만일 내가 잔뜩 겁을 먹고 뒷걸음질친다면 나는 비난을 받을 것이고, 교황 성하께서도 나를 책망하실 것이오. 나는 내 행로의 종착점에 이를 수 있도록 가능한 모든 방법을 쓰기로 결심했소. 육체적으로 더 나아가는 것이 불가능한 경우나 나와 동행하려는 사람이 아무도 없게 되는 경우가 아니면 나는 내 발길을 돌리는 일이 없을 것이오."

내 대답이 좌중에 알려졌으나 누구의 동의도 받아내지 못했습니다. 모두 처음 생각을 고집했습니다. 그래서 나는 이렇게 덧붙여 말했습니다. "다른 방법이 없으니, 베이징으로 가서 길잡이를 구해야겠습니다. 그동안 나는 교우들 집 아무 곳에나 숨어 있기로 하지요." 이 의견은 채택되었습니다.

9월 3일 자정이 되자, 모두가 떠났습니다. 어떤 사람들은 베이징으로 갔고, 나머지 사람들은 난징으로 되돌아갔습니다. 나는 밤낮으로 어떤 방안에 틀어박혀 지냈습니다. 나는 내게 먹을 것을 가져다주는 두 사람 외에는 아무도 보지 못했습니다.

베이징 여행은 만족스럽지 못했습니다. 주교의 마부가 나와 동행하는 것에 동의했습니다. 우리는 그의 호의에 만족했습니다. 반대가 전혀 없었던 것은 아니지만 베이징에 계신 난징 주교님은 내가 부탁했던 돈을 조금 보내주었습니다. 그가 부리는 시종들은 다음과 같이 반대 입장을 보였습니다. "어째서 브뤼기에르 주교님께 돈을 빌려주신다는 겁니까? 누가 그 빚에 대해 보증을 서겠습니까? 누가 갚겠습니까?" 어떤 일이 있어도 베이징 주교가 나를 돕지 못하게 하려고, 시골에서 교우들이 와서 베이징 주교에게 "브뤼기에르 주교님의 일에 절대 개입하지 마십시오. 각하께서는 한 이방인 때문에 위험에 놓이시는 것입니다. 우리도 그렇고요" 하고 말했습니다. 직접 현장을 목격한 요셉이 내게 이 모든 이야기를 보고했습니다. 그와 같은 입장 표명이 그 주교의 머릿속에 어떤 인상을 심었는지는 모르겠습니다. 다만 그날 이후로 그가 나를 돕는 일은 더 이상 없었다는 것만 알고 있습니다. 그로서는 도움을 줄 상황이 못 되었던 것으로 믿어야겠습니다.

9월 22일, 베이징에 파견했던 사람들이 돌아왔습니다. 그들은 약간의 돈을 가져왔는데, 이 돈은 내가 진 빚을 갚는 데 사용되었고, 내가 계속해서 해야 할 여행 비용이 되었습니다. 그들은 또한 난징 주교가 쓴 편지 한 통을 내게 전해주었는데, 그 요지는 다음과 같습니다. "주교님은 산시로 가셔야 합니다. 주교님의 목숨은 지금 하느님과 중국인들의 손에 달려 있습니다. 저는 조선 선교 임무를 위해서 쓰는 모든 비용을 교황청 포교성성에서 지불해주지 않을까 봐 조금 걱정이 됩니다. 나머지는 주교님의 제자가 말씀을 드릴 것입니다."

내 제자(왕 요셉)는 피로로 지쳐 병이 났습니다. 그는 건강을 회복하려고 베이징에 남았습니다. 난징 주교는 나를 산시로 안내할 길잡이를 한 명 지명해주었지만, 이 남자는 우리가 있는 곳에서 300리나 떨어져 있었습니다다. 그를 만나러 가야만 했고, 또 그가 그런 임무를 맡고자 할지도 확실하지 않았습니다.

9월 29일, 우리의 작은 여행단은 길을 떠났습니다. 여행단은 네 명으로 구성되어 있었습니다. 즉 길을 알지 못하는 길잡이 한 명, 마부 역할을 수행하는 소몰이꾼 하나, 가진 것이라고는 겁밖에 없는 통역 한 사람, 그리고 어디로 끌려가는지 잘 모르는 귀머거리요 벙어리인 나 선교사 한 명이었습니다. 내 짝은 우리 여행에 닥칠 일들에 대해 조금 걱정하고 있었습니다. 나는 그를 안심시키기 위해 "나는 무사히 이 여행을 할 수 있으리라고 봅니다. 오늘이 미카엘 대천사와 모든 천사들의 축일입니다. 만약 사람들이 우리를 데려다주기를 거절하면, 우리에게는 천사들이 동행할 것입니다. 이렇게 되면 더 잘된 일이 되는 셈이지요" 하고 말했습니다.

10월 1일, 우리는 (난징 주교가 추천한) 길잡이를 만났습니다. 이 사람은 자기를 붙잡아 보려고 애원하며 눈물을 흘리는 아내와 아이들을 뿌리치고 우리와 동행하는 데 동의했습니다. 그는 그의 처자들이 다시는 자기를 보지 못하게 될까 봐 걱정한다고 말했습니다. 그에게 용기를 북돋아주고 나를 수행해줄 것을 독려하는 사람은 그의 막내딸뿐이었습니다. 그런데 그는 누가 격려해줄 필요도 없는 사람이었습니다. 그는 이미 그 역량을 발휘한 바 있었습니다. 작년에 이탈리아인 선교사를 후광에서 산시까지 동행한 적이 있습니다. 내가 볼 때 이 사람은 이 임무를 제대로 수행할 수 있는 적임자로 판단되었습니다. 내가 처음 고용한 길잡이 세 명도 이 사람이 갖고 있는 꿋꿋함과 경험이 있었더라면 좋았을 터인데 말입니다!

6일, 산시 지방 초입에서, 두 개의 산 사이에 형성되어 있는 한 협곡에 위치한 세관 한 군데를 지나가야만, 아니 통과해야만 했습니다. 양 요한은 겁에 질려 있었습니다. 그래서 그는 내게 비단 옷을 입히고, 코에는 무게가 6온스나 되고 알의 직경이 한 치 닷 푼이나 되는 안경을 걸어주었습니다. 그리고 일종의 훈련을 시켰는데, 고관처럼 앉는 법과 지체 높은 양반처럼 몸을 가누고 손을 놓는 방법 따위를 가르쳐주었습니다. 나는 사람들이 마음대로 움직이는 마네킹 형색이었습니다. 주막에서 세관까지 가는 데 걸린 한 시간 반 동안 줄곧 그는 내게서 눈을 떼지 않으면서 지시한 바대로 잘 이행하는지의 여부를 살폈습니다. 그러다 그는 내가 지시 사항과 달리 행동하는 것을 보면 벌벌 떨었습니다.

마침내 우리는 운명의 장소에 이르렀습니다. 말을 타고 성장한 군복을 입은 내 길잡이는 으뜸 시종 역할을 수행했습니다. 그는 타고 있던 말 통행세를 지불하는 것을 거부했습니다. 그는 "나는 고관을 수행하고 있습니다. 제 주인께서는 그것을 지불하지 말라고 했습니다" 하고 말했습니다. 세관 관리들은 세관 사무실 문 앞에 한 줄로 늘어서서 그곳을 통과하려고 하는 그 고관을 기다렸습니다. 내가 도착하자 그들은 시무룩한 표정으로 나를 유심히 살폈습니다. 그리고 잠시 동안 아무 말이 없더니, 조사하러 오지 않고 그냥 통과하라는 손짓을 했습니다. 우리는 뒤도 돌아보지 않고 길을 계속 갔습니다. 별로 까다로워 보이지도 않는 세관 하나를 통과하는 데 무슨 방책을 그리도 많이 세웠는지 나는 좀 의아했습니다. 양 요한은 미사 세 대를 서약했습니다. 그는 나에게 (감사) 미사 세 대를 드려달라고 청했습니다.

8일, 나는 괴상하면서도 중국에서 일어날 수밖에 없는 장면을 목격했습니다. 우리는 사슬에 묶여 유배지로 끌려가는 몇 명의 죄수들과 그들을 호송하던 포졸들을 만났습니다. 우리 일행을 보고 죄수들을 호송하던 포졸들은 한 작은 둔덕에 올라앉았고, 포졸 한 명만이 사슬 끝을 쥐고 있었습니다. 이내 죄수들과 내 길잡이들 사이에 다툼이 일어났습니다. 죄수들은 "돈을 내놓아라" 하고, 내 길잡이들은 "못 주겠다"고 하며 실랑이를 벌였습니다. "흠, 그렇다면 우리는 마차 바퀴에 깔려 죽어버리겠다." (실제로 그들은 마차 바퀴를 가로질러 길바닥에 드러누웠습니다.) "비켜라." "못하겠다. 돈을 주지 않으면 우리는 여기서 죽겠다." 말로 옥신각신하던 그들 사이에 드디어 주먹질이 오가기 시작했습니다. 내 길잡이들은 죄수들이 묶인 사슬을 붙잡고 그들을 마차 밑에서 멀리 끌어냈는데, 이 과정에서 저들이 우리 사람들에게 부상을 입혔습니다. 내 길잡이는 마지막 안간힘을 써서 그 전투장의 승자가 되었습니다. 그런데 운이 없게도 이 죄수들은 아내들을 함께 데리고 가고 있었습니다. 이 여인들이 남편들이 있던 자리를 점유하는 바람에 싸움은 다시 시작되었습니다. 프랑스에서는 채찍질 몇 번이면 우리에게 유리하도록 싸움을 끝낼 수 있었겠지요. 그러나 중국에서는 전혀 그렇지 못합니다. 이 나라에서는 여자에게 손찌검을 하는 것은 정당방위라 하더라도 중대사가 되기 때문입니다. 그래서 빌고 살살 구슬리는 수밖에 없었습니다. 대단히 공손한 사람이었던 내 통역관이 그 여자들에게 일장 연설을 하고 절을 했는데도 그들을 움직이게 할 수는 없었습니다. 그 여자들은 돈을 받기 전에는 자리를 뜨지 않겠다고 잘라 말했습니다. (그 여자들은 말발굽 밑에 자리를 잡고 있었습니다.) 그래서 타협을 하는 수밖에 도리가 없었습니다. 그들에게 6프랑을 주고 나서야 우리에게 길이 열렸습니다. 사실, 우리는 관리에게 호소할 수 있었지만 고소를 하는 것도 여행단의 주요 인물 자격을 갖고 있는 내가 했어야만 했습니다. 그런데 그것은 (시실리와 이탈리아 본토의 레조 사이에 있는) 메시나(Messina) 해협의 위험한 격랑에 빠지는 셈이었습니다. 포졸들은 이 괴상한 싸움과 무관한 자세를 보였습니다. 그들은 자신들이 책임진 죄수들의 행패를 막기는커녕 그저 우두커니 보고 있기만 했습니다. 그들도 아마 한몫 보는 것이었겠지요.

중국의 어떤 지역에서는 공공연히 도둑질을 합니다. 하지만 살인은 하지 않습니다. 이런 약탈을 효과적으로 응징하는 경우는 드문 일입니다. 몇 년 전부터는 베이징에서 남쪽으로 300리 떨어진 곳에 도둑 집단이 하나 자리하고 있습니다. 이 도둑들은 공공연하게, 그것도 훤한 대낮에 약탈을 자행합니다. 공공의 안녕을 신경 써야 할 행정관들은 이런 무질서를 두둔합니다. 이들은 음모에 가담하고 악당들이 자행한 노략질에서 생긴 장물을 악당들과 함께 나눠 갖습니다. 황제는 자신의 백성들이 법의 보호 아래 평화롭게 살고 행복하기를 바랍니다. 그리고 정의가 모든 사람에게 평등하게 돌아가기를 원합니다. 따라서 자신의 의무를 다하지 못한 관리들을 엄중히 처벌토록 하고 있으나 이들이 항상 이에 복종하는 것은 아닙니다. 백성들의 볼멘소리가 옥좌까지 도달하기란 쉬운 일이 아닙니다. 통치 방식이나 동양의 전제 군주들이 누리는 영화에 비춰볼 때, 한갓 개인이 군주 앞에 나서서 의견을 표하는 것은 고사하고, 그를 배알하는 일조차 허락되는 경우는 정말이지 결코 없습니다.

우리는 아무 불행한 사고 없이 여정을 마쳤습니다. 평야 지대의 첫 번째 여행에 비하면 이번 여행은 즐거운 소풍처럼 생각되었습니다. 전에 평야 지대에서는 허기져서 죽을 지경이었는데, 이 산악 지대에서는 먹을 것도 있었고, 게다가 나는 걷지 않아도 되었습니다. 그러나 만사가 순조로운 것만은 아니었습니다. 이 세상에 그 어떤 것도 완전한 것은 없습니다. 내가 탄 작은 마차의 내 자리는 몹시도 좁았습니다. 도시나 촌락에 가까워질 때마다 매번—중국에는 도시와 촌락이 정말 많기도 합니다—뚱뚱한 중국인 길잡이가 나를 보호한답시고 내 몸을 반쯤 타고 앉아서, 어떤 나그네도 나를 보지 못하게 했습니다. 나그네는 두 사람이었습니다. 이렇게 저를 보호한다는 것이 오히려 중국인들의 호기심을 자극하는 결과밖에는 되지 않았습니다. 이들 두 사람은 마차 안쪽에 누가 있는지 기어이 알고 싶어 했고, 또 끝내 들여다보고야 마는 일이 한두 번이 아니었습니다.

우리가 서쪽 대로에 이르렀을 때 좋지 않은 길이 시작되었습니다. 우리는 500리를 민둥 바위 위나 협곡 속을 걸어야 했습니다. 때로는 깎아지른 언덕 위를 기어올라야 했고, 깊은 골짜기로 내려가야 하기도 했습니다. 여전히 메마른 바위 위를 걸으면서 말입니다. 내리막길은 하도 가팔라서 불과 스무 발자국 앞의 길도 분간할 수 없을 지경이었습니다. 길이 내 발 밑에서 휘어 돌아가는 것처럼 생각되었습니다. 우리 노새들은 걸핏하면 쓰러졌습니다. 사고가 생길까 봐 서너 사람이 마차를 단단히 붙잡고 갔습니다. 그런데 앞서 가던 노새가 앞에 큰 바위들이 나타나자, 몸을 떨며 숨을 거칠게 몰아쉬기 시작하더니, 갑자기 뒤로 달음박질쳤습니다. 그 노새는 마차와 끌채에 매인 노새를 한꺼번에 끌고 가서, 바위에 부딪쳐 파손되거나 골짜기 속으로 처박히는 위험을 당할 뻔했습니다. 다행히 이런 불행은 일어나지 않았습니다. 우리는 그냥 두 번 뒤집혔을 뿐입니다. 그때 세 사람이 다쳤는데, 그중 한 사람은 부상으로 오랫동안 괴로워했습니다. 이런 위험한 경우들이 있을 때는 모두들 마차에서 내렸습니다. 나 혼자만 남아서 우발적 사고를 견뎌내야 했습니다. 그들 생각에는 내게 닥칠 수 있는 위험의 정도를 볼 때, 마차 안에서 타박상을 입는 것이 행인들에게 들키는 것보다 나은 것이었습니다.

제10장 산시 도착

10월 10일, 나는 산시 주교(이탈리아 작은 형제회 소속, Salveti)가 사는 곳(山西省 長治)에 이르렀습니다. 내 길잡이가 앞서 가서 산시 주교에게 내가 곧 도착할 것이라고 알렸습니다. 이 소식은 산시 주교의 경리 담당 신부에게는 청천벽력이었습니다. 그는 "아이고, 도대체 우리가 난징 주교님께 무슨 잘못을 저질렀다고, 난징 주교님께서는 우리를 망하게 할지도 모를 브뤼기에르 주교를 보낸단 말인가?"라고 부르짖었다. 산시 주교는 경리 신부의 두려움을 덜어주려고 애를 썼습니다. 전에 푸젠까지 나와 함께 여행한 바 있었던 한 젊은 선교사(도나타 신부)는 쓸데없이 겁을 먹고 하는 말이니 괘념치 말라고 내게 말했습니다. 나는 산시 주교에게, 나를 선교사로 대우해줄 것과 내가 조선 선교지에 갈 수 있도록 모든 방법을 동원해줄 것을 청했습니다. 내 길잡이가 나의 도착을 알린 지 두 시간이 지난 후에 내가 도착했기 때문에 경리 신부는 제 정신을 수습할 시간적 여유가 있었습니다. 이렇게 해서 나는 그가 기분이 나빴을 때를 잘 피할 수 있었고, 그래서인지 그도 나를 기쁜 낯으로 맞이해주었습니다. 시간이 어느 정도 흐르자, 다른 하인들에게 이런 말도 했습니다. "브뤼기에르 주교님이 계신데도 우리 선교지의 안전에 아무런 위협이 없었다는 것은 참말이지 주님의 각별한 은총이 있었기 때문이야."

산시 대목구장은 이 교구에 있는 모든 유럽인 선교사들과 마찬가지로 이탈리아인입니다. 이 훌륭한 주교가 그렇듯 나를 친절하게 맞이해주어서 나는 기쁘기 짝이 없었습니다. 그는 내게 특별히 주의를 기울여주었습니다. 내가 이 지방에서 체류한 오랜 기간 동안에나 내가 떠난 뒤까지도 그는 나에게 그의 호의를 증거하는 확실한 징표들을 보여주었습니다. 그러니 산시와 푸젠의 주교들이 조선 가까이에 있었더라면 나는 벌써 조선에 들어갔을 것입니다.

10월 13일, 나와 동행했던 길잡이들이 돌아가 버렸습니다. 장난에서부터 나를 수행했던 자가 내게 60테일을 달라고 했습니다. 그는 그 돈이면 즈리에서 왔던 다른 세 사람과 자기한테 충분한 수고비라는 말을 내게 전달해왔습니다. 그것 말고도 그로서는 앞서 내가 저들 세 사람에게 약속했던 특별 수당을 지불해야만 했습니다. 나는 즉각 마차와 노새 한 쌍을 팔려고 했습니다. 그런데 그가 내게 말하기를, 그것을 우리에게 팔았던 신부가 그것을 도로 사고자 한다는 것이었습니다. 이어서 그는 "제가 베이징을 거쳐 갈 것이니, 요셉을 만나서 수입과 지출에 대해 보고하겠습니다" 하고 덧붙였습니다. 나는 이 제안에 동의했습니다. 나는 그에게 난징 주교와 요셉 앞으로 보내는 편지를 한 통씩 주었습니다. 그러나 정작 계산을 해야만 했을 때 자기가 받은 총 금액과, 마차와 노새들을 판 값이 자기 수

고비로는 충분하지만 여분은 없다는 것이었습니다. 이에 대해 난징 주교와 요셉은 그 장난 길잡이가 수고비를 부풀렸다고 확신했지만 증거를 대지는 못했습니다. 그 길잡이는 돈을 가지고 난징으로 향했습니다. 나는 그 길잡이가 돈을 횡령한 것은 아니라고 확신합니다. 그는 젊었을 때부터 옷도 잘 입고 낭비벽도 있었습니다. 그리고 4,000리 가까이를 여행하려면 그만한 액수가 필요하다고 생각했을 수 있습니다. 자, 이상이 바로 마카오를 떠날 때부터 좋은 안내자를 구하지 못한 선교사들이 겪어야 했던 딱한 일들이었습니다. 내가 여행하는 동안 겪었던 모든 자질구레한 일들과 내가 처했던 곤란한 일에 대해서 듣고 산시 주교가 자주 되풀이했던 말이 있습니다. "주교님은 사람을 잘못 만났습니다그려."

내가 도착하자마자 우리는 산시 지방 북쪽을 통해 타타르로 가기 위한 대책을 강구하기 시작했습니다. 나는 랴오둥으로 다시 길을 떠나기 위해 요셉이 오기만을 기다리고 있었습니다.

1833년 11월 11일, 요셉이 도착했습니다. 그는 나를 찾아 산둥성 경계까지 갔지만 나를 찾지 못하고 베이징으로 돌아갔다가, 거기서 다시 산시로 와서 나와 합류했습니다. 그는 내게 난징 주교의 편지를 건네주었습니다. 그 내용은 대략 다음과 같습니다. "랴오둥의 교우들은 주교님을 받아들이려 하지 않습니다. 그들은 내게 전갈을 보내어, 주교님이 이 여로에 나서시는 것을 단념하도록 해달라고 청했습니다. 저로서야 이 영광스러운 과업이 성공할 수 있도록 온 힘을 다해 주교님을 도와드릴 준비가 되어 있습니다. 그런데 주교님이 이 고장에 오신 시기가 적절하지 않습니다. 너무 조급하게 마카오를 떠나오셨습니다." 요셉은 내게 랴오둥의 교우들이 나를 받아들이는 것을 거절한 것이 절대적이지는 않았다고 확언했습니다. 그들은 다만 말로 혹은 글로 다음의 내용을 전했다는 것입니다. "최근 타타르 연안에 영국 배 여러 척이 나타났습니다. 몇몇 상인들과 선원들이 상륙했습니다. 그들의 상륙을 전혀 막지 않고 내버려 둔 몇몇 관리들에게 황제는 사형을 언도했습니다. 조선 교구장 주교님께서 우리 고장(랴오둥)에서 오래 머무르시게 될 경우, 우리가 위험에 연루될 것이 염려됩니다. 하지만 조선 교우들이 주교님을 조선에 맞이하는 것에 동의한다면, 주교님이 얼마간 이곳에 머무르는 것은 거절하지 않겠습니다." 난징 주교는 한자를 전혀 몰랐기 때문에, 하인들이 해주는 통역으로 만족해왔습니다. 그러므로 그분의 말씀이 완전히 정확하지 않다고 하더라도 그분 탓이 아닐 수 있습니다. 그리고 얼마 후, 랴오둥의 교우들이 그에게 쓴 편지에 관해 말할 기회가 생겼습니다. 나는 이 교우들이 나를 받아들이기를 거절한 것이 절대적인 것은 아니었다는 것을 난징 주교에게 인식시켰습니다. 답변은 없었습니다. 하지만 얼마 안 있어 나는 난징 주교가 랴오둥 지방의 교우들에게 명령을 내려, 자신이 쓴 편지를 갖고 있지 않는 한 그 어떤 신부도 받아들이지 못하게 했다는 사실을 알게 되었습니다. 나는 여러 차례에 걸쳐 난징 주교에게 추천서를 써달라고 요청해 보기도 했고, 다른 사람을 통해 부탁도 해 보았습니다. 난징 주교는 추천서를 보내주지 않았을 뿐만 아니라, 심지어 단 한 장의 편지도 써주지 않음으로써 나에게 결례를 범했습니다. 이 일에 대해서는 때가 되면 설명하겠습니다.

11월 18일, 나는 조선 사람들에게 보내는 가장 광범위한 교시들과 편지들을 요셉에게 쥐어주며 그를 베이징으로 다시 파견했습니다. 나로서는 내년 중으로 입국하는 데 필요한 조치를 전부 취한 것 같았습니다. 그러나 "사람은 기획하고 하느님께서는 실현하신다"는 속담이 있습니다. 올해 조선 교우들은 베이징에 나타나지 않았고, 요셉은 아무 일도 못하고 되돌아왔습니다. 그의 임무는 이제 내년으로 이월됐으므로, 그가 돌아오면 그것에 대해 언급하겠습니다. 그동안 산시 선교지에 관해 몇 가지를 말할까 합니다.

산시 사람들은 소박하고 화평합니다. 내부 상거래와 교통은 그들의 취향에 딱 맞습니다. 그들은 제국 전역에 퍼져 있지만 한계를 넘지는 못합니다. 그들은 바다를 좋아하지 않습니다. 중국과 산시 사람들의 관계는 세계와 아르메니아인들의 관계와 같습니다.

이 지방에 상주하는 대목구장은 산시(山西)와 산시(陝西) 그리고 타타르의 한 지역에 지나지 않는 칸쑤, 그리고 후광에 대한 사목권을 갖고 있습니다. 이 선교지는 쓰촨 선교지와 더불어 중국에서 가장 좋은 곳이라고 말하기는 하지만 쓰촨 선교지에 더 많은 선교사들이 있습니다. 유럽인이 됐건 중국인이 됐건 말이지요. 아마 교우들의 수도 쓰촨 선교지가 더 많을 것입니다. 그런데 대목구장이 사목하는 산시의 교우들을 평가하자면, 이들의 신심은 매우 깊습니다. 멀리 10,000리가량이나 떨어진 서부 타타르의 일리 일리에는 신앙 때문에 고향에서 멀리 유배 온 교우들이 상당히 많습니다.

내가 이 지방에 도착하기 바로 얼마 전에 저들 중 한 명이 항구심을 표현하는 보기 드문 모범을 보였습니다. 서부 타타르 사람들이 폭동을 일으키자, 황제는 그들이 백성의 본분으로 되돌아가도록 하기 위해 군대를 파견했습니다. 이 신앙의 증거자는 몇 명의 중국 상인들과 함께 두 편의 군대 사이에 갇혀 있었습니다. 그들은 어느 쪽으로 피신하든 한편에게는 적으로 또 다른 한편에게는 변절자로 죽임을 당할까 봐 두려웠습니다. 그리하여 그들은 러시아 쪽 타타르로 피신할 것을 결심했습니다. 국경까지 가려면 아직도 20일의 여정이 남아 있었습니다. 식량도 없이 사막을 건너며, 겪을 수 있는 고통이란 고통은 다 겪었습니다. 가끔 있는 먹을 것이라고는 나무뿌리나 그보다 더 보잘것없는 것이 고작이었습니다. 러시아 사령관은 그들을 따뜻하게 맞아주었습니다. 그들은 그리스도교적 자비로 대우하고, 베이징까지 그들을 안내해주게 했습니다. 정부의 명령으로 그들은 소속 지방 관리에게로 송환되었습니다. 이 관리는 다른 조사 없이 상인들을 집으로 돌려보냈습니다. 이어서 관리는 그 교우를 향해 직접 물었습니다.

"그대는 무슨 이유로 타타르에 있었는고?"

"신앙 때문이오. 나는 그리스도교를 포기하려 하지 않았기 때문에 이 지방으로 유배 온 것이오."

"당장 그대의 종교를 포기하라. 그러면 자유로운 몸이 되어 가족의 품으로 돌아갈 수 있을 것이다."

"그 숱한 고통의 세월을 보낸 마당에 오늘 내가 배교를 한다? 당치도 않은 말이오!" 하고 이 고결한 증거자는 외쳤습니다.

"그래, 그렇다면 유배지로 돌아가라."

"그리 하겠소. 그곳으로 돌아가리다."

그는 그 즉시 사슬이 채워져 그의 고향과 가족으로부터 수만리 떨어져 있는 유배지로 끌려갔습니다.

작년에 이런 신앙 증거자들 여럿에 대한 특별 사면이 있었습니다. 그들은 자신들을 박해하던 정부 편에 서서 폭도들에 대항해 무기를 들었습니다. 군대의 사령관은 교우들에게 자유를 얻어주려고 노력했습니다. 그들 중에는 신부 한 명과 타타르의 왕족 한 명이 있었는데, 이 왕족은 선교사들과 신입 교우들을 옹호함으로써 그리스도교 전파에 큰 공을 세운 강희(康熙) 황제(1661년-1722년 재위)의 손자였습니다. 이 유명한 신앙의 증거자는 유배지에서 18년을 지낸 바 있습니다. 그런데 그는 최근에 있었던 전쟁에서 지위가 별로 높지 않은 친지를 신실하게 대한 보상으로 석방되었습니다. 이러한 석방은 황제의 관대한 조치라기보다는 오히려 군사령관의 아량 덕이었던 것 같습니다. 그가 다시 수배를 당할까 봐 베이징으로 돌아갈 엄두를 내지 못하는 것을 보면 그렇습니다. 그는 그리스도교 신앙을 항구히 증거함으로써 자신의 서열과 관직과 황손으로서의 특권을 모두 잃었습니다. 현재 그는 산시 대목구장 주교관에 있습니다. 그는 이 대목구장에게 자신을 하인으로 받아주십사고 부탁했습니다. 그렇게 하면 매일 미사에 참례할 수 있고, 평화롭게 신앙생활을 하면서 여생을 보낼 수 있으리라는 것이었습니다. 주교는 그를 교우 회장의 자격으로 곁에 두고 있습니다. 주교가 그에게 이 비천한 직분을 주고 싶어 한 것은 아닙니다. 언제나 선행에 바쁘고, 항상 기도하며, 위엄 있는 태도에다 기품 있고 겸허한 어조하며, 흰 수염이 가슴까지 늘어뜨려져 있는 이 훌륭한 노인을 볼 때, 나는 예언자 엘리야나 고귀한 은수자를 보는 듯합니다. 그는 황제의 옥좌에 좌정하는 영예보다는 굴욕의 십자가를 택한 훌륭한 신앙 증거자입니다. 내가 아무리 말려도 내 앞에서 도대체 앉을 엄두를 내지 못하고 겸손하게 서 있는 황손, 예수님의 비천한 종인 나를 모시는 것이 예수님을 모시는 영광이라고 여기는 그 황손을 보며, 나는 전율 같은 것을 느꼈고, 할 수 있다면 그처럼 살고 싶었습니다.

　몇 년 전에 이곳 선교지에 기억할 만한 사건이 하나 일어났습니다. 모든 행동을 함에 있어 양심의 빛을 따르는 한 외교인을 가르치기 위해서 하느님께서는 천사를 보내면 보내시지, 그대로 그가 신앙이 없는 가운데 죽게 내버려 두지 않으신다는 것을 증명하는 사건이었습니다. 성 토마스와 기타 신학자들이 가르치는 바로 그런 내용입니다.

　지난 세기에 그리스도교에 대한 얘기를 전혀 들어본 적이 없었음에도 매사에 양심의 가르침을 정확히 따랐던 한 중국인이 있었습니다. 그는 중국의 외교인들 사이에서는 별로 존중되지 않는 정의라는 덕목을 매우 엄격히 지키는 사람이었습니다. 사람들은 그가 가장 엄격한 결의론자들이 요구했을 것 이상으로 올바른 사람이었음을 증명하는 몇 가지 사례를 입에 올리곤 합니다. 이 사람은 우상을 숭배하는 그 어떤 행위도 한 것 같지 않습니다. 우상들을 완전히 맹신하는 중국인들이 많습니다. 이 올바른 비신자는 결국 죽음을 맞았습니다. 어쨌든 사람들은 그가 죽었다고 믿었습니다. 그런데 그의 장례식을 치르던 중, 그가 자신이 살아 있다는 신호를 보냈던 것입니다. 그는 살아나서 다음과 같이 말했습니다. "저는 정말 죽었었습니다. 제 영혼이 대심판관 앞에 섰습니다. 그가 저한테 이렇게 말했습니다. '너는 언제나 너의 양심의 빛을 따라서 행동했다. 나는 너에게 벌을 내릴 생각이 없지만 너는 그리스도교 신자가 아니다. 그래서 너에게 상을 내릴 수 없다. 네가 살던 곳으로 되돌아가거라. 내가 너에게 생명을 되돌려줄 것인즉, 그리스도교를 믿도록 하거라' 하고 말입니다."

　이상이 그가 전해준 이야기입니다. 그는 곧바로 교우들을 찾아내도록 조사를 시켰습니다. 몇 차례 수소문 끝에 교우 회장 한 사람을 찾아냈고, 그는 회장에게서 교리를 배우고 세례를 받았습니다. 신입 교우였던 그는 선교사가 되었습니다. 그는 다시 살아나서 40일 동안 복음을 전하며, 여러 명의 외교인을 개종시켰습니다. 이 기간이 지나자, 그는 숨을 거두었습니다. 그는 자신의 신앙과 공로에 응당한 보상을 받으러 간 것입니다. 나는 이 사실을 존경스러운 산시 주교의 입을 통해 직접 들었습니다. 말하자면 그분이 불러주는 대로 받아 적은 것입니다. 실제로 산시 주교는 자신의 대목구에서 갓 발표한 쓰촨 시노드 훈령에 따라 교황청 포교성성에 이 이야기를 보고했습니다. 그러므로 실로 하느님께서는 사람이 스스로 벌을 벌었을 경우가 아니면 아무도 벌하지 않으십니다. 하느님을 믿지 않는 사람들이 뭐라고 지껄이든 간에, 그리스도교를 떠나서 구원이 없음은 확실합니다. 다른 곳에서와 마찬가지로 여기서 정의란 자비와 일치합니다.

산시 주교가 18년 전인가 20년 전에 후광에서 신앙 때문에 죽임을 당한 유럽인 선교사의 순교에 관해서 교회법적인 조사를 하도록 했는데, 교황청 포교성성의 뜻을 따른 것입니다. 포교성성은 예수 그리스도를 위해 자신의 삶을 바친 모든 사람들을 찬양하기 위해, 순교와 기적에 관해 자세히 보고받기를 원합니다. 로마에서는 그의 고통을 묘사하는 성상들을 조각하도록 하고 있습니다. 존경스러운 뒤프레스 주교(쓰촨 주교, 1815년 9월 14일 순교)와 가즐랭 신부(베트남 남부 선교사, 1833년 10월 17일 순교)의 순교에 대한 정확한 자료들을 모아서 포교성성에 알림이 바람직합니다.

1834년

새해가 되었건만 더 유리한 징조가 나타나지는 않았습니다. 올해도 지난해들보다 나을 게 없으리라는 예감이 들었습니다. 그렇지만 나는 마치 성공을 확신하는 듯이 일에 몰두했습니다. 나는 라미오 신부의 계획을 시행하고자 했습니다(『브뤼기에르 주교 서한집』, 제11신 참조). 랴오둥의 교우들이 자기네 집에 우리를 맞이하고자 하지 않았으므로, 나는 조선과 타타르 국경 지역에 집을 한 채 살 생각을 했습니다. 조선 사람들과 중국 사람들 사이에 교역이 이루어지는 곳(만주 펭후앙성 비엔민) 근처에 한두 명의 교우들이 상거래를 핑계 삼아 정착해서, 조선 입국 기회를 엿보는 우리를 숨겨 줄 수 있다고 했습니다. 산시 주교는 내게 두 사람을 추천했습니다.

그중 한 사람은 결의와 능력을 잘 보여주었지만, 나의 지불 능력 밖의 금액을 요구했습니다. 그 사람 말로는 15,000 내지 18,000프랑이 필요하다지만, 내가 가진 것은 1,200프랑도 안 되었습니다. 그는 언젠가 여건이 좋아지면 이 돈을 되돌려주겠다고 했으나, 그럴 가능성은 전무합니다. 나머지 한 사람은 의사였는데, 여행 경비를 지불해주는 것으로 만족해 했습니다. 그는 나중에 의술을 펼치면서 필요한 경비를 벌 수 있는 사람이었습니다. 이 사람은 부자이며 신앙심이 깊고, 하느님 마음에 드는 일을 하려는 열망 하나로 2-3년 동안 처자와 헤어져 있었습니다.

그런데 그는 두 가지 조건하에서만 동참을 약속했습니다. 우선 조선 사람들이 나를 받아들일 것이 확실해야 하고, 파치피코 신부가 먼저 입국해야 한다는 것입니다. 그리고 파치피코 신부가 조선에서 유럽 선교사를 조선에 받아들일 수 있는 가능성을 입증해야만 했습니다. 이 조건은 불가능하다고 봐야 했습니다. 그러나 더 나은 방법이 없는 나로서는 이 마지막 방책을 선택했을 것입니다. 곧바로 새로운 사건들이 터져 내가 이 계획의 실행을 중단하지 않았더라면 말이지요. 사건이란 바로 마카오에 있는 몇몇 사람들이 나의 행동을 비난하고 나선 것이었습니다. 우리는 이들이 협잡꾼인 줄 알았는데 그것은 우리의 착각이었습니다. 이들은 산시 주교가 아는 자들이었으며, 이 주교가 뽑은 사람들이었습니다.

3월 10일, 요셉은 아무 성과도 없이 베이징에서 돌아왔습니다. 조선 교우들이 나타나지 않았던 것입니다. 나는 다음 해가 되고서야 그 이유를 알았습니다. 조선 교우들의 편지들을 갖고 베이징으로 가던 조선 교우가 (압록강 근처) 국경 지대에서 파치피코 신부를 만났습니다. 사람들은 조선 교우의 도움 없이는 파치피코 신부를 입국시킬 수 없다고 생각했습니다. 그 결과, 조선 교우는 여러 가지 구실로 오던 길로 되돌아가게 되었습니다. 그는 조선 교우들의 편지들을 한 중국 교우에게 건네주었는데, 이자는 그것들을 아홉 달이 지나서야 내게 가져왔습니다. 이자는 우리의 신뢰를 악용했습니다. 편지를 개봉해서 만나는 모든 사람에게 그 내용을 공개해버린 것입니다. 그리고 조선 교우 전체를 위태롭게 만들고 어쩌면 이 선교지를 영원히 전멸시킬 위험이 있는데도 그 편지의 사본들을 타타르 전 지역과 베이징, 그리고 인근 지역에 배포했습니다. 이 편지들이 알려지자 도처에서 나뿐 아니라 다른 많은 이들에 대한 불평이 쏟아졌습니다. 난징 주교는 다른 사람들보다 더 언짢은 반응을 보였습니다. 다음은 요셉이 내게 전해준 주교의 편지 내용입니다. "조선 사람들이 올해는 나타나지 않았는데, 이것은 좋은 징조가 아닙니다. 파치피코 신부의 입국은 아마도 주교님의 입국에 새로운 장애가 될 것입니다. (난징 주교의 생각은 옳았습니다.) 나는 이 신부의 입국 여부를 모르고 있습니다."

요셉은 1833년 11월자로 되어 있는 파치피코 신부의 편지 한 통도 가져왔습니다. 그 편지는 이름이나 서열, 사람 구별 없이 우리 둘을 수신인으로 하고 있었습니다. 편지의 내용은 이러합니다. "저는 곧 조선으로 떠납니다. 제가 그곳에 들어가면 주교님을 위해서 제가 무슨 일을 할 수 있을지 알아보겠습니다. 주교님이 타타르에 들어가 랴오둥의 교우들과 함께 머무시는 것은 불가능한 일로 보입니다. 그들이 저를 냉대한 것을 보면 그렇습니다."

나는 이 선교사에게 편지를 여러 통 보냈지만 그 사람에게 도착된 편지는 한 통도 없었습니다. 그중 한 통은 그것을 건네받은 심부름꾼의 주머니 안에 있었고, 나머지는 난징 주교의 지갑 안에 들어 있었던 것입니다.

4월 24일, 나는 모방 신부로부터 편지 한 통을 받았습니다. 그가 4월 1일 베이징에 도착했다는 것과 어디로 가서 무엇을 해야 할지를 묻는 내용이었습니다. 나 역시 똑같은 질문을 할 처지에 놓여 있었는데 말입니다. 그는 12월 중순경에 푸젠을 떠났습니다. 배가 난파하여 중국인의 여행 장비들을 망가뜨리고 나서, 나귀를 타고 수도 베이징에 도착했던 것입니다. 베이징의 세관원들은 그가 가진 엽전들을 모두 터는 것으로 만족하고 그를 통과시켰습니다. 그들은 이 신부가 유럽인이라고는 미처 생각하지 못했습니다. 사실 그의 얼굴이 어찌나 때와 먼지를 뒤집어썼던지, 유럽인이 온다는 통보를 받은 주교(난징 주교로, 베이징 주교 겸임)조차 그를 중국인으로 착각할 지경이었습니다. 그가 유럽인이라는 것을 믿기 시작한 것은 이 나그네가 중국 말을 전혀 할 줄 모른다는 사실을 직접 확인하고 부터였습니다. 그가 나타난 후 주교관에 있던 사람들은 망연자실했습니다. 유럽인이 황제 발행 통행증도 없이, 황제 호위대의 호위도 받지 않고, 베이징에 들어올 수 있었다는 사실은 정말 믿기 어려운 일이었습니다. 이로 인해 그를 보살피는 일이 더 어려울 것이라고 생각한 주교는 즉시 그를 서부 타타르로 떠나보내려고 했습니다. 그렇지만 다행히도 산시에서 심부름꾼이 (내 답신을 갖고) 도착할 때까지는 말미를 주기로 했습니다. 주교 자신도 처소에 연금되어 정부의 감시를 받고 있는 처지였지만, 병이 들었다는 구실을 대고서야 베이징 체류 허락을 얻어낸 것이었습니다.

예전에는 베이징에 성당이 다섯 곳이나 있었습니다. 그러나 지금은 유일하게 남아 있는 성당조차 늘 폐쇄된 채로 있습니다. 그곳에서 미사를 드리기는 하지만 참석하는 교우들은 거의 없습니다. 지금은 교우들을 위해 개인 경당에서 미사를 드립니다. 황제로부터 교회와 주교관, 또 그 부속 건물들을 살 권리를 받은 고관, 아니 왕족은 교회를 헐지 않겠다고 약속했습니다. 교회는 중국에서 유럽인들에 대한 기억을 간직해주는 곳이 될 것입니다. 이 주교의 물건들은 그의 원대로 러시아인들의 손으로 넘어가게 될 것입니다. 난징 주교가 숨을 거두고 나면 이제 베이징에는 한 명의 유럽 선교사들도 남아 있지 않게 될 것입니다. 정부가 취한 조치들을 보면, 유럽 선교사들이 다시는 불려올 것 같지 않습니다. 주교의 생각은 다르지만요. 자, 이상이 예수회 회원들과 이들의 뒤를 이은 선교사들이 저들 전제 군주들에게 베푼 호의들에 대해 저들이 다시금 감사의 표시랍시고 주는 것입니다.

수도와 황궁에서 아름답고 유용한 것은 모두 유럽인들의 작품입니다. 그런데 이들의 봉사에 대한 대가랍시고 저 왕족들이 벌이기 시작한 일은 선교사들을 괴롭히고 모욕하고 추방과 감금으로써 벌을 내리는 것이었습니다. 마침내 마지막 황제는 그리스도교 복음을 전하러 중국 땅에 들어오는 모든 유럽인은 죽임을 당할 것이라고 위협하는 법을 하나 제정했습니다. 이 법은 아직도 본래의 엄격함 그대로 존재하거니와, 이 법은 정말 너무나도 빈번하게 집행되었습니다.

   중국 황제는 자기 주위를 둘러싸고 있는 고관들의 아첨에 익숙해져 있습니다. 유럽인들은 중국 황제의 종이 되는 것을 지극히 영광스러워하는 야만인 취급을 받습니다. 내가 잘못 아는 것이 아니라면 대사의 명분으로, 아니면 영사의 명분으로 베이징에 주재하는 러시아 정교회 수도원장은 전혀 합당한 대우를 받지 못하고 있습니다. 그는 황제 알현의 허락을 받은 적이 없습니다. 그가 도착하거나 러시아로 돌아갈 때 고관들은 황제에게 그의 내방을 알리고 나서, 곧바로 그날의 의제로 넘어가 버리지, 그에게 황제를 알현할 기회를 허락하는 일은 결코 없습니다. 내 견해로, 유럽인들이 수도 베이징에서 쫓겨남으로써 천주교는 실보다는 득이 더 많아졌습니다. 지방에 있는 선교사들이 수배당하는 일은 덜할 것이기 때문입니다. 고관들은 이제 재능과 공덕 면에서 자기네보다 우월하다는 이유로 증오하고 질시했던 대상들(선교사)이 자신들의 눈앞에서 사라졌기 때문에 신자들을 박해할 생각을 덜하게 될 것입니다. 유럽인 신부들은 자신들의 봉사를 조금도 고맙게 여기지 않는 왕족의 마음에 들기 위해, 또한 교회에 아무런 이익이 되지 않는데도 그들의 선교와는 상관이 없는 예술과 학문을 계발하는 데 귀중한 시간을 낭비하지 않을 것입니다. 사람들 말로는 베이징에는 수백만 명의 주민이 있고, 2세기 전부터 엄청난 수의 사제가 있었다고 하지만, 사실 그 광활한 베이징 성안에 사는 교우는 고작 3,000명밖에 되지 않습니다. 그렇다고 해서 이들이 중국에서 가장 훌륭한 교우들도 아니고요. 이상의 짧은 얘기를 끝내고 이제 다시 모방 신부의 이야기로 돌아갑니다.

내게 편지를 써놓고 내 답장이 도착하기를 기다리면서, 베이징 교우들은 모방 신부를 은밀한 곳에 숨겨놓았습니다. 그는 아무도 만날 수 없었습니다. 주교만이 그를 자주 찾아보았습니다. 베이징 주교의 편지를 받자마자 수도에서 몇몇 백련교도들이 체포되었다는 소식이 들려왔습니다. 산시에서는 정부의 명령으로 가택 수색에 돌입했습니다. 나는 내 회답을 베이징에 전해줄 사람을 구하지 못했습니다. 한 달을 기다린 끝에 짧은 편지 한 장을 모방 신부에게 전할 수 있었습니다. 나는 그에게 조선 사람들이 돌아올 때까지 베이징에 남아 있든지, 또는 그 자리를 오랫동안 지키기가 불가능한 경우라면, 프랑스 라자로회 소속 중국인 쉬에 신부를 찾아 타타르로 가는 것이 좋겠다고 충고했습니다. 나는 존경하는 (쉬에) 신부에게 편지를 보내 은신처를 마련해달라고 부탁해놓았던 것입니다. 그는 내게 다음과 같은 내용의 답장을 보냈습니다. "저의 장상들께서 허가를 내리셨으므로, 저는 주교님은 물론 주교님과 함께하는 선교사들도 기꺼이 맞이하겠습니다."

나는 마카오에서 이에 관해 토레트(Torréte) 신부에게 얘기를 한 적이 있었는데, 토레트 신부는 내가 시완쯔에 가는 것을 허락했습니다. 다만 그는 시방(Sivang, 시완쯔)은 조선행 여로에서 벗어난 곳이라고 했습니다. 이리하여 모방 신부는 타타르로 떠났습니다. 그가 출발한 날은 6월 8일이었습니다. 내가 4일 자로 그에게 써 보낸 편지는 그가 베이징을 떠난 후에야 도착했습니다. 이 편지가 제때에 도착하지 못한 것은 하느님의 섭리가 빚은 결과였습니다. 이 편지에서 나는 그에게 다른 길과 다른 만남의 약속을 제시했던 것입니다. 그 당시 나는 이 계획이 실현성이 있으며 유용하다고 믿고 있었습니다. 그런데 그 직후 조선으로부터 받은 소식들을 접하고서 나는 이 방법이 시기 상조이며 위험하기까지 할 뻔했다는 것을 납득하게 되었습니다.

교우 두 명이 나를 조선 국경에까지 안내해주겠다고 나섰다는 얘기는 이미 한 바 있습니다. 그러나 내 생각에 그들이 아는 길은 너무 위험했고, 내가 가려는 길은 그들에게 낯선 길이었습니다. 이 길에 대한 소문이 고약해서 그들은 이 길을 답사할 엄두를 내지 못했습니다. 때로는 추위로 죽을 위험을 무릅쓰고 넘어야 할 산들이 있었고, (나는 그런 산을 올라가 봤는데, 내가 몹시 추위를 타기는 하지만 추워서 떨기보다는 온통 땀으로 젖었습니다.) 때로는 화적과 맹수들이 우글거리는 황야가 있어서, 화적들에게 강탈당하거나 맹수들에게 잡아먹히거나 또는 아사할 위험을 무릅쓰고 가로질러야 한다는 것이었습니다. 이런 음산한 얘기는 어쩌면 과장되었을 수 있습니다. 하지만 많은 부분 사실이었습니다. 앞으로 나아가는 데에 이 길밖에는 다른 방도가 없었으므로 나는 어떤 대가를 치르더라도 이 길을 답사하기로 결심했습니다.

때마침 나는 여행자 몇 명이 우리의 목적지인 조선으로 간다는 얘기를 듣고 이 기회를 이용하기로 했습니다. 나는 적어도 두 사람을 그들과 함께 보내기로 작정했습니다. 그런데 나한테 봉사하겠다고 모험을 자청하고 나서는 사람들을 찾는 것이 난제였습니다. 요셉만이 나섰는데, 그는 이토록 훌륭한 명분이 있으니 기꺼이 이 여행의 위험들을 무릅쓰겠다고 내게 확언했습니다. 하지만 아무리 이리저리 수소문해봐도 그에게 동료를 구해주는 일은 불가능했습니다. 한 사람, 동행을 수락한 자가 있기는 했지만, 막상 출발할 때가 되자 그는 약속을 지키지 않았습니다. 그래서 요셉은 9,000리나 되는 길을 안내인이나 원조도 없이, 오로지 하느님의 섭리에만 의지한 채 홀로 떠나야 했습니다. 나는 요셉에게 집을 한 채 빌리거나 사두게 하려고 했지만 그가 혼자 떠나게 되면서, 그의 임무는 나를 위해 조선의 국경까지 가는 길을 하나 답사해두는 것으로 그쳤습니다. 나는 그에게 두 명의 신부 앞으로 보내는 편지 두 통을 들려 보냈지만, 이들은 내가 모르는 사람들이었던 만큼 그 추천서는 큰 힘을 발휘하지 못했습니다. 그는 5월 12일에 출발했습니다. 1,400리의 보행 끝에 같은 달 27일 그는 내가 앞에서 언급한 바 있는 (시완쯔 교우촌의) 쉬에 신부를 만났습니다. 이 일의 성공에 늘 큰 관심을 보였던 이 훌륭한 신부는 요셉에게 얼마간의 돈을 주었고, 요셉보다도 더 길을 잘 알지 못하는 사람이기는 했지만 동행인을 한 명 붙여주었습니다. 요셉은 그 다음 날인 28일에 내게 편지를 썼고, 같은 날 다시 길을 떠났습니다.

이후 그가 도착할 때까지 그에 관한 소식을 더는 받지 못했습니다. (요셉은 9월 8일 아무런 성과 없이 산시로 돌아왔다.)

1834년 5월 31일, 나는 마카오에서 온(교황청 포교성성 경리부장 움피에레스 신부가 보낸) 편지 한 통을 받았습니다. 편지에서 내게 지시하는 내용인즉, 모방 신부에게 100피아스터, 샤스탕 신부에게 100피아스터, 파치피코 신부에게 85피아스터를 주라는 것이었습니다. 또한 그중 200피아스터는 내가 갖도록 되어 있었습니다. 내 수중에는 몇 푼밖에 없었고, 그것도 빌린 것이었습니다. 사람들은 내가 여정 중에 그렇게 많은 돈을 쓴 것에 대해 놀란 것 같았습니다. 그러나 내가 하마터면 굶주림과 피로에 지쳐 죽을 뻔했다는 것을 여러분은 이미 다 알고 있습니다. 같은 심부름꾼이 산시 주교와 그의 선교사들에게, 올해는 돈을 한 푼도 보내지 못한다는 것을 공식적으로 통보했습니다. 조선 선교 때문에, 그리고 한 젊은 이탈리아 선교사의 파견 때문에 교황청 포교성성 재정이 바닥났던 것입니다. 산시 선교사들이 선교비를 전혀 받지 못한 것이 이것으로 세 번째였고, 이러한 요인은 늘 조선이었습니다. 이 소식들은 나에게 기쁨을 안겨다주지 않았습니다. 그렇지만 산시 주교는 그 소식을 듣고 나에 대한 불만을 전혀 드러내지 않은 채 마냥 웃음만 흘렸습니다.

6월 24일, 나는 난징 주교로부터 편지 한 통을 받았습니다. 편지에서 주교는 마카오 주재 교황청 포교성성 경리 신부가 자기에게, 나와 나의 동료 신부들 누구에게도 특별한 사건이 일어나지 않는 한, 예를 들어 도적들에게 약탈당해 빈털터리가 되지 않는 한, 절대로 돈을 빌려주지 못하도록 요청했다는 내용을 알려왔습니다. 같은 금지 조치가 얼마 후에 되풀이되었습니다. 이런 금지 조치의 동기는 우리 네 명 모두가 조선에 입국할 때까지 필요한 경비보다 많은 돈을 가지고 있었다는 것이었습니다.

7월 초에 한 중국인 신부의 편지를 한 통 받았는데, 그는 내게 다음과 같은 사실을 일러주었습니다. "이곳에는 조선에서 장사를 했던 교우가 한 명 있습니다. 그가 이 근처에 머무르는 동안 내내 관리 한 명과 그의 부하들이 줄곧 그에게 붙어 다녔습니다. 그러므로 각하께서는 생각을 깊이 해

보시고 다른 선교지로 가심이 좋을 듯합니다." 이번에는 내가 그에게 편지를 보내서, 30년 전 조선에서 순교한 야고보 신부(주문모)와 바로 얼마 전에 조선에 들어간 파치피코 신부가 조선 정부에 그들을 수행하는 호위대를 요청하고 또 수락을 받았는지 여부를 물었습니다. 그러나 아무런 답변도 얻어내지 못했습니다.

8월 29일, 조선 교우들에게서 편지 두 통을 받았습니다(부록 '서한 2, 3' 참조). 편지는 봉해져 있지 않았습니다. 그들의 잘못이 아니었습니다. 다름 아닌 심부름꾼이 제멋대로 편지를 뜯고, 지나는 곳마다 그 사본들을 배포했던 것입니다. 이 편지들 중 처음 것의 내용은 대강 "우리는 성모님과 성인들의 전구로 호의를 갖게 되신 선하신 하느님께서 당신에게 조선의 문을 열어주시기를 희망합니다"라는 것이었습니다. 그러나 조선 교우들은 자신들의 희망을 실현하기 위한 어떤 방법도 제시하지 않고 있었습니다.

두 번째 편지에는 지극히 동양적인 과장법으로 그들의 감복하는 심정, 기쁨, 감사 등을 표현한 서문을 쓴 다음, 웅변적인 신중함이란 신중함은 다 갖추고 예의라는 예의는 총동원하여 말하기를, 조선 왕이 내가 정식으로 조선에 입국하도록 허락하지 않는 한 나를 받아들이는 것은 매우 어렵다는, 즉 불가능하다는 것이었습니다. 그들의 생각으로는 교황 성하께서 비용을 대시어 배 한 척에 무기를 갖추고 값진 선물을 대동한 사신을 조선 왕에게 파견하여, 이 왕으로부터 선교의 자유를 허락받아야 한다는 것이었습니다. 만일 첫 번째 사절이 성공하지 못한다면, 교황께서는 완전한 성공을 거둘 때까지 계속해서 새로운 예물을 갖춘 다른 사절을 파견해야 한다는 것이었습니다. 게다가 그들은 나와 파치피코 신부의 의견을 따를 준비가 되어 있다는 것이었습니다. 나는 이 조항을 아무 효력이 없는 문사로, 하나의 핑계로, 아니면 딱 거절했다는 비난을 피하려고 쓰는 우회적 표현 정도로 보았습니다. 동양인들과 얼마간 살아보면 이와 같은 말투의 뜻을 알게 됩니다. 아시아적인 예의범절에 따르면 아랫사람은 윗사람에게 절대로 부정적인 대답을 하지 못하게 되어 있습니다. 긍정적인 제의에서 부정을 간파해내는 일은 윗사람의 몫입니다. 그러나 결국 조선 사람들은 마음을 바꿨습니다. 영국 배가 조선 연안에 출몰해서 조선 정부에 불안을 심어 넣는 바람에 조선 사람들은 교황 사절 파견 계획을 포기하게 되었던 것입니다.

내 편지들을 가져온 심부름꾼은 랴오둥의 어떤 교우도 나를 받아들이려 하지 않는다는 사실도 내게 알려주었습니다. 그는 다음과 같이 말했습니다. "파치피코 신부님은 입국했습니다(1834년 1월 3일). 조선 교우 아홉 명인가 열한 명인가가 신앙을 증거한 탓에 수감되었는데, 그중에는 여자가 세 명 있었습니다. 그들은 자신들의 신앙을 용감하게 증거했습니다. 그들은 관원들에게 '제발 저희들을 관대하게 대하지 마십시오. 저희는 순교의 월계관을 얻기 위해 죽기를 바라고 있습니다' 하고 말했습니다. 여자들은 석방되었고 남자들은 사형 언도를 받았지만, 젊은 왕세자(익종)는 가톨릭 신앙이 국가의 안전에 전혀 해를 끼치지 않는다는 확신을 갖고 그들을 사면했습니다. 조선 사람들이 파치피코 신부님을 영입하러 나왔을 때 그들은 아직 감옥에 있었습니다. 그 시기에는 그들 중 스물네 명만이 자기들한테 선교사가 한 명 있다는 사실을 알고 있었습니다. (주교가 있다는 사실을 아는 사람은 그보다 더 적었을 것입니다.) 조선에는 40,000명의 교우가 있습니다." 이상이 파치피코 신부를 국경으로 안내한 심부름꾼의 보고였습니다. 그는 조선 사람들과 직접 얘기를 했었습니다. 조선 교우 숫자는 과장된 것으로 보입니다. 올해 왔던 조선 사람들의 말로는 교우의 수가 수만 명이고, 안 돼도 20,000명은 넘는다고 했습니다. 그러나 내가 그들을 시켜 회장들이 자기들 구역에 있는 교우들의 수효를 대략 알고 있는지 여부를 알아보라고 했더니, 그들의 대답은 부정적이었습니다. 따라서 이 사항에 대해서는 확실한 것이 아무것도 없습니다. 가톨릭 신앙에 대해 호의적인 것으로 비쳐졌던 젊은 왕세자가 (1830년에) 죽었습니다. 두 번째 왕자를 지명했지만 그도 역시 죽었습니다. 중국 황제는 세 번째 왕자(실은 왕세손·1834년에 즉위한 헌종)의 즉위식을 거행토록 했는데, 이 왕은 어린아이(8세)라고 합니다. 이것은 조선 선교를 위해서 좋은 징조가 아닙니다. 왕이 미성년일 때에는 대리인을 임명하고 섭정을 펴야만 하는데 조선의 신입 교우들이 겪은 박해는 섭정 기간에 일어났으니, 섭정 기간은 교우들에게 비참한 시기입니다.

　이 소식들이 전해지자, 우리에 대한 분개와 경계의 외침이 높아졌습니다. 그 당시까지 난징 주교는 나를 신중치 못한 사람 취급은 하더라도 어느 정도 배려는 했었지만, 이 편지들을 읽고 나서는 드러내놓고 나의 경솔함을 질책했습니다. "자, 보십시오. 주교님이 조선으로 들어갈 수 있는 희망이란 것이 무엇입니까? 출발이 너무 성급했습니다. 마카오에 머무르는 것이 더 나았을 것입니다. 그래도 나는 언제나 주교님을 도울 준비가 되어 있습니다. 조선 교우들이 주교님을 받아들이려고만 한다면 내가 주교님의 은신처를 마련하도록 랴오둥의 교우들에게 촉구해 보겠습니다. 그러나 한 번 더 말하건대, 조선 교우들로부터 그 어떤 기대도 하지 마십시오."

여러분은 이 주교가 자신의 약속을 어떤 식으로 지켰는지 곧 알게 될 것입니다. 난징 주교가 랴오둥의 교우들에게, 자신이 쓴 편지를 소지하지 않는 한 그 어떤 선교사도 받아들이지 못하도록 분부했다는 사실을 목도한 신뢰할 만한 증인들이 있습니다. 나를 영접하라는 편지를 랴오둥 교우들에게 써달라고 난징 주교에게 간청했지만 소용이 없었습니다. 난징 주교는 나의 요청에 응하지 않았을 뿐만 아니라 나에게 답장 한 장 써주는 예조차 갖추지 않았습니다. 그는 같은 취지에서 장난의 교우들에게도 그들 지역에 그 어떤 프랑스 선교사도 받아들이지 못하게 하는 내용의 편지를 썼습니다. 그가 선교사들에게 은신처를 제공하는 사람들은 벌하겠다고 위협했다는 보고가 들어왔습니다. 나는 이런 보고를 믿을 생각이 없습니다. 교회의 왕자라고 자처하는 주교는 자신이 교회에 어떤 빚을 지고 있는지, 그리고 자신이 해야 할 일이 무엇인지를 잊어버려서는 안 됩니다. 장난 지방에 있는 포르투갈 선교사들이 오래전부터 자기들에게 알리지 않고는 장난을 경유해서 선교사들을 보내는 일이 결코 없도록 한 것은 노골적인 거절이나 마찬가지입니다. 움피에레스 신부에게 예고했음이 확실합니다. 어찌됐든 나는 난징 주교를 용서합니다.

그는 위험이 도사리고 있다고 생각되면 매우 소심해집니다. 그는 자기 사람들을 도우려는 뜻이 없습니다. 그러니 그가 어찌 남을 도울 수 있겠습니까? 산시 주교도 다를 바 없습니다. 다만 산시 주교는 자신의 감정을 표현함에 있어서 더 부드럽고 정중한 어법을 씁니다. 거의 희망이 없음을 슬쩍 흘리면서도 위로를 해줌으로써 다시금 희망을 갖게 합니다. 그는 내게 라틴어로 자주 이런 말을 했습니다. "어려운 일을 자청했습니다그려." 한편, 정작 이런 난처한 소식들을 가져왔던 자로서 이 모든 소동의 주범이었던 사람은 낙담하는 기색이 없었습니다. 모두의 원성을 사고 있을 때, 그는 조선 국경 지역에 나의 은신처를 마련하러 가려고 산시 주교의 하인 중 한 명과 약속을 했던 것입니다.

같은 심부름꾼을 통해 나는 샤스탕 신부가 당한 일들에 대해서도 알게 되었습니다. 여기 그가 여행하는 동안 일어났던 일화를 하나 소개하겠습니다.

내가 조선을 향해 떠날 때 이 친애하는 동료 샤스탕은 나를 따라오고 싶어 했습니다. 나는 성공할 수 있을지 여부를 전혀 모르는 상황에서 둘이 한꺼번에 뛰어드는 것은 신중하지 않다고 그에게 설명했습니다. 그리고 조선 선교지에 들어갈 희망이 확실히 보이면 그때 그를 부르겠다고 약속했습니다. 조선 선교가 성공할 것을 의심치 않았던 움피에레스 신부는 그를 마카오로 오게 하는 것이 적절하다고 생각했습니다. 그는 샤스탕 신부에게 편지를 썼고, 내게도 보냈습니다.

나는 여행하는 동안 부딪히게 될 거의 극복할 수 없을 난관들을 즈리에 있을 때(1833년 8월 26일-9월 27일) 이미 예감했습니다. 나는 모든 정황으로 볼 때 난징에 있을 거라 여겨지는 모방 신부에게 서둘러 편지를 써서, 그곳에 머물러 있든지 또는 바다로 해서 랴오둥으로 가는 길을 찾아 시도해 보든지 하라고 일렀습니다. 나는 그가 장난에서 거룩한 사제직을 수행하는 데 필요한 권한들을 요청해서 얻어냈지만, 난징 주교로부터 랴오둥에서의 권한들을 얻어낼 수는 없습니다. 난징 주교는 내게 다음과 같이 답했습니다.

"모방 선교사가 랴오둥을 통과하는 것도 좋지 않고, 배를 타는 것도 좋지 않습니다. 만일 그가 랴오둥에 이르게 된다면, 거기서 해야 할 일이 무엇인지를 알아볼 시간이 충분히 있을 것입니다." 그러나 모방 신부는 베이징으로 갈 요량으로 장시를 향해 떠났습니다. 나는 그 기회에 샤스탕 신부에게도 편지를 보내, 아직 페낭에 있다면 그냥 그곳에 남아 있고, 이미 마카오에 도착했다면 새로운 명령이 있을 때까지 그곳에서 대기하고 있을 것을 간곡히 부탁했습니다. 그러나 선하신 하느님께서는 이 편지들 중 그 어떤 것도 그들 앞으로 도달하는 것을 허락하지 않으셨습니다. 아마도 하느님의 섭리는 샤스탕 신부가 그리스도교의 도움을 몹시 필요로 하고 있던 중국의 (산둥) 지방에서 사제직을 수행하는 것이었나 봅니다. 나는 이 친애하는 동료가 그곳에서 좋은 일을 많이 하고 있음을 확실한 근거를 통해 알고 있습니다.

뜻밖에 일어난 이 모든 일들의 빌미는 요셉의 편지였습니다. 이 젊은이는 랴오둥의 교우들이 준 헛된 희망에 넘어가서, "조선 사람들이 자기네 나라로 나를 인도하기 위해 모든 방법을 동원할 각오가 되어 있다, 나의 입국 날짜는 1833년 연말로 정해져 있다, 게다가 타타르에 내 집이 한 채 있다, 교우들이 기꺼이 나를 받아들이기로 동의했다"는 내용의 편지를 움피에레스 신부에게 썼습니다. 너무 앞서 가는 이 소식은 모든 사람들을 바삐 움직이게 만들었습니다. 움피에레스 신부는 오기로 되어 있는 조선의 젊은이들의 신학교로 쓸 집을 한 채 장만했습니다. 이들은 조만간 도착할 것으로 보였습니다. 그리고 신학교장이 필요했습니다. 움피에레스 신부는 샤스탕 신부 쪽으로 눈을 돌렸지만, 샤스탕 신부는 자신을 (조선) 불속으로 보내주기를 끈질기게 간청해서, 어렵게 어렵게 신학교장 자리에서 벗어났습니다. 무척이나 힘에 겹기는 했으나 결국 사임 동의를 얻어내고 말았습니다. 마카오에서 푸젠으로, 또 푸젠에서 난징으로 가는 여객선 역할을 하는 푸젠발 배가 푸젠의 푸저우로 막 출발하려던 참이었습니다. 샤스탕 신부는 이 절호의 기회를 이용해 1833년 9월에 배를 탔고, 11월에 푸저우에 도착했습니다. 모방 신부가 아직 그곳에 있었습니다. 샤스탕 신부는 그 기쁜 소식을 모방 신부에게 알렸습니다. 그 소식은 모든 이가 확실한 것으로 여기고 있었던 것이지요. 즉시 출발할 채비를 하고, 며칠 지나지 않아서 모방 신부와 샤스탕 신부는 조선으로 향했습니다. 푸젠 주교 휘하의 사제 한 명이 체포되었고, 이것이 푸젠 지방에서 전반적인 박해의 빌미로 작용할 것을 우려하던 차에 (조선 입국이 가능하다는) 잘못된 보고가 날아들었으니, 푸젠 주교는 두 서양인 선교사(모방과 샤스탕 신부)를 한꺼번에 떨쳐버릴 수 있었습니다.

장난에 이르렀을 때 샤스탕 신부는 자신이 잘못된 길로 인도되었다는 것을 알아차렸습니다. 그래서 그는 다른 작전을 세웠습니다. 그는 네 번째로 배를 타고 황해로 나갔습니다. 조선의 국경 지대까지 가서 집을 한 채 짓든지 아니면 집을 살 참이었습니다. 그는 꼭 파치피코 신부를 만나 함께 입국할 수 있으리라고 확신했습니다. 그는 푸저우 상인의 자격으로 은밀하게 다녔습니다. 그러나 그와 함께 여행을 했던 외교인들과 그와 함께 거래한 상인들은 이 이방인이 외양으로 보나 속으로 보나 전혀 중국 상인다운 구석이 없다고 보았습니다. 또한 중국인 비신자들 사이에서 발각되지도 않고 의심을 받지도 않으면서 오랜 기간 살아남아 있기란 어려울 것이라는 데 이의가 없습니다.

샤스탕 신부가 중국 북부 지방에 도착했을 때 그의 심부름꾼들 중 두 명이 낯설고 황폐한 이 지역을 보고 겁에 질려 도망쳐 버렸습니다. 이들은 난징으로 되돌아가려고 타고 왔던 배에 다시 올라 샤스탕 신부를 데리고 가려고까지 했습니다. 그러나 샤스탕 신부는 꿈쩍도 하지 않았습니다. 오히려 이들의 뱃삯을 지불해주고 떠나보냈습니다. 그런 뒤 그는 자기에게 충직하게 남아 있던 푸젠 사람 한 명만을 데리고 탐색에 나섰습니다. 정처 없이, 그리고 쓸데없는 조사들을 하면서 한 달을 헤맨 끝에 그는 드디어 조선 국경에 이르렀습니다. 그는 조선의 산들을 실컷 바라보았습니다. 모세처럼 멀리서 이 약속의 땅을 바라보며 인사했습니다. 그러나 하느님 백성의 입법자 모세처럼 그는 그 땅에 들어갈 수 없었고, 그를 들여보내 줄 어떤 사람도 찾지 못했습니다. 그래서 그는 파치피코 신부를 만나지도 못하고, 자신을 뒤따라올 사람들을 위해 집 한 채도 마련하지 못한 채 발걸음을 돌리는 수밖에 없었습니다. 샤스탕 신부는 베이징 근처에서 하선하여 중국인들조차 넘어가기 어려운 한 세관을 피했습니다. 수도의 성문에 이르러서는 어떤 신부의 지시에 따랐습니다. (베이징 주교를 겸임한) 난징 주교에게 자신의 도착을 알리도록 했습니다. 편치 않은 손님들(유럽 선교사들)에게서 영원히 해방되었다고 여겼던 난징 주교는 샤스탕 신부에게 "좋지 않습니다"라는 회답을 보내왔습니다. 주교는 모방 신부에게도 다음과 같이 편지를 썼습니다. "당신 동료(샤스탕)가 왔습니다. 그런데 베이징에 들어가지 않는 것이 더 좋겠습니다. 위험에 빠지기를 무모하게 자처하는 자는 동정을 받을 자격이 없습니다."

그렇지만 선하신 하느님께서는 그 샤스탕 신부에게 자비를 베푸셨습니다. 두 명의 라틴어 통역자가 있었는데, 이들 중 한 사람은 쓰촨 출신으로 페낭의 신학교를 다녔고, 다른 한 사람은 푸젠 사람이었습니다. 샤스탕 신부의 비탄스러운 처지를 접한 이들은 생명의 위험을 무릅쓰고 직접 그를 베이징 안으로 입성시키는 임무를 떠안았습니다. 이들은 샤스탕 신부를 자기들 집에 숨겨놓고, 그가 필요로 하는 것들을 충분히 공급해주었습니다. 달리 더 나은 방도가 없었던 나는 그들에게 편지를 통해 고마움을 표현했습니다.

　샤스탕 신부는 5주 동안 심사숙고하고 반복하여 간청을 올린 끝에 난징 주교를 배알하게 되었습니다. 이 만남의 결과로 양자택일의 상황에 놓였습니다. 즉 마카오로 돌아가든지 아니면 산둥으로 가서 난징 주교의 총대리인 카스트로 신부의 재치권하에서 성무를 이행하든지 하는 것이었습니다. 샤스탕 신부는 후자 쪽을 택했습니다. 이러한 결정을 내렸을 때 쉬에 신부(중국인, 라자로회 회원, 시완쯔 선교사)가 보낸 심부름꾼 한 명이 베이징에 도착해, 샤스탕 신부에게 타타르를 들러줄 것을 청했습니다. 선한 쉬에 신부는 샤스탕 신부가 곤경에 빠져 있음을 알고, 그를 자신의 집으로 데려오게 하려고 서둘러 심부름꾼을 보냈던 것입니다. 그러나 샤스탕 신부는 이처럼 정중한 초대를 받아들일 수 없는 처지였습니다. 주교와 한 약속 때문입니다.

　그는 8월 말경에 새 임지(산둥성)로 떠났습니다. 그는 거기서 악대 연주와 함께 열렬한 환영을 받았습니다. 장중한 오케스트라가 있는 음악 미사가 거행되었습니다. 그가 저녁을 먹는 동안에는 큰 음악회가 열렸습니다. 이렇게 휘황찬란한 영접은 내가 36일 동안 감옥살이(교우 집 골방에 숨어 지냄)를 했던 마을에서 불과 25리 떨어진 곳에서 일어났습니다. 나의 그 여행은 즐겁지 않았습니다. 바타비아(지금의 인도네시아 자카르타)에서 타타르까지 여행하면서 내가 음악과 함께 사람들로 시끌벅적한 환영을 받았던 적이 내 기억에는 없습니다. 하지만 그것은 교우들의 잘못이 아닙니다. 철저하게 겁을 집어먹고는 모든 사람들에게 두려움을 심어주었던 내 길잡이들이 바로 그 원인입니다. 이들이 나를 보러 오는 교우들을 쫓아냈던 것입니다.

샤스탕 신부는 아직 산둥에 있습니다. 그는 그곳에서 지내는 것을 매우 만족스러워하면서, 조선으로 가라는 부름이 있을 날만을 기다리고 있습니다. 그는 순풍을 만나면 산둥에서 랴오둥까지 24시간 안에 갈 수 있으리라고 믿었습니다. 여기 간추린 그의 여행기는 그가 보낸 편지들에서 발췌한 것에 지나지 않습니다. 그의 짐 속에서 나는 편지 한 통을 발견했는데, 그는 내게 다음과 같이 쓰고 있었습니다. "베이징에서는 (브뤼기에르) 갑사 주교님이 아닌 난징 주교님만이 조선에 대한 재치권을 갖고 있다고 믿고 있습니다. 갑사 주교님께서 조선 선교지로 들어가실 때까지는 난징 주교님만이 그곳으로 파견될 선교사들을 승인할 권리를 갖고 계시다는 것입니다. 파치피코 신부도, 엔리케 신부(포르투갈 출신 라자로회 회원, 장난 선교사)도 역시 같은 생각입니다. 나는 그들에게 교구 시노드 규정(교황 베네딕토 14세)의 한 조항을 읽게 했습니다. 그들은 침묵을 지켰습니다. 반대로 카스트로 신부는 난징 주교님이 아니라 갑사 주교님만이 조선 선교지에 대한 재치권을 갖고 있다고 확신하고 있습니다. 제 생각도 마찬가지입니다." (옳은 말씀!) "이제 막 랴오둥에서 심부름꾼이 도착했는데, 그는 요셉에 대한 소식을 들은 바가 전혀 없답니다. 그에게 무슨 사고나 있지 않았을까 걱정하고들 있습니다." 난징 주교는 요셉이 무슨 맹수의 먹이가 된 것으로 생각하고 있었습니다. 나는 그 당시 산시에 있던 바로 그 심부름꾼과 함께 여행 정보들을 수집하고 있었는데, 곧 저들의 두려움에는 전혀 근거가 없다는 것을 알았습니다. 이 심부름꾼은 요셉이 가는 길에서 족히 1,000리는 떨어진 만리장성 근처에서 두 달을 보냈던 것입니다. 샤스탕 신부는 우리의 일이 거의 절망적이라는 사실을 내게 분명한 증거로 알려주면서 그의 편지를 끝내고 있었습니다. 하지만 그는 내게 인내할 것을 독려했습니다. 그는 내가 어딘가에 머물면서 나를 원하지도 않는 교우들을 돌보라는 식으로 말했습니다.

다른 많은 문제들에 덧붙여 이러한 절망적인 소식들이 차례차례 들려서 평소보다 고통스러웠지만 나는 놀라지 않았습니다. 그러나 페낭을 떠나면서 나는 내가 성공하지 못할 것이라고 거의 확신하고 있었습니다. 내가 하는 여행을 그저 하나의 시도로 여길 뿐이었습니다.

나는 조선 교우들이 유럽인 선교사들을 자기네 나라에 맞아들이는 것에 대해 자신들도 어찌지 못해 일어나는 거부감을 드러낼까 봐 염려스러웠습니다. 나의 우려들이 절대 현실로 이루어지는 일이 없기를 빕니다.

샤스탕 신부는 푸젠에서 장난으로 이동하는 동안 저장 지방의 최북단에 있는 하푸 항구에 기항한 바 있습니다. 거기서 그는 일본으로 출항하는 중국 배 한 척을 보았습니다. 그는 중국인 신부라면, 그리고 중국말을 잘 할 줄만 안다면, 유럽인 선교사까지도 무역을 구실로 이들 배에 오를 수 있을 것이며, 그리하여 일본으로 들어가서 백만 순교자의 피로 적셔진 땅 위에 십자가 깃발을 재차 꽂을 수 있으리라는 믿음이 있었습니다. 그는 "그들의 선조들 속에 그토록 찬란한 빛을 발한 그 신앙의 불꽃을 그 자손들의 마음속에서 어렵지 않게 다시 지펴낼 수 있을 것"이라고 내게 말했습니다. 나는 산시 주교와 그 수하 선교사들 중 한 사람과 의논을 했습니다. 샤스탕 신부로서는 성공하리라는 어떤 가능성을 보았으므로 감행했을 것이라는 것이 이들의 생각이었습니다. 그래서 나는 그에게 이렇게 답했습니다. "나는 신부님의 열정을 붙잡아 둘 생각이 추호도 없습니다. 아마도 하느님의 섭리가 오로지 새로운 선교지를 개척하기 위해 신부님을 그 지방으로 안내하셨나 봅니다. 조선 입국은 더 말할 나위 없이 어려워 보입니다. 혹여 일본이 덜 어려울 것이라 생각되면 그곳으로 가십시오. 신부님에게 자유를 드립니다. 선하신 하느님께서 신부님에게 이르시는 바를 행하십시오."

　몇 달 후에 그는 내게 다시 편지를 썼습니다. 그는 자기에게 할당된 일본 선교지에 대해 무척 만족한다고 말하며 이렇게 덧붙였습니다. "어떤 것도 저를 막지 못할 것입니다. 주교님께서 명하신 바를 수행하겠습니다. 그래서 일본으로 가는 중국 배들 중 아무 배에나 제 자리를 하나 마련해 보려고 대책을 강구하고 있습니다. 저는 (1834년) 6월에 출발할 생각입니다." 그는 내 편지의 뜻을 잘 파악하지 못했던 것입니다. 그래서 그에게 대략 다음과 같은 내용의 두 번째 편지를 쓰지 않을 수 없었습니다. "나는 신부님을 (조선 선교에서) 거부한 것이 아닙니다. 나는 신부님에게 (일본 선교를) 명한 적도 없습니다. 다만 신부님을 초대했을 뿐입니다. 나는 일본에 대해서는 간접적인 사목권만 갖고 있습니다. 신부님의 (일본) 선교지는 하느님의 명이라고 할 수 없습니다. 올해는 조선 입국이 덜 어려울 것으로 보이기 때문에 우선 조선에 들어가고 나서, 거기에서 일본으로 가는 것이 더 안전하고 신중하다고 생각합니다. 그러나 신부님의 열정을 가로막지는 않겠습니다. 만일 이 불행한 섬나라(일본)로 들어가기에 유리한 기회를 발견하면 그 기회를 놓치지 마십시오." 그는 이 마지막 조언을 따를 것으로 보입니다. 내가 읽고 들었던 바가 사실이라면, 그는 우리를 따를 결심을 굳힌 상태입니다.

　이런 정보들이 어디에서 나한테까지 흘러 들어왔는지는 모르겠지만, 어떤 국적을 지녔건 선교사가 일본으로 들어간다는 것은 거의 불가능하기 때문입니다. 일본 정부는 전적으로 그리스도교를 금지하고 이 거룩한 종교를 고백하는 사람들을 모조리 죽입니다. 일본인들의 경우 사형을 각오하지 않고는 이유가 어떻든 조국을 떠나지 못하도록 하고, 유럽인들의 경우는, 심지어 대사 칭호를 걸고서도 일본 땅에 절대로 나타나지 못하도록 하는 칙령이 발표되었습니다. 그래서 최근에 파견된 포르투갈 왕의 사절들도 처형되었습니다. 다만 네덜란드 사람들에게만은 가장 굴욕적이며 그리스도교에는 가장 수치스러운 조건들을 달고서 이들에게 개방된 유일한 항구인 나가사키(長崎) 초입에 있는 작은 섬에 상륙하는 것이 허락되었습니다. 그런데 네덜란드인들은 일본인들의 강요에 못 이겨, 그리고 돈벌이에 혈안이 되어 끔찍한 신성모독을 저질렀습니다. 그래서 이 섬사람들은 그들을 그리스도교인이 아니라고 믿게 되었습니다. 중국인들이 이들 섬에 정착하는 것도 금지되었습니다. 단, 그 어떤 그리스도교인도 데려오지 않는다는 조건하에 중국인들이 무역을 하기 위해서 몇몇 섬에 접근하는 것만은 허락되었습니다. 이 사실들은 틀림없는 것 같습니다. 이 고약한 법들은 아직도 엄격히 지켜지고 있습니다. 1820년이든가 1822년이든가 러시아 황제가 일본에 사절단을 파견했습니다. 많은 우여곡절 끝에 두세 달을 지체한 후에야 이들에게 상륙 허가를 내주면서 일본은 러시아인들에게 다음과 같은 전갈을 보냈습니다. "우리는 당신들 나라와 우호 관계도 동맹 관계도 원하지 않소. 우리는 당신들이 주는 선물들을 받을 수 없소. 우리도 당신들에게 그 선물에 대한 대가를 지불해야 할 것이니 말이오. 우리는 그리스도교 왕족과는 결코 그 어떤 것도 공유하지 않기로 결정했소." 정확한 표현은 기억나지 않지만, 이것이 그들의 유일한 답변입니다.

일본인들이 중국인들 중에 그리스도교인이 섞이는 일이 없도록 하려고 짐짓 이들에게 미신 행위들을 강요하는지의 여부는 잘 모르겠습니다. 또한 이것이 사실이라고 가정하면, 일본인들이 중국 배를 정찰하러 갈 때, 또는 선원들이 하선할 때 이런 미신 행위를 강요하는지에 대해서도 우리는 모릅니다. 중국 배에 선교사를 태워 보내기 전에 이 점에 대해 자세히 조사해 보아야 할 것입니다. 이렇게 미리 대비하지 않는다면 선교사를 여지없이 죽음으로 내모는 것이 될 것이고, 이런 죽음은 선교에 무용한 일입니다. 조선은 내가 볼 때 이런 불리한 상황은 아닌 것 같습니다. 이 작은 반도의 동남쪽에는 정착한 일본인들이 있습니다. 그들 중 몇 사람을 개종시킬 수도 있고, 그들을 통해서 몰래 일본으로 들어가는 길을 알아볼 수도 있을 것입니다. 그런데 나가사키 주변 섬들에 아직도 신자들이 있기는 한 것일까요? 있다면 어디에 있을까요? 누가 선교사를 그들에게까지 안내할까요? 이것들은 모두 대답하기 어려운 질문들입니다. 『교훈이 되는 새 서한집』[3] 속에 들어 있는 드 쇼몽(De Chaumont) 신부에 관한 얘기를 보면, 일본에 교우들이 있다는 사실이 믿어집니다. 드 쇼몽 신부가 중국 푸젠에 있었을 때 한 일본인의 집에서 『하느님의 어린양』 한 권이 발견되었습니다. 정부는 그 집의 기둥뿌리까지 뽑아버리라는 명령을 내렸습니다. 거기 살던 일본 사람들을 처형시켰는지 여부는 잘 모르겠습니다. 드 쇼몽 신부는 중국인 전교회장 한 명을 그곳으로 보낼 결심을 했었는데, 마침 그때 그는 파리외방전교회 신학교 교수로 임명되어 파리로 가게 되었습니다.

---

[3] 인도나 중국 등지에서 활동하던 선교사들이 쓴 서한을 수록하여 간행한 서한집(샤를르 달레 지음, 안응렬·최석우 역주, 『한국 천주교회사』 '중', 225쪽의 각주 32)

그가 소환되는 바람에 이 계획은 무산되었습니다.

지난 세기에 코친차이나(Cochin-China, 프랑스 식민지 시절의 남부 베트남)와 다른 지역에 자칭 일본의 선교사라고 하는 사람들이 나타났습니다. 그들은 매우 엄격히 비밀을 지켜줄 것을 요구했습니다. 나는 그들 중 한 사람이 다드랑(D'adran) 주교에게 호소하여 제의 몇 벌을 부탁했던 것으로 압니다. 그러니 어찌됐든 일본에 아직 교우들이 남아 있을 가능성은 있습니다. 현재 교우들이 조금 남아 있으며 신입 교우들이 생겨날 수 있다는 것을 증명해주는, 최근에 일어난 일 한 가지를 여기 소개합니다.

4년 전쯤, 일본 배 한 척이 마닐라의 루손 섬 해안에 침몰한 적이 있습니다. 선원들 일부가 구조되었는데, 내 기억이 맞다면 그들은 20여 명에 이르렀습니다. 사람들은 그리스도교가 불행한 사람들을 향해 쏟으라고 하는 사랑과 자비로 그들을 돌봐주었습니다. 일본인들이 이른바 미신적으로 받드는 성물(메달)을 몸에 지니고 있는 것을 보고, 사람들은 그들에게 물었습니다. 이 형상들이 무엇인지? 무엇을 의미하는지? 그러나 만족할 만한 어떤 대답도 얻어내지 못했습니다. 그들에게서 알아낼 수 있었던 것은 그들의 조상들로부터 물려받은 것들이라는 것 뿐입니다. 어쨌든 사람들은 그들이 그리스도교에 대해 전혀 아는 바가 없다는 것을 깨닫고, 그들에게 교리를 가르쳤습니다. 세 명을 제외하고 모두가 세례를 청했습니다. 그들은 일본 백성이 아직도 유럽인들의 종교(그리스도교)에 대한 기억을 갖고 있다는 것을 확인시켜주었습니다. 일본 국민은 그리스도교가 금지된 것을 매우 비탄스러워하며 자국에 다시금 복음이 전파되기를 희망한다고 했습니다. 그러나 일본 황제와 각료들은 이에 반대한다는 것입니다. 이상이 그들의 보고 내용입니다.

필리핀 사람들은 일본인들에게 고향으로 돌아갈 방법을 제공했습니다. 사람들이 그들로부터 다른 정보들을 얻어냈을까요? 그것은 모르겠습니다. 이 사실은 마카오에 있는 교황청 포교성성 경리부장 신부가 내게 보고했던 내용이며, 이것은 이 일본인들과 같은 시기에 마닐라에 있었던 한 젊은 중국 신부가 타타르에서 내게 확인시켜준 것입니다. 이 중국 신부는 그들을 보았습니다. 나는 그가 글로 써서든 통역을 통해서든 그들과 대화를 했다는 사실을 믿기까지 합니다. 아주 최근에는 또 다른 일본 배 한 척이 마카오 해안에서 난파했습니다. 우리는 그들에게 그리스도교를 가르치고자 했으나 너무나 서툴게 행동하는 바람에, 이 운 없는 사람들은 잠시 오류에서 벗어났다 싶더니 다시 오류에 푹 빠져서 고향으로 되돌아갔습니다. 하느님께서 선교의 성공을 거두라고 섭리하신 것으로 보이는 사건을 우리는 잘 활용하지 못했습니다.

내 이야기의 주제에서 좀 멀어지기는 했지만, 나는 이 짧은 이야기가 일본 열도를 그리스도교로 다시 개종시키려는 열망으로 가득 찬 선교사들에게 기쁨을 안겨주리라 믿습니다. 만일 일본이 그리스도교화된다면, 근래 이단들로 말미암아 천주교가 입은 막대한 손실을 일부나마 만회할 수 있겠습니다. 우리는 결코 실망해서는 안 됩니다. 모든 사람이 구원받고 그리스도교에 귀의하기를 원하시는 자비로우신 하느님께 드리는 열렬한 기도는 지극히 효과적입니다. 전교후원회 회원들의 소박하면서도 열렬한 간구는 이러한 기적을 얻어낼 것입니다. 이런 계획을 실행에 옮기는 것이 연약한 인간에게는 어쩌면 불가능하겠지만, 하느님께는 모든 것이 가능합니다.

1834년 8월 31일, 나는 모방 신부로부터 긴 편지 한 통을 받았습니다. 그는 매우 장황한 논조로 조선 교우들이 우리에게 오지 않는 이상 우리가 그들이 있는 곳으로 찾아가야 한다는 것을 증명하려고 애쓰고 있었습니다. 그의 계획에 따르면, 국경 지대에 정착해야 한다는 것입니다. 그리고 지역을 잘 조사한 다음, 만일 협상을 통해 집을 차지할 수 없으면 억지로라도 빼앗아야 할 것이라는 것이었습니다. 모방 신부는 자신이 제일선에서 공격을 감행하겠다고 하며 샤스탕 신부에게 자신의 뒤를 따를 것을 권했지만, 샤스탕 신부는 그 같은 용기를 내지 않았습니다. 그로서는 전에 좀 서둘러 만주로 갔던 점, 부질없이 부딪혔던 위험들, 그리고 돌아와서 겪은 불쾌한 일 등이 경험이 되어, 조금은 지나치게 뜨거웠던 자신의 열정을 가라앉혔던 것입니다. 그는 모방 신부에게 이렇게 답장을 보냈습니다. "저는 신부님이 가시려고 하는 곳에서 돌아오는 길입니다. 그래서 그곳에 대해 어떤 마음가짐을 가지고 접근해야 하는지 알고 있습니다. 빈첸시오 아 바오로 성인의 표현을 빌리겠습니다. 하느님의 섭리를 앞질러 가지 맙시다. 조선 사람들이 오기를 기다립시다. 그들은 조만간 베이징으로 올 것입니다. 성공할 희망이 어느 정도 있다면 내가 앞장서서 다시 행군에 나서겠습니다."

나는 모방 신부의 계획에 대해 산시 주교와 그의 선교사들 중 한 사람에게 자문을 구했습니다. 산시 주교는 이와 같이 중요한 일에 있어서는 일반적인 길을 밟아야 하며, 교회 당국이 명령 혹은 승인한 경우, 혹은 하느님의 계시를 분명히 느낀 경우에만 특별한 방법을 써야 할 것이라고 대답했습니다. 이 의견은 현명해 보였습니다. 그래서 그처럼 중대한 상황에서 해야 할 일이 무엇인지를 알아보기 위해서 로마에 편지를 썼습니다. 내가 볼 때 모방 신부가 제안한 방책은 신중을 기울여 짜낸 모든 방법이 아무런 소용도 없게 되었을 때 비로소 택할 수 있는 최후의 방책입니다. 모방 신부는 뒷날 내게 자신의 계획에 대해 자세히 설명해주었습니다. 그것은 실행에 옮길 만한 계획처럼 보였습니다.

1834년 9월 8일, 죽은 것으로만 여겼던 요셉이 돌아왔습니다. 그는 120일이나 노상에 있었습니다. 그는 맡은 바 임무를 최선을 다해 완수했습니다. 그의 보고는 이러했습니다.

"서부 만주에서 조선까지 가는 길이 하나 있습니다. 만리장성은 늘 파수꾼이 지키고 있기는 하지만 문을 통해서 갈 수도 있고, 성벽이 무너진 틈으로 빠져나갈 수도 있습니다. 제가 서부 몽골에, 주교님께서 안전하게 계실 수 있는 장소를 두 곳 찾아놓았습니다. 교우들은 주교님을 받아들이는 데 동의하고 있습니다. (이들 지역은 프랑스 라자로회 회원들의 관할입니다.) 그러나 동부 만주(랴오둥)에서는 어떤 교우도 주교님을 받아들이고자 하지 않는 것 같습니다. 서부 만주에는 넓은 황야들이 있습니다. 이곳은 사람이 거의 살지 않으며 나그네들에게 위험합니다. 나그네들은 이 지방에 득실대는 도적 떼에게 약탈당할 위험을 무릅쓰고 다닙니다. 우리 앞에 가던 작은 대상 두 패가 약탈당했지만, 하느님께서는 이런 불행으로부터 우리를 지켜주셨습니다. 이 약탈자들이 우리를 알아보지 못했던 것입니다. 조선 국경까지는 들키지 않고 무사히 갈 수 있고, 조선 왕국 안으로 잠입할 수도 있습니다. 이미 그런 적이 있는 중국인들과 얘기도 나눴습니다. 저는 만주 국경 끝에 있는 중국 관문(펑후앙성 비엔민)까지 갔었습니다. 보초들의 경계는 흩뜨려 놓을 수 있습니다. 중국 관문과 조선의 제1 관문 사이에는 120리가량 되는 황야가 있습니다. 이 황야를 가로지르는 강(압록강)이 하나 있는데, 이 강은 연중 두 달은 얼어 있습니다. 이 황야에는 그 누구도 거주할 수 없습니다. 중국인들과 조선 사람들은 (압록)강에서 낚시를 할 수 있습니다. (조선으로 들어가는 또 하나의 방법이 되는 것입니다.) 그리고 해마다 정기적으로 장이 세 번 서는데, 그 첫 번째 장은 음력 3월, 두 번째는 음력 9월, 세 번째는 음력 11월에 섭니다. 이들 장은 중국 관문의 이쪽에서 섭니다. 두 나라 사람들은 며칠 동안 여기를 자유롭게 드나들고 거래할 수 있습니다. 또 다른 장들이 몇 있지만 그 수와 시기는 일정하지 않습니다. 이 장들은 조선의 왕이 요청하고, 이를 중국 정부에서 인가했을 때만 열립니다."

이 젊은이는 돌아오는 길에 베이징을 지나왔는데, 베이징 시 초입에서 그의 일행이 가지고 다니던 얼마 안 되는 옷가지들을 도둑맞았습니다. 주교관에 머물게 된 그를 사람들은 비아냥거리면서 괴롭혔습니다. 하인들과 사제들, 모두가 그를 웃음거리로 만들었습니다. 그는 "흠, 그대의 여행이 운 좋게 성공했군그래. 조선 사람들이 그대를 맞을 준비가 되었으니 말일세" 하는 말을 들어야 했습니다. 주교는 그의 처지를 가엾게 여기며 말했습니다. "유감이로구나. 어째서 너는 희망도 없는 일에 헛되이 애를 쓰는 것이냐?" 그러나 이 불굴의 여행자는 다음과 같은 답변으로 모두의 입을 다물게 했습니다. "심부름꾼은 어떤 계획의 성패에 대해서는 책임이 없습니다. 저는 갑사 주교님께 속한 사람입니다. 저는 그분의 명령을 따름으로써 제 임무를 수행하고 있습니다." 하인들은 그를 마구간 같은 곳에 묵게 하고는 밤이 될 때까지 굶겼습니다. 그는 주교에게 호소해서 결국 형편없는 식사라도 구해야만 했습니다.

그가 떠날 때, 주교가 그에게 다음과 같이 물었습니다.

"산시로 돌아갈 만한 돈은 가지고 있느냐?"

"네, 주교님."

"그거 다행이구나. 네가 돈이 없다고 해도 네게 돈을 주지는 않을 터."

니는 곧바로 교황청 포교성성과 움퍼에레스 신부 앞으로 편지를 써서, 우리의 일이 비탄스런 지경에 처한 것을 알렸고, 조선 사람들이 내린 이해할 수 없는 결정을 되돌리게끔 그들에게 편지를 써줄 것을 요청했습니다. 그리고 파치피코 신부에게는 우리를 도와줄 것을 촉구하는 편지를 썼습니다. 산시 주교와 도나타 신부도 같은 목적으로 조선에 편지를 썼습니다. 나도 역시 조선 사람들에게 편지를 보냈건만, 이 편지는 1835년에야 그들에게 전달되었습니다. 결국 나는 난징 주교에게 다음과 같이 호소했습니다.

"우리의 계획이 성공하리라는 희망을 버려서는 안 됩니다. 주교님께서는 이토록 중요한 일이 성공할 수 있도록 힘껏 나를 돕겠노라고 늘 약속해주셨습니다. 여기 좋은 기회가 왔습니다. 주교님께서는 하신 약속을 지키실 것이라고 확신하는 바입니다. 조선 사람들은 곧 베이징으로 올 것입니다. 그들은 주교님을 크게 신뢰하고 있습니다. 그들은 주교님께서 하라시는 것이면 뭐든지 할 것이라 확신합니다. 제가 곧 타타르로 갈 가능성이 있는 바, 주교님께 청하옵건대, 선교사가 부재중일 때 제가 제 안내자들에게 고해성사를 베푸는 것만이라도 허가해주십시오." 두 번째 사항에 대해서는 아무런 대답이 없었습니다. 첫 번째 요청의 경우라고 더 나은 대응이 있었던 것은 아니었습니다. 조선 사람들이 왔지만 주교는 그들에게 나의 일에 대해서는 한마디도 하지 않았습니다. 내 생각입니다마는, 주교는 내가 당신을 크게 신뢰하지 않았다고 여긴 모양입니다.

   1834년 9월 17일, 나는 요셉을 베이징으로 다시 보냈습니다. 파치피코 신부를 국경까지 수행했던 안내자가, 조선 교우들은 음력 11월이 아니라 음력 9월에 올 가능성이 더 크다고 내게 자신 있게 말했습니다. 이 소식도 있고 또 다른 이유들이 있어서 나는 서둘러 타타르의 시완쯔로 떠났습니다. 그곳에서는 베이징이 더욱 가깝고, 조선 사람들과 접촉할 가능성이 더 있었습니다. 나는 쉬에 신부로부터 초대를 받은 상태였고, 또한 이들 선교지 전체의 장상인 토레트 신부의 승인이 내게 떨어진 상태였습니다.

제11장 산시 출발

1834년 9월 22일, 나는 내게 자비와 온정의 확실한 증거들을 보여준 산시 주교(Salveti)와 도나타 신부에게 하직을 고했습니다. 산시 주교는 내게 주기 위해 상당한 액수의 돈을 빌리려고 했습니다. 나는 주교가 처해 있는 어려움을 더 가중시키지나 않을까 하는 우려 때문에 그의 관대한 선심을 애써 사양하며 이렇게 말했습니다. "제가 필요한 상황에 처하면, 그때 주교님께 청하겠습니다." 그럴 상황이 내게 곧 닥쳐왔고, 주교는 당신이 하신 약속을 지켜주었습니다.

내가 이전에 했던 여행이 고통스럽고 고달팠던 만큼, 이번 여행은 즐겁고 수월했습니다. 나는 도중에 교우 몇 명을 만났습니다. 이 착한 사람들은 도움을 주고자 노력했습니다. 그들은 내가 여행길에서 지출한 것 이상을 내게 주었습니다.

29일, 제법 높았지만 사람들이 내게 겁을 준 만큼 위험하지는 않은 산을 하나 오른 다음에, 우리는 만리장성 이전의 성벽을 만났습니다. 이 성벽은 대형 중국 지도에 지선들로 표시되어 있습니다. 그런데 만리장성 남쪽에 구불구불한 선으로 표시된 이곳은 사실상 큰 구릉에 지나지 않습니다. 지금은 여러 곳에 구멍이 나 있고 무너져 있지만, 예전에는 측면이 모두 벽돌로 덮여 있었습니다. 오늘날엔 이 벽돌들이 모두 떨어져 나가 이곳 큰 구릉까지 닿아 있는 산들의 협곡에는 흙만 남아 있습니다. 여기에는 몇 개의 세관 초소가 있는데, 이것은 밀수를 막기 위해서라기보다는 오히려 여행객들의 금품을 강탈하기 위해서 세워진 것 같습니다. 여행객들은 적게 주려고 하고 세관원들은 많이 받으려는 바람에 가벼운 언쟁이 있기는 했지만 우리는 타협을 하고 우리의 갈 길을 갔습니다. 내가 문젯거리가 되는 일은 전혀 없었습니다.

1834년 10월 7일, 과연 우리는 알지도 못하는 사람들이 그토록 허영을 떨며, 본 적도 없는 사람들이 그처럼 과장되게 묘사하는 만리장성에 드디어 도착했습니다. 이 성벽과 중국의 다른 명승지들은 그림으로나 봐야 그 명성에 금이 가지 않습니다. 이 성벽은 길이가 5,000리가 넘는다는 것 말고는 특이한 것이 없습니다. 만리장성은 구불구불하고, 주로 동쪽에서 서쪽으로 뻗어 있으며, 산시의 북쪽에서는 서남서(西南西) 방향으로 진행됩니다. 이 성벽은 서너 개 지방의 경계를 만드는데, 이 지방 각각이 유럽에서라면 상당히 큰 왕국을 형성할 정도입니다. 이 성벽의 높이는 벌판 지역과 산의 협곡 지역에서는 10-12미터, 산 위로 올라가면 3미터 정도로 요철 모양의 형태를 띠고 있습니다. 산 위의 성벽은 각면 보루 모양의 작은 언덕들을 끼고 있는 구릉에 지나지 않습니다. 그곳에는 보초를 서는 사람은 없었지만, 여행객들의 편의와 세금 징수를 위해 군데군데 출입문들이 있습니다. 바다 근처에는 넘어가기 어려운 초소가 두 곳 보입니다. 모방 신부는 다른 어떤 문으로 이 성벽을 통과했으며, 요셉도 두 개의 다른 문으로 통과한 바 있습니다. 그들의 보고 내용은 나의 관찰 내용과 일치합니다. 이 성벽은 중국과 타타르를 물리적으로 갈라놓고 있습니다. 따라서 남쪽에 있는 산비탈은 중국에 속하며, 북쪽의 것은 타타르에 속합니다. 나는 '장가구(張家口, Changtchakou)' 라고 불리는 문으로 이 성벽을 통과했습니다. 러시아인들이 베이징으로 갈 때 바로 이곳을 통과합니다. 아무도 나를 주목하지 않았습니다. 내게 고용된 사람들은 어쩌면 나와 내 뒤에 올 사람들이 대담해지도록 할 양이었던지 나를 모른 척했습니다. 감시가 엄격해지면 산을 통하거나 세월이 흐르면서 성벽이 무너져 생긴 틈새들을 통해 만리장성을 넘을 수 있을 것입니다.

이 성벽을 건조하도록 한 군주는 진(秦) 왕조의 시황(始皇)으로, 흉노족의 침입으로부터 나라를 지키기 위한 것이었습니다. 모든 지방에서 상당수의 일꾼과 숙련공들을 제공했습니다. 진시황이 자신의 적들에 대해 그릇된 생각을 가지지 않고서는 이 따위 성벽으로 적들을 저지할 수 있다고 믿을 수는 없는 일입니다. 이 성벽은 그 길이가 엄청나서 모든 지점에서 방어하기도 불가능하기 때문에, 결국 쓸모없는 성벽입니다. 중앙아시아 유목민들은 중국의 황제와는 생각이 달랐습니다. 그들은 자신들이 원할 때면 언제든지 이 허술한 성벽을 뛰어넘었고, 결국에는 중국의 주인이 되었습니다. 이렇게 정복이 이뤄지면서 이 제국의 경계선들은 이 성벽 너머로 아주 멀찌감치 물러나게 되었습니다.

　진시황은 모든 서적을 불태우게 하고 모든 선비들을 처형했습니다. 들리는 말로, 이 학자들은 산 채로 목까지 매장당했고, 황제는 이들의 머리 위로 쟁기가 지나가도록 명령했다고 합니다. 황제는 모든 문학적, 역사적 지식의 시대가 자신의 통치 기간을 원년으로 하기를 원했던 것입니다. 세인들은 이러한 유혈 조치에는 잔혹함만큼이나 정책적인 동기가 있었던 것으로 생각합니다. 황제는 문인들을 국가에 해로울 뿐더러 자신에게도 위협적인 존재들로 간주했던 것입니다. 중국 제국의 설립을 그토록 먼 옛날로 거슬러 올라가도록 하는 그 허구적 연보가 나온 것은 바로 이 시기에서 비롯됩니다. 즉 역사적인 기념물들이 파괴되는 바람에, 진시황 사후에는 불확실한 전설에 의존해서 역사를 기술했던 것입니다. 경이로운 것에 대한 애정과 국가적인 오만함 때문에 불확실한 것들을 확실한 사건들로 탈바꿈하게 되었던 것입니다. 중국 선비들은 이 연보를 하찮게 봅니다. 중국 선비들이 확실한 역사적 사실로 간주하는 사건 사료들을 역사 비평적으로 검토해 본다면, 중국은 기원전 4000년경에 성립되었습니다. 70인 역 그리스어 구약성경 연보를 채택한다면 노아 대홍수 훨씬 이후로, 히브리어 텍스트와 예로니모의 라틴어 역 성경의 연보를 따른다면 노아가 세나르(Senaar) 평야로 내려간 얼마 후까지 중국 역사는 거슬러 올라갑니다. 이 연보는 아주 불가능한 것이 아닙니다. 그러나 선비 감투를 탐내는 고약한 신성모독자들은 건전한 상식을 부인하고—이것이 가능하기나 하면 말이지요—지각 있는 사람이라면 도저히 인정할 수 없는 저 허구적 전설에 의존합니다.

제12장 시왼쯔 도착 I

1834년 10월 8일 나는 타타르의 시왼쯔에 이르러, (1833년 4월 23일) 푸젠을 떠난 뒤로는 만날 수 없었던 모방 신부를 만났습니다.

시왼쯔는 꽤 큰 마을로서 주민 거의 대부분이 교우입니다. 이 신입 교우들은 열심인 사람들입니다. 이들은 사제들을 좋아하고, 우리를 만나는 것이 즐거운 듯합니다. 그들에게는 성당이 하나 있었는데, 이 건물은 죽은 황제가 교우들을 유배지로, 선교사들을 형장으로 보냈던 그 시기에 세워졌습니다. 이 성당은 금새 너무 좁아져 버렸습니다. 이들은 지금 이보다 훨씬 더 큰 성당을 짓고 있는데, 조만간 완성될 것입니다. 이 신입 교우들은 매우 가난하기는 하지만, 타지의 부유한 많은 본당들이 해낼 수 없는 공사를 자발적으로 낸 자신들의 기금과 동료들의 헌금으로 해내고 있습니다. 새 성당은 백련교도들이 산시 지방에서 한 관리를 교살했던 바로 그 시기에 건축되기 시작했는데, 이 반란의 여파로 시왼쯔 구역에 있는 교우들도 박해를 받았습니다. 이 불행한 사건은 아직도 끝나지 않았습니다. 그럼에도 사람들은 곧 평화가 회복되기를 희망하고 있습니다. 이것에 관해서는 적당한 시기에 언급하겠습니다. 내가 볼 때, 선교사에게는 시완쯔가 안전한 곳 같습니다. 중국과 몽골에 복음을 전하는 사제에게 안전한 장소가 있다고 굳이 말할 수 있다면 말입니다.

쉬에 신부는 바로 그곳에 예비 신학교를 세웠는데, 토레트 신부가 마카오에 세운 (성 요셉) 신학교에 학생들을 공급해주고 있습니다. 이 학생들 중에 신앙과 성직에 대한 소명이 뛰어난 학생이 한 명 있습니다. 그는 산시 지방의 외교인 부모에게서 태어났습니다. 그는 교우 상인의 가게에서 점원으로 있었습니다. 이 젊은이는 자신의 주인이 자신이 갖고 있던 종교와는 다른 어떤 종교에 대해 가르치고 있다는 것을 금세 알아차렸습니다. 그는 교리를 공부한 후 부모의 반대를 무릅쓰고 세례를 받으려고 했습니다. 성가시게 굴고 괴롭히는 부모한테서 확실하게 벗어나기 위해서 그는 부모를 떠날 결심을 했습니다. 그는 산시 주교관(山西省 長治 소재)으로 가라는 제의를 받았지만, 그리하면 자기 가족과 아주 가까이 있게 되는 셈이고, 그렇게 되면 자신이 믿는 종교가 고발을 당해 위태롭게 되리라는 현명한 판단을 내렸습니다. 그래서 그는 망명할 것을 결심했습니다. 그는 타타르에 세워진 신학교에 대한 얘기를 들은 적이 있었으나, 2,000리나 떨어진 곳에 있었고, 가는 길도 알지 못했습니다. 그래도 그는 대충 설명을 듣고 나서 길을 떠났습니다. 집 밖으로는 나가 본 적이 없었던 이 젊은이는 곧 길을 잃었으나, 하느님의 섭리로 시완쯔와 그리 멀지 않은 곳으로 가고 있던 한 남자를 만나게 되었습니다. 그는 이 남자를 길잡이로 삼아 다행히도 쉬에 신부의 신학교까지 오게 되었습니다. 그는 현재도 이곳에 있습니다. 이 젊은 신입 교우는 대단히 열심입니다. 용모도 관심을 끕니다. 그는 성격이 부드럽고 예의가 바르기 때문에 그를 만나는 사람들은 금세 그를 좋아하게 됩니다. 현재 그는 성직자가 되기 위해 공부를 하고 있습니다. 그가 시작했을 때와 같은 마음으로 종교적 행로를 계속 이어가면 좋겠습니다. 그렇게 되면 라자로회 회원들에게는 좋은 선교사가 한 명 더 생기는 것이 될 것입니다.

내가 있는 네이멍구 지역은 지독하게 춥고 가난한 고장입니다. 시완쯔는 위도 41도 30분에 지나지 않아, 프랑스의 어느 도시보다 더 남쪽에 있지만 폴란드만큼이나 춥습니다. 이토록 건조한 기후에서는 거의 감지되지 않기는 하지만, 8월 말쯤에 이미 서리가 내리기 시작합니다. 작년 9월 8일에 이곳은 꽁꽁 얼었습니다. 햇빛이 거의 비추지 않는 골짜기에는 일 년 내내 얼음이 있습니다. 그렇지만 이 지방은 바다에서 600리 정도밖에 떨어져 있지 않으며, 가장 높은 산이라 해도 400에서 500미터를 넘지 않습니다. 골짜기를 따라가면 베이징에서 시완쯔까지 거의 산에 올라갈 일이 없습니다. 겨울에는 이곳, 특히 이 근방의 온도는 영하 30도까지, 때로는 그 이하로까지 내려갑니다. 그래서 독한 포도주를 제외한 모든 액체가 얼어버립니다. 나는 사람들로 꽉 차 있는 소성당에서 미사를 드리곤 했습니다. 때로는 제대 옆에 두 개의 장작불을 지피고, 미사주는 뜨거운 물이 든 병에 담가 두었습니다. 이렇게 대비를 해놓아도 미사주와 물병이 얼지 못하게 하는 데 힘이 미치지 못할 때가 있습니다. 아주 추울 때는 어떤 금속에도 손을 댈 수 없습니다. 손이 축축하기만 하면 이내 물건이 손가락에 착 달라붙어서, 그것을 떼어내려면 이따금 살갗이 떨어져 나가기도 합니다. 밖으로 나가 잠시 있으면, 숨쉴 때 나오는 입김이 턱수염과 콧수염에 얼어붙어 손가락 굵기 정도의 고드름이 생깁니다. 여행을 하려면 어깨 위로 내려오는 모피가 달린 두건 같은 것으로 코와 귀를 덮어야 합니다. 이렇게 대비를 하지 않으면 코와 귀가 달아나 버릴 지경에 이를 수가 있습니다. 하지만 이렇게 감싼다고 하더라도 콧수염의 털이 턱수염의 털에 붙어버리기 때문에, 입은 열쇠로 채운 것처럼 되어버리고 맙니다. 그래서 입보다는 코로 숨을 쉽니다. 내가 여기에서 얘기하는 모든 것은 나의 체험과 다른 사람들의 체험에 바탕을 둔 것입니다. 내가 적도의 더위에 있다가 갑자기 이렇게 추운 기후로 옮겨왔기 때문에 추위를 더 탔을 수도 있겠지요. 하지만 저는 기온의 변화로 무슨 특별한 이상을 느끼지는 않습니다. 우리는 항상 머리에서 발끝까지 가죽으로 덮어쓴 상태이고, 하늘은 늘 맑고 태양은 이글거리기 때문에, 강도 있는 추위를 거의 감지하지는 못합니다. 그럼에도 모방 신부와 요셉은 혹독한 기후에 반응을 조금 보였습니다. 그들은 온도가 영하 20에서 30도를 오르내리는 동안 내내 앓았습니다.

다음은 연중 월별로 나타나는 추위의 증감 정도입니다.

9월	영하 3도-4도
10월 20일-22일	영하 9.5도
11월 말	영하 14.5도
12월 31일	영하 23.2도
1월 7일	영하 26도 정도.
	시왼쯔 근방 지역은 영하 30도, 가끔은 그 미만.
2월 중순	영하 20도

3월 18일-20일   영하 17도 정도

4월 15일   영하 13도

5월 8일   영하 10도

6월 7일   영하 3.25도. 6월 20일에는 온도계가 최소 0도는 가리켰을 것입니다. 내가 직접 관찰하지는 못했습니다. 온도계가 없었거든요.

7월은 내내 시원하고 비가 왔습니다.

8월 말에는 내가 볼 때 온도계가 0도를 가리키고 있는 듯했습니다.

9월 25일-28일에는 혹독하게 얼어붙은 날씨였습니다.

여름 끝 무렵에서 2월 중순까지는 하늘이 대체로 맑고 공기는 아주 깨끗합니다. 추위가 심할 때면 대기가 하늘 꼭대기에서도, 서쪽 지평선에서도 똑같이 푸른빛을 띱니다. 프랑스 같으면 제일 화창한 날에도 거즈 같은 것으로 지평선 끝을 둘러싸고 있을 그 옅은 구름 혹은 그 희끄무레한 연무가 여기서는 전혀 보이지 않습니다. 비바람을 막아주는 안온한 곳에 있으면 햇볕이 뜨겁습니다. 얼음이 조금 녹아도 공기는 여전히 냉랭합니다.

일교차를 보자면 일출 시 온도계가 영하 23도를 기록할 때, 정오에 음지에서는 영상 11.5도, 양지에서는 낮 12시 45분에 영상 27도로서, 음지와 양지의 차이가 15.5도이고, 아침 7시와 오후 1시의 차이는 50도입니다.

다른 관측 내용을 소개하면 아침 7시에 영하 26도일 때, 정오에 음지에서는 영하 17.5도, 양지에서는 영상 19.5도입니다. 그러니까 아침부터 정오까지의 차이가 음지에서는 8.5도이고, 아침부터 오후 1시까지 양지에서 나타나는 차이는 45.5도입니다.

11월 말에서 4월 1일까지 시완쯔 앞을 흐르는 작은 시내를 건널 때는 빙판 위를 지나게 됩니다. 땅은 5월(?)까지도 얼어 있습니다. 지난겨울이 예년 겨울들에 비해 아주 포근했다고 하는데 다른 사람들도 모두 같은 생각입니다. 예년 겨울이 더 혹독했다고 하니 그 추위의 강도가 어떠했겠습니까! 타타르 주민들은 (추위를) 겁내지 않습니다. 기온이 영하 16도나 18도에 머무르는 한, 그들 말로는 추운 날씨가 아닙니다. 다만 시원할 뿐입니다. 우리가 성무일도를 올렸던 소성당들은 너무 작아서, 일부 신자들은 마당에서 미사를 드릴 수밖에 없었습니다. 혹독한 추위에도 한 시간 반이나 두 시간 동안 눈이나 얼음 더미 위에 무릎을 꿇고 있는 남녀 교우들을 볼 때면 몸이 오싹해집니다. 즈리에서는 밤에 거처를 찾지 못한 거지들이 눈 속에서 몸을 웅크립니다. 과연 북쪽 지방에서는 눈 밑의 온도가 지표면에 비해 높다는 사실이 경험으로 입증되는 듯합니다. 프랑스에서도 이런 경험을 할 수 있을는지는 모르겠습니다.

동물들도 이러한 기질을 공유하는 듯합니다. 짐바리 짐승들과 그 외 다른 가축들은 외양간도 마구간도 비바람막이 거처도 없습니다. 날씨가 아무리 추워도 이 짐승들은 언제나 뻥 뚫린 한데서 노숙합니다. 이들은 추위를 느끼지 않습니다. 심지어 더 강인해진다고까지 하겠습니다. 그런데 이 짐승들은 반대로 그리 심하지 않은 여름의 더위에도 쇠약해집니다. 자연은 이런 불편한 점을 미리 예상했나 봅니다. 이 동물들에게 두 겹의 털을 제공한 것입니다. 이 짐승들은 모두 길고 두껍고 곱슬거리는 털로 뒤덮여 있습니다.

봄에 눈이 내리는 일은 드물며, 내린다고 해도 아주 조금씩 내립니다. 공기는 겨울만큼 맑지 않습니다. 엷은 안개가 자주 끼는데, 그것이 태양

광선들을 굴절시키고 사방으로 반사하기 때문에 시야를 가립니다. 이로 인해 하늘은 마치 무광택 유리와도 같습니다. 때로는 북서풍이 매우 강하게 부는데, 이것은 먼지 회오리를 일으켜서 두터운 구름이 낀 것처럼 만들기도 합니다. 여름은 비가 더 많이 내리는 계절입니다. 야외의 그늘진 곳의 온도는 30도에서 32도까지 올라갑니다. 드물기는 하지만 실내 온도가 26도나 27도까지 올라가기도 합니다. 음지에서 혹한과 혹서의 차이는 60도에 이릅니다.

타타르 지역에 있는 산들도 중국의 산들처럼 음산합니다. 작은 골짜기들이나 협곡 및 계곡에는 몇 그루의 관목과 야생 과일나무가 있기는 하지만 주민들은 그것을 활용할 줄 모릅니다. 이들이 땔감으로 쓸 수 있는 것은 이 관목과 마른 풀들뿐입니다. 탄광이 있기는 하지만 정부가 석탄 채취를 허락하지 않습니다.

경작하는 땅에서는 약간의 밀, 귀리, 메밀, 기장과 몇 가지 채소들이 생산되는데, 이 모든 곡식들은 그 생산량이 아주 적습니다. 자주 냉해와 가뭄을 겪는 바람에 일부분은 수확도 하기 전에 죽어버립니다. 가장 잘 자라는 식물은 삼나무입니다. 이것은 그 키가 7, 8척에 이르며, 그 이상 되는 것도 있습니다. 몇 년 전부터는 타타르에서 감자를 심고 있는데, 아주 잘 자라기 때문에 많은 수확을 올립니다. 북미가 원산지인 이 귀한 식물은 엘리자베스 1세 여왕(1558년-1603년 재위)이 통치하던 시기에 한 영국인 선장이 영국으로 가져왔습니다. 이 여왕은 다른 곳에서는 그렇게 오랫동안 천대받던 감자로 만든 음식을 거부하지 않았습니다. 그러던 어느 성탄절에 감자를 곁들인 구운 거위 요리를 먹고 있던 여왕은, 그때 필리페 2세가 영국 왕좌를 전복시키려고 파견한 거대한 함대가 패배했다는 소식을 듣게 되었습니다. 이 승리를 기념해 영국인들은 매년 성탄절이면 감자를 곁들인 구운 거위를 식탁에 올린다고 합니다. 이 유용한 감자는 곧 프랑스로 건너갔고, 이어서 전 유럽으로 전파되었습니다. 최근에 러시아에서 몽골로, 그리고 중국 북부로 건너왔습니다. 이것은 빵과 쌀을 보충해주는 식품입니다.

시완쯔가 있는 몽골 지방에서 땅을 경작하기 시작한 것은 90년밖에 되지 않았습니다. 추위가 심하기는 하지만 예전보다는 덜합니다. 30년 전에는 파종도 할 수 없던 낟알들을 오늘날에는 파종합니다. 황무지 개간이 증가함에 따라 이에 비례해 추위가 완화된다는 것은 다 아는 사실입니다. 경작된 땅은 황무지보다 열을 더 잘 보존하고 햇볕을 더 잘 흡수하기 때문입니다. 그리스인들은 트라키아 지방에서, 로마인들은 갈리아 지방에서 이러한 관찰을 한 바 있습니다. 이들 지역과 비슷한 곳이 오늘날엔 덴마크나 스웨덴 정도에 해당될 것입니다.

내가 이미 꽤 오랫동안 머무른 바 있던 몽골과 만주 지역에 대해 이렇게 간단히 설명하고 보니 이 고대 국가에 대한 나머지 이야기들을 하지 않을 수 없습니다. 고대인들은 타타르인들을 통칭 스키타이(Scythai)라고 했습니다. 중국인들은 타타르인들을 세 종족으로 구분합니다. 그들은 만주족, 몽골족, 그리고 그들이 훈족 또는 후에후라고 부르는 서부 이슬람교 위구르족입니다. 만주족과 몽골족은 만리장성 너머에 있습니다. 만주족은 북동쪽에, 몽골족은 북서쪽에 있는데, 그들은 모두 라마교를 신봉합니다. 만주족은 랴오둥에 거주하고, 중국인들은 이 지방을 관외라고 부릅니다.

현 왕조가 통치한 이래 만주족 타타르인들, 아니 모든 만주인들은 외형상으로는 중국인들과 별반 다르지 않습니다. 다만 눈이 더 튀어나왔고, 피부색은 구릿빛이 도는 붉은색을 띱니다. 그들에게는 고유의 다음절 방언이 있습니다. 중국어에는 없는 자음 r 이 있습니다. 중국인들처럼 위에서 아래로, 오른쪽에서 왼쪽으로 글을 쓰지만 만주족 고유의 글자가 있습니다.

  만주족과 몽골족은 그들이 지금 점령하고 있는 나라를 늘 지배해왔을까요? 꼭 그렇다고 말하지는 못하겠지만, 내가 어디선가 본 것 같은데, 이들 종족들은 아시아의 또 다른 지역 출신입니다. 시간이 흐르면서 그들은 서로 분리되었습니다. 만주족은 한 명의 우두머리만을 두었고, 땅을 경작하며 살았습니다. 반면에 몽골족은 여러 명의 우두머리, 즉 여럿의 칸(Khan)이 있었습니다. 몽골족은 중국 황제의 지배 아래서도 아직 같은 통치 방식을 갖고 있습니다. 만주족은 이웃 민족들보다 더 개화되고 문명화되어 있습니다. 중국에게 이들은 오랫동안 공포의 대상이었습니다. 명 왕조의 제3대 황제인 영락제(永樂帝, 1402년-1424년 재위)가 제국의 수도를 난징에서 베이징으로 옮긴 것은 몽골의 침입에 더욱 강력히 맞서기 위함이었습니다. 만주족은 오늘날 청 왕조란 이름으로 중국을 통치하고 있는데, 190년 전부터 여섯 명의 황제가 즉위했습니다. 즉 순치, 강희, 옹정, 건륭, 가경, 도광이 바로 그들입니다. 청나라가 개국하기 불과 몇 년 전에 어떤 불경한 환관이 자기 주인에 대한 신의를 저버리고 군대를 부추겨 반란을 일으켰습니다. 이 환관은 급기야 이 불운한 황제(명나라 마지막 황제인 숭정제)를 극한 상황으로 내몰아 자기 손으로 직접 딸을 죽이고 스스로 제 목숨을 끊게 했습니다. 이 배반자는 곧 자신의 불경한 행위에 대한 벌을 받았지만 말입니다. 그 당시에는 여러 당파가 형성되어 이 광대한 제국을 휩쓸었습니다.

한 명의 새로운 폭군이 나와서 황제의 칭호를 갈취하고 나면, 그는 곧 자신이 찬탈했던 황권을 빼앗기고 말았습니다. 명 왕가의 왕족들에게 충실했던 한 장군은 명 왕가를 도와서 폭도들을 진압하기 위해 만주족에게 도움을 요청했습니다. 만주인들은 줄달음질하여 왔습니다. 그러고는 온 지방을 황폐화시키고 있던 모든 도당들을 순식간에 물리쳤습니다. 중국인들은 수적으로 우세했을 뿐만 아니라 위치적으로도 우세했습니다. 푸젠성 푸저우 지방의 산 위에 배치되어 모든 길을 차지하고 있었던 것입니다. 그럼에도 불구하고 백만 명이나 되는 중국인들은 팔만 명에 불과한 만주인들에게 패하여 달아났습니다. 나라가 조금 평온해지자 중국 사람들은 만주 타타르인들이 자기 나라로 되돌아갈 것이라 생각했습니다. 그러나 아니었습니다. 그들은 고대 브르타뉴(Bretagne) 사람들이 픽투스인들을 물리치려고 초빙한 앵글로 색슨족 흉내를 냈습니다. 만주족은 자신들이 정복한 중국을 잡고 놓지 않았던 것입니다. 만주족의 왕은 중국 황제로 선포되었고, 이 왕조는 지금까지 계속 중국을 통치하고 있습니다.

역대 황제들은 신하들의 행복만을 생각했습니다. 그들이 거룩한 그리스도교에도 같은 관심을 보였으면 좋을 터인데 말입니다. 종교가 없이는 이 세상에서 진정한 영광도 없고 불멸의 세계에서 행복이란 것도 없는 것입니다.

제3대 황제 순치제(順治帝, 1643년-1661년 재위)와 제4대 황제 강희제(康熙帝, 1662년-1722년 재위)는 그리스도교에 대해 매우 호의적이었으나, 강희제의 아들 옹정제(雍正帝, 1723년-1735년 재위)는 그리스도교를 박해한 첫 번째 사람이 되었습니다. 그 후로 우리 종교는 늘 광폭한 원수들의 표적이 되고 있습니다. 다행히 고관들은 좀처럼 최악의 행위를 실행하지는 않았습니다. 법에 따라서 강희제는 자식들 가운데서 세례를 받은 아들을 후계자로 지명했었다고 합니다. 모든 선교사들은 그리스도교가 세상에서 가장 거대한 제국의 왕좌에 앉는 것을 볼 희망에 가슴이 부풀었습니다. 그러나 옹정제는 협잡을 통해 전반적인 기대를 무너뜨리는 데 성공했고, 예수회 선교사들은 놀란 가슴으로 교우 왕이 아닌 박해자 왕을 대면하게 되었습니다. 옹정제는 차기 황제의 이름을 지명하는 한자에 선을 하나씩 더 긋게 했다고 합니다. 그를 위해 이 일을 한 사람은 다름 아닌 한 근위 대신이었고, 이러한 협잡을 통해 옹정제는 합법적인 황제 대신 자신이 등극했던 것입니다.

몽골족은 유목민입니다. 그들은 고대의 족장들처럼 수많은 무리들과 함께 사막을 떠돌며 천막에서 삽니다. 양식으로는 얼마간의 곡식과 그들이 키우는 가축의 고기뿐입니다. 그들은 양과 말의 젖을 마십니다. 뤼브레키(Rubréquis) 기록에 따르면, 그들은 마유를 발효시켜 독한 알코올 음료와 섞어 마시는 것을 엄청나게 좋아합니다. 서북서 방향으로 죽 가다 보면 낙타, 당나귀, 말, 소, 노새 등 중앙아시아의 황야를 떠돌아다니는 야생 동물의 무리를 만나게 됩니다. 몽골인들은 이런 동물들 중 몇 마리를 길들이기도 합니다. 그들은 어떤 동물이든 가리지 않고 양식으로 취하는데, 겨울이 되면 말고기를 즐겨 먹습니다. 그들 말로는 말고기가 열이 많은 음식이며 추위를 이겨낼 수 있는 힘을 준다고 합니다. 작년에 그들이 우리에게 스튜 요리된 말고기 한 조각을 가져온 적이 있습니다. 우리 중 한 명이 그것을 먹어보고는, 그리 좋은 맛은 아니라고 평했습니다. 보통 타타르와 중국 북부의 짐바리 짐승은 낙타, 즉 단봉낙타입니다. 이 얼어붙은 황야에는 이 동물이 아주 많이 있습니다. 나는 지금까지 이 동물이 열대 지방에만 있는 것으로 생각했었는데, 잘못 알고 있었던 것입니다. 이 동물은 추위를 전혀 두려워하지 않기 때문에 사람들은 겨울에 이 동물을 데리고 다닙니다. 이 동물에게는 겨울이 여름보다 더 유리한 계절인 것입니다.

만주족과 몽골족 타타르인들은 라마교를 신봉합니다. 몽골족은 너무 더럽고 불결합니다. 그들은 기름기가 묻은 더러운 손가락을 자신의 옷에 닦는 습관이 있는데, 이것은 자신들이 고기를 먹었다는 것을 모든 사람들에게 알리려는 것입니다. 몽골족 타타르인은 자신이 초대한 손님이나 자신을 초대해준 주인에게 경의를 표할 때, 커다란 고기 뼈다귀를 집어 자기가 먼저 뜯어먹은 다음 그것을 상대방에게 줍니다. 그러면 상대방이 그것을 뜯어먹습니다. 그리고 식사가 끝난 후에는 자신을 초대해준 주인의 옷깃 부분부터 시작해 끝자락에까지 자신의 손가락을 닦습니다. 다른 손님들도 그와 같이 행동하는 것이 예의입니다.

라마승들이 신자들보다 더 깨끗한 것은 아닙니다. 이들은 보통 낙타를 타고 무리지어 여행을 합니다. 우리는 여행 중에 그러한 무리들을 꽤 많이 보았습니다. 그들이 입는 정장은 붉은 색의 긴 통옷과 타타르식의 챙 없는 털모자로 구성됩니다. 주지승들은 노란 망토를 걸치고 주교관 같은 것을 씁니다. 하지만 반대 방향으로 얹어놓은 탓에 각진 부분들 중 한 곳은 이마 쪽으로, 다른 부분은 머리 뒤쪽으로 향합니다. 이 모자는 오페라 햇(opera hat)와 비슷합니다. 라마승들은 천주교 수사들처럼 독신 생활을 하며 그들의 사원에서 공동체를 이루어 살아갑니다. 그들에게는 일종의 위계가 있습니다. 각 공동체에는 우두머리가 한 명씩 있지만, 이들도 자신들의 아랫

사람들처럼 대라마승의 통치권 아래 있습니다.

대라마승은 티베트에 거주하고 있습니다. 건륭제(乾隆帝, 1735년-1795년 재위)가 그를 베이징으로 불러들였으나, 현재 그 대라마승(달라이라마) 혹은 그의 후계자는 티베트로 돌아갔을 것입니다. 이 라마승들은 예식을 통해 산에 경배하고, 바로 거기에 사원을 건축합니다. 아마 그런 연유로 그들의 족장이 아시아에서 가장 높은 지역인 티베트에 수도를 세웠을 것이라 생각됩니다. 그들은 영혼의 불멸성과 윤회를 믿습니다. 그들은 사후에 선한 사람은 보상을 받고 악한 사람은 벌을 받는다는 믿음을 가지고 있습니다. 즉 그들은 천국과 지옥의 존재를 인정하고 있는 것입니다. 그들은 불멸하는 위대한 영을 인식하고 있는데, 내가 잘못 알고 있는 것이 아니라면 이 영은 대라마승의 몸속에 존재하며, 그 몸은 신이 거주하는 사원과도 같은 곳입니다. 이 같은 원칙으로부터 그들은 대라마승이야말로 결코 죽지 않는다는 결론을 이끌어냅니다. 대라마승이 나이가 들어서 쇠약해지거나 혹은 거동이 불편한 지경에 이르게 되면, 이 영은 더 힘세고 젊은 다른 육체를 취합니다. 마치 옷을 갈아입거나 하듯 말이지요. 처음 것이 닳고 찢어지면 이 위대한 영은 순간적으로 젊은 라마승의 육체 속으로 넘어가는 것입니다. 이 영은 사원에서 절대 나오는 법이 없는 듯합니다. 라마교 공동체가 크기 때문에, 단 한 번 살펴보고는 그들 가운데서 누가 대라마승이 되었는지를 알아내는 것이 쉽지 않습니다. 그 사람 자신도 이에 대해 전혀 알지 못합니다. 여기 그들이 이용한다고 하는 방법을 소개하겠습니다.

그들은 여러 개의 종을 연속적으로 흔들어대는데, 이 종들 가운데 죽은 대라마승의 것이었던 종이 있습니다. 소리를 듣고 이 종을 나머지 다른 종들과 구별해낼 줄 아는 사람이 대라마승으로 선포됩니다. 사람들은 그를 신격화합니다. 대라마승뿐 아니라 소라마승들까지도 모두 살아 있는 신들인 것입니다. 이것은 이들 스스로가 자신들에게 붙이는 명칭입니다. 이들의 조각상들도 다를 것 없이 신들입니다. 이상이 내가 이러한 특이한 선출 방식과 라마교에 대해 말할 수 있는 전부입니다. 어떻든 아시아 고지대와 인도의 모든 승려 종파에 나타나는 물신 숭배주의와 라마교 간에는 몇 가지 비슷한 점이 있습니다. 이 지역에 사는 그리스도교 신자들의 수는 적지만, 그 기원은 17, 8세기로 거슬러 올라갑니다. 그보다 더 이전에 신자들이 있었다는 것을 증명하기는 어려울 것입니다. 참, 내가 라마승 여인들의 공동체가 있다는 말을 한다는 것을 깜박 잊고 있었습니다. 이 여승들도 독신 생활을 합니다. 이들은 라마승들의 지휘와 통치권 아래 있습니다.

훈족과 일명 마호메트교 위구르인들은 중국의 서쪽에 있습니다. 북쪽으로는 북해까지, 남쪽으로는 티베트, 페르시아, 아르메니아, 그루지야, 그루지야 서부, 투르키스탄, 러시아 돈 강까지, 즉 고대 사람들이 타나이스라고 부르던 곳까지 널리 퍼져 있습니다. 심지어 코산(Cosan) 왕국의 주민들과 우크라이나의 코사크인들조차 본디 타타르인들이었을 가능성이 있습니다. 이 타타르인들이 모두 마호메트교도는 아닙니다. 그들 가운데 유럽인들의 통치하에 있는 지방에는 예외 없이 라마교도들과 그리스도교인들이 있습니다. 한쪽으로는 러시아 영토, 다른 쪽으로는 티베트와 힌두스탄 사이에 있는 이 지역은 아람해까지 모두 중국 영토입니다. 그 나머지 지역은 터키와 러시아 영토입니다. 아직도 타타르 독립국이 존재하는지는 모르겠습니다. 이 타타르인들과 몽골족 타타르인들은 애초에는 같은 혈통이었을 확률이 높습니다. 그들이 인도나 유럽에서 몽골인이라고 불리는 것은 바로 이 때문인 것 같습니다.

이들 민족의 운명과 명성에는 많은 변화가 있었습니다. 12세기 말에서 13세기 초 사이에 칭기즈칸은 서로 다른 이 모든 종족들을 자신의 권력 아래로 모아들여 판도를 넓혔습니다. 그는 당시 키타이(Kitai)란 이름으로 알려졌던 중국으로 쳐들어갔습니다. 그 시대에 이 광대한 제국은 베이징 왕국, 난징 왕국 그리고 그 본거지가 어딘지는 모르겠으나 아마도 쓰촨에 있었을 가능성이 있는 세 번째 왕국 등, 세 개의 왕국으로 나뉘어 있었습니다. 칭기즈칸이 단번에 키타이(중국)를 정복할 수는 없었습니다. 중국인들이 완강히 저항했던 것으로 보입니다. 중국 전체를 점령한 자는 그의 후계자로서 유럽에 쿠빌라이(Khubilai, 몽골 제국의 제5대 황제)라는 이름으로 알려진 자였습니다. 베네치아인 마르코 폴로(Marco Polo)가 인도와 키타이를 여행하고 있었을 무렵, 쿠빌라이는 아직 난징 왕국과 전투 중이었습니다. 중국인들이 원이라고 부르는 찬란했던 몽골 왕조는 88년 동안 중국을 통치했습니다. 중국의 연대기에서는 이 왕조를 극찬하고 있습니다. 그러나 원나라의 마지막 황제(제11대 순제, 일명 토곤 티무르, 1333년-1368년 재위)가 선왕들과 같은 덕이나 재능을 갖추지 못했기 때문에 중국인들은 그의 왕좌를 전복시키고 그 자리에 다른 황제를 앉혔습니다. 이리하여 새로운 왕조(明)가 열렸습니다. 몽골인들은 인도를 지나 유럽까지 진출했고, 폴란드를 공략했으며, 러시아를 속국으로 만드는 등, 서양 전체를 떨게 했습니다. 그들이 어떤 국가로 진군할 때면 아무리 먼 거리에 떨어져 있더라도 자기네 커다란 깃발을 흔들어댔습니다. 이것이 그들에게 있어서는 당당한 선전포고였습니다.

오랜 세월 동안 그들은 마호메트교도들을 적대시했습니다. 대(大)칸은 공동의 적에 대항하여 병력을 모으기 위해 여러 차례에 걸쳐 그리스도교 신자

왕들과 동맹을 맺을 것을 제의했고 이를 성사시켰습니다. 사라센(Saracen) 인들을 서쪽과 동쪽에서 동시에 협공하기 위해 프랑스 왕 루이 9세와 대 칸은 다시금 동맹을 맺었습니다. 루이 9세는 두 명의 사절단을 연달아 타타르에 파견했습니다. 타타르의 칸이 그리스도교 신자라는 소문이 유럽에 퍼져 있었던 것입니다. 결국은 사실이 아닌 것으로 판명되었습니다마는. 작은 형제회 수사인 뤼브레키가 두 번째 사절단장으로 파견되었습니다. 그는 이 왕의 궁에서 네스토리우스파(景敎) 신자 몇 명을 만났습니다.

  1274년에 대칸은 제2차 리옹 공의회에 유명한 사절단을 파견했습니다. 원나라 황제는 교황 성하 앞으로 보내는 편지에서 가장 훌륭하고 가장 찬란한 칭호를 교황 성하께 드렸습니다. 그런데 그는 예수 그리스도의 대리인 교황에게 존경심을 보인 것 이상으로 자기 자신을 높였습니다. 그는 가장 성대하고 가장 호화로운 칭호로 자신을 지칭했던 것입니다. 이렇게 양측 사절단이 서로 오가면서 결국 몽골의 대표 몇 사람이 개종을 하게 되었습니다. 그런데 서유럽 라틴 왕들은 정치적 차원에서 그토록 강력한 동맹 관계를 이슬람교의 기를 꺾는 데 이용할 줄 몰랐습니다. 다만 그리스도교 쪽에서는 종교적 차원에서 그것을 활용했습니다. 교황 그레고리오 10세는 원 제국의 광대한 지방에 복음을 알리기 위해 도미니코회 선교사 코르뱅(Corvin)을 파견했습니다. 이 선교사는 수많은 사람들을 개종시켰습니다. 그는 자신이 이룩한 일에 대한 보고서를 서양으로 보냈습니다. 그는 신입 교우들을 돌보고 비신자들을 가르치는 것을 자신의 열정만으로는 감당할 수 없다며 도움을 청했습니다. 그가 협조자들을 곁에 두게 되었는지는 알 수 없습니다. 당시의 역사적인 전적에는 그런 내용이 나와 있지 않으니까요.

13세기 말경, 이들 민족이 그때까지 그토록 멀리했던 마호메트교가 유입되기 시작했습니다. 여러 칸 중 한 사람인 홀라구는 마호메트교도였습니다. 그렇다고 해서 그가 같은 믿음을 가진 사람들을 더 호의적으로 대해준 것은 아니었습니다. 14세기 초에 이 용맹한 몽골인은 디야르바키르(Diarbekir, 터키 동남부 산악 지대 도시)와 시리아로 쳐들어갔습니다. 그는 산적들과 이교도 집단에 싸워 이긴 후 교주를 처형했습니다. 이로써 그는 왕들을 죽인 자로부터 세상을 구했다는 영예를 얻었습니다. 그러나 자신의 권위가 손상되었다고 생각한 바그다드의 칼리프(Caliph)는 그에게, 무슨 권리로 감히 자신의 명령도 없이 이 지역에서 무기를 들었는지를 묻는 거만한 내용의 편지를 보냈습니다. 기존 관습만을 고려할 때, 바그다드 칼리프가 불평한 것은 정당했습니다. 그의 명령이 힘과 가치를 지닌 상황에서는 오직 칼리프의 명성만이 평화냐 전쟁이냐를 결정했던 것입니다. 그러나 칼리프가 쾌락에 빠지고 무기력해지면서 멸시를 받게 되자, 군대의 통수권은 칼리프의 부관들에게로 넘어갔습니다. 다만 전쟁의 정당성을 인정받기 위해 장군들과 심지어 왕들까지 칼리프의 승인을 얻었으며, 이로써 그들도 그의 부관으로 간주되었습니다. 의기양양한 몽골 왕은 자신이 이러한 보편적 관례를 면할 수 있으리라 생각했습니다. 그런데 칼리프, 즉 마호메트의 대리자의 편지에서 칸은 자신을 모욕하는 글만을 보았습니다. 그는 즉시 바그다드로 달려가서 바그다드를 공략하고 칼리프를 체포하여 펠트 주머니에 집어넣어 꿰매게 하고는 그것을 자신의 말 꼬리에 매달게 한 후, 이 불행한 이슬람교 왕 칼리프가 숨을 거둘 때까지 바그다드 거리를 끌고 다녔습니다. 이 칼리프의 이름은 모스타젯(Mostazet) 혹은 무스타젯(Moustaset)이라 합니다. 그의 죽음과 더불어 이슬람교의 칼리프 왕직은 소멸되어버렸습니다. 스페인, 바빌론, 이집트 또는 카이로의 칼리프 왕권이 이미 소멸되어 있는 상태였던 것입니다. 이리하여 500년 전부터 이슬람교에는 마호메트의 대리자가 없으며, 자칭 진정한 신자라는 사람들에게도 지도자가 없는 실정입니다. 마호메트교도 타타르인들은 오마르(Omar) 종파도, 알리(Ali) 종파도 아닙니다. 그들은 오마르 종파보다 더 단순하고 덜 미신적인 특별한 종파에 속합니다.

언어와 관습이 다른 여러 나라로 구성된 이 덧없는 타타르 제국의 몰락은 바로 이 시기에서 비롯됩니다. 여러 명의 칸은 독립 공국을 형성했습니다. 중국이 그들의 족쇄에서 해방되었습니다. 유럽인들도 그들을 국경 밖으로 멀리 몰아냈습니다. 러시아는 이반(3세일 것임) 황제의 통치로 자주권을 수호했습니다. 이반 왕은 카잔(Casan) 왕국을 정복했고, 시베리아를 자신의 지배국들에 통합시켰습니다. 그의 후계자들은 저 멀리 타타르까지 판도를 넓혔습니다. 결국 그들은 캄차카의 주인이 되었고, 이곳을 문명화시켰습니다. 그들은 또한 아메리카로 건너갔습니다. 이로써 그들의 영토는 이때 이미 미시시피 강원까지 확장됩니다. 러시아 황제는 이제 칸의 사신에게 한쪽 무릎을 꿇고 우유 항아리를 바칠 필요도 없고, 이 타타르인이 말 위에서 우유를 마실 때 말갈기 사이로 흘러내리는 우유를 핥아먹지 않아도 됩니다. 한편 중국은 타타르에서 가장 좋은 지역을 점령하여 제국의 국경을 페르시아와 카스피 해에서 멀지 않은 지역으로까지 넓혔습니다. 타타르인 타멜란(일명 티무르[Timur], 중앙아시아 사마르칸트에 도읍을 정한 정복자, 1369년-1405년 재위)은 고대 메소포타미아 평원에서 오스만 터키 황제 바예지드 1세에게 승리를 거두고 그를 포로로 잡은 후, 자신의 군대를 힌두

스탄으로 몰아가서 그곳을 점령해버렸다고 합니다. 이렇게 해서 아시아 대부분의 지역을 지배하고 전폭적인 침략으로 유럽을 위협했던 칭기즈칸 가계의 권력은 영원히 소멸되었습니다. 티무르의 후계자들은 그 운명이 순탄치 못했습니다. 17세기 초에 타마쿨리칸(Tama Kulikhan) 또는 샤나디르(Chanadir)라는 자가 인도로 들어가 델리를 점령했는데, 그는 백만 명이 넘는 그곳의 주민들을 몇 시간 만에 학살했습니다. 그는 황제 메헤멧쪼흐(Méhémet Tchoch)를 포로로 잡아, 이 포로에게 가장 험난한 조건들을 억지로 부가하고서야 비로소 그의 지배국들과 자유를 돌려주었습니다. 그러고는 막대한 부를 싣고 페르시아로 돌아갔습니다. 끝으로, 영국인들이 불과 몇 년 전부터 몽골의 나머지 지배국들과 그곳의 보물들을 강탈했습니다. 영국인들은 이 왕을 단순한 기숙생 처지로 전락시켰습니다. 오늘날 남아 있는 독립 타타르로는 오직 페르시아와 중국 영지들과 러시아 영지들—비록 러시아의 권력이 이곳을 완전히 점령하지는 못했다고는 하지만—사이에 끼어 있는 아시아의 이 지역뿐입니다. 세상의 영광은 이렇게 지나갑니다.

더 옛날로 거슬러 올라가면, 로마 제국에 그렇게도 많은 피해를 입혔던 훈(Hun)족 혹은 아바르(Avares)족 역시 타타르인들이었습니다. 그들은 아조프 해(옛날의 팔루스 메오티데스 해, 일명 자바크 해=흑해의 만) 동쪽에 살았습니다. 서로마 제국의 발렌티니아누스 3세(425년-455년 재위) 때 훈족의 왕인 아틸라(Attila, 434년-453년 재위)는 모든 인접 국가를 굴복시킨 후, 자신을 따르고 로마에 진군할 것을 강요했습니다. 아틸라 왕은 조국을 멸망시킴으로써 자신의 증오심을 해소하려는, 복수에 불타는 한 왕녀(발렌티니아누스 3세의 누이 호노리아)로부터 구원 요청을 받은 상태였습니다. '신의 징벌' 이라는 별명을 가진 아틸라 왕은 게르마니아와 벨기에, 그리고 갈리아의 일부분을 휩쓸어 삼키고, 트리어(Trier), 오세르(Auxerre), 아라스(Arras), 브장송(Besançon)과 그 밖의 다른 많은 도시들을 정복했습니다. 이 불행한 시대에 그리스도교만이 로마 제국을 파멸로부터 지켜냈습니다. 서로마 제국의 황제와 아연실색한 백성들은 아무런 대응도 하지 못하고 비탄에 빠져 있었던 반면, 주교들만이 국가의 구원에 노심초사했습니다. 성녀 제노베파(Genevieve)는 기도를 통해 파리를 구했지만, 그리스도교의 영웅인 이 여인은 그 노고의 대가로 하마터면 동족들에 의해 파리 세느 강에 던져질 뻔한 황당한 일을 겪었습니다. 오늘날 우리가 성녀의 성당과 유물을 욕되게 하고 있는 것처럼, 그 당시에도 사람들은 그녀의 생명을 앗아가려고 했던 것입니다. 성 루포(Lupus, 파리 동남부 트루아 읍 주교)는 그의 덕과 웅변으로 트루아를 아틸라의 광란으로부터 지켰습니다. 성 아만도(Amand)는 오를레앙(Orléans)이 공략당하는 것을 보았으나 그로서는 감당할 수 없었기 때문에, 아를(Arles)로 달려가 로마군의 장군이면서 훈족인 아에티우스(F. Aëtius)에게 도움을 청했습니다. 성 아만도는 불행에 처한 오를레앙 교구 신자들을 죽음에서 구해달라고 장군에게 끈질기게 간청하고, 즉시 오를레앙으로 돌아와 주민들에게 열심한 마음으로 기도하고, 용감하게 항거하라고 독려했습니다. 한편 아에티우스는 아를에 자신의 군대를 소집하여 프랑크족과 고트족의 비정규 보조군 무리들과 병합시킨 후 오를레앙을 향해 진군했습니다. 아틸라가 막 도시를 공략해 점령하려던 찰나, 성채 위에 있던 성 아만도가 먼지 회오리를 알아보았습니다. 성 아만도는 오를레앙 주민들에게 그들을 구원할 아에티우스 장군이 왔음을 알리며 더욱 열심히 싸우도록 독려했습니다. 아틸라는 서둘러 진지를 해체하고 라인 강 쪽으로 퇴각했습니다. 아에티우스는 샬롱쉬르손(Chalon-sur-Saone) 근방에 있는 샹파뉴(Champagne)의 들판에서 그를 따라잡은 뒤, 그와 교전을 벌여, 십만 명이 넘는 그의 부하들을 죽였으며, 아틸라로 하여금 라인 강을 건너갈 수밖에 없도록 만들었습니다. 아에티우스도 자신의 적이 다급하게 퇴각하는 것을 보고 나서야 비로소 자기가 승리했다는 사실을 알 정도로 이 전투는 양측 다 무척 완강했습니다. 아틸라는 계략을 써서 야음을 틈타 도망쳤습니다. 바로 그렇게 그리스도교와 애덕은 가장 잔인한 영혼들에게까지도 그 영향력을 미친 것입니다. 아틸라는 성 루포가 라인 강 너머까지 자신과 동행해주기를 바랐습니다. 그 의기양양한 타타르인은 로마의 장군 아에티우스 휘하의 사기충천한 군대를 피하는 유일한 길은 루포와 같은 안내자 겸 보호자가 함께하는 것이라고 생각했던 것입니다.

그 이듬해에 아틸라는 무너진 둑에서 흐르는 강물에 비유할 수 있을 만큼 엄청난 군대를 이끌고 다시 나타났습니다. 아틸라는 이탈리아 북부에 비탄과 죽음을 가져왔습니다. 그리고 곧장 로마로 진군했습니다. 지나는 길에 아퀼레이아를 집어삼키고 약탈했습니다. 이제 로마 제국의 칼날 같은 용감한 아에티우스 장군은 없습니다. 허약하고 순진한 로마 황제가 거짓 모함에 넘어가서 장군을 자신의 손으로 죽여버렸던 것입니다. 이 때문에 황제가 자신의 오른손을 잘랐다는 말이 있습니다. 로마에 성 대(大)레오 1세(Leo I the Great)와 같은 교황이 없었다면 로마는 끝장이 났을 것입니다. 레오 1세는 단 한마디의 말로 아틸라의 약탈질을 중단시켰고, 다뉴브 강을 건너 퇴각하게 했습니다.

그 야만인이 세 번째 원정을 고려하고 있을 무렵, 이 잔인한 타타르인을 도구로 쓰시던 하느님의 정의는 그가 그리스도교 세계에서 행한 나쁜 짓들로 충분하다고 여기시고는 결국 그에게서 생명을 앗아가심으로써 그의 손에서 채찍을 도로 뺏으셨습니다. 그는 자신의 신혼 초야에 죽고만 것입니다. 성 루포가 묘사하는 아틸라의 모습은 지금 내 앞에 있는 타타르 사람들의 모습과 맞아떨어집니다. 넓적한 얼굴에 납작코, 작으면서 반짝거리는 눈, 얇고 곤두선 턱수염, 구릿빛의 얼굴색, 검고 뻣뻣한 머리카락하며 거의 모든 것이, 완전히 만주인 혹은 몽골인의 모습입니다. 오늘날에는 이들 민족의 힘은 물론 그 이름조차도 찾아보기 어렵고, 단지 역사 속에서나 찾아볼 수 있습니다. 회오리바람과도 같은 그들은 소란스럽게 지나갔습니다. 그러나 구세주께서는 영원하시며 불변하십니다. 그것들은 소리와 더불어 지나가고 당신은 영원히 남습니다.

중국인들이 허베이성이라고 부르는 중국 북부의 이 지역은 사실상 서양인들이 말하는 몽골과 다름없습니다. 14세기까지 이곳의 주민들은 대부분이 우상 숭배자들이었습니다. 이후 마호메트교가 이 지역에 빠르게 전파되었습니다. 이곳에 그리스도교 신자들이 있었던 것은 확실합니다. 중세의 교회 역사에서 그토록 유명한 프레스터 요한(Prester John, 중세 서양에서, 아시아와 아프리카에 강대한 기독교국을 건설하였다는 전설상의 왕)이 중앙아시아를 통치했을 가능성이 있습니다. 그는 사제이며 왕이었습니다. 그는 네스토리우스파(중국어로는 景敎, 431년 에페소 공의회에서 선포한, 성모 마리아는 하느님의 어머니라는 교리를 반대하는 이단)에 속했던 신도였던 것 같습니다. 프레스터 요한과 그의 왕국에 대한 역사적 전설은 많습니다. 그 이야기들이 사실인지에 대해서 의구심이 듭니다만….

나는 그의 광대한 지배국에 단 한 명의 주교만이 있었다고 읽은 적이 있는 것 같습니다. 이 성직자는 제국의 모든 지방을 연이어 차례로 순시하곤 했습니다. 그는 자신의 마지막 순시 이후 태어난 사내아이는 모두 사제로 만들라는 지시를 내렸습니다. 이렇게 해서 왕에서부터 말단 신하에 이르기까지 모든 남자들은 성직에 입문하게 되었습니다. 프레스터 요한의 왕국에 주교는 부족했지만, 적어도 사제는 풍족하게 공급되고 있었습니다. 이처럼 기이한 현상의 진실을 파헤치는 일은 역사 비평가들의 몫으로 남기겠습니다. 나로서는 그것에 관해 논의할 만큼 배움이 충분치 않습니다. 어쨌든 이 사제들은 독신 생활을 하지도 않았고, 교회가 미사를 집전하는 사제들에게 부여한 다른 법령들도 지키지 않았습니다. 포르투갈인들은 프레스터 요한이 아비시니아(에티오피아)에 살았다고 착각하고, 그를 네구스(negus, 아비시니아 황제의 존칭)와 혼동했습니다. 그들이 오류를 범한 것이 확실합니다.

중세의 작가들을 통해서 우리는 프레스터 요한이 중앙아시아에 있었음을 분명히 파악할 수 있습니다. 네구스는 그보다 훨씬 전에 아프리카 아비시니아에서 통치를 합니다. 전자는 네스토리우스파 신도이며 후자는 에우티케스(Eutyches, 다성론 이단) 신도입니다. 타타르 왕은 동시에 사제였습니다. 교황 알렉산데르 3세는 타타르 왕에게 보내는 편지(1177년)를 통해서, 그리스도교에 대한 타타르 왕의 몇 가지 질문에 대한 설명과 함께 지극히 성스러운 사제라는 칭호를 부여합니다. 그런데 아비시니아의 어떤 왕도 사제인 적은 없습니다. 어쨌거나 아무도 그것을 입증할 도리가 없습니다. 요컨대, 프레스터 요한에 대한 말이 나오기 시작한 시기에 서양인들은 아시아 여행을 선호했습니다. 그들은 아프리카 대륙에 관해서는, 북쪽 지역밖에 아는 곳이 없었습니다. 오늘날에도 서양인이 육로로 아비시니아에 가는 것은 매우 어려운 일일진대, 하물며 그 옛날에는 거의 불가능한 일이었습니다. 포르투갈인들은 희망봉을 돌아 항해한 지 얼마 되지 않아서, 16세기 초에 아비시니아를 발견했습니다. 포르투갈인들은 아비시니아에서 그리스도교 왕국과 그리스도교 신자 왕을 발견하고 놀란 나머지 전설 속에서나 알려져 있던 프레스터 요한을 상기했던 것입니다. 그들은 그를 아비시니아의 네구스와 혼동했습니다. 이 두 인물의 동일성 여부를 증명하는 노력은 기울여 보지도 않고 말입니다. 칭기즈칸과 그의 후계자들의 정복이 이어진 이래 프레스터 요한에 대한 얘기는 나온 적이 없었습니다. 아마도 타타르인들이 이 왕의 지배국들을 빼앗고 교우들을 분산시켰거나 혹은 죽음으로 몰아넣었음 직합니다. 성 루이(루이 9세, 1226년-1270년 재위)가 보낸 사신들은 이 광대한 타타르 지역에서 그리스도교에 관한 그 어떤 유적도 발견한 적이 없습니다. 그저 타타르인들의 대칸 궁에서 네스토리우스파 신도 몇 명을 만났을 뿐입니다. 여정 중에 그들은 파괴된 도시들, 그리고 시체와 해골들로 뒤덮인 벌판들을 보았습니다. 이것이 프레스터 요한의 나라와 신하들의 잔해이며 유골일 수는 있겠으나, 확실한 것은 아닙니다.

비잔틴 제국 황제들의 추격을 받고 제국의 경계선 밖으로 쫓겨난 네스토리우스파 신도들이 페르시아에서 피신처를 발견한 것은 확실합니다. 사산조 페르시아(Sasan 朝 Persia)의 왕 샤푸르 1세(Shapur I, 241년-272년 재위)의 후계자들은 로마인들에게 멀리 내쫓긴 네스토리우스파 이단자들을 페르시아에 받아들임으로써 로마인들에게 복수를 한다고 믿었습니다. 그때부터 네스토리우스파 신도들은 인도로, 그리고 페르시아의 다른 이웃 왕국들로 들어갔습니다. 16, 7세기에는 그들이 중국으로 침투해 들어갔습니다. 최근에 중국에서 발견되는 몇 가지 문물은 이 시대에 네스토리우스파 신도들이 있었음을 입증하고 있습니다.

13세기에는 도미니코회 선교사인 코르뱅이 타타르에 복음을 전했습니다. 그는 큰 성과를 거두었지만, 그의 열정이 지지를 받지 못해 이곳 선교는 이 성인 선교사가 죽고 난 후 중단되고 말았습니다. 얼마 안 있어 타타르 민족들은 이슬람교를 받아들였습니다. 그때부터 복음의 멍에에 그들을 묶어두려던 희망은 모두 사라져버렸습니다. 유다교도나 마호메트교도가 그리스도교로 개종한다는 것은 기적과 같은 일입니다. 오늘날 몽골에는 신앙 때문에 유배된 천주교인들 외에 다른 그리스도교인은 없습니다. 그리스도교로 개종한 우상 숭배 타타르인들은 모태 신앙으로 세례 받은 교우들이지만, 그 수효는 별로 대단치 못합니다.

일리에서 18년 동안 지낸 바 있는 한 신자의 여행기와 보잘것없는 나의 지식에 따르면, 통칭 타타르라고 하는, 몽골인들과 만주인들의 땅은 광활합니다. 이곳은 가난하며 추위가 극심한 고장입니다. 어떤 지역에서는 아주 높은 산들에 가로막히고, 어떤 지역에서는 드넓은 모래벌판과 광대한 황야를 만나게 되는데, 여기에는 가축과 맹수가 득실댑니다. 유럽의 가장 덥다고 하는 지역에서도 도무지 찾아볼 수 없는 호랑이까지도 출몰합니다. 대티베트와 소티베트는 하나의 커다란 고원을 형성하고 있습니다. 바로 여기가 세계에서 제일 아름다운 산봉우리들을 만나볼 수 있는 곳입니다. 아시아에서 가장 큰 강들이 그 원천을 두는 곳 또한 바로 티베트와 그분지들입니다. 한마디로 타타르는 몇몇 지역을 제외하면 모두 불모지이며 인구는 아주 적습니다. 이 타타르인들 중에는 스키타이인들이 하는 것처럼 가축을 따라 이곳 사막들을 떠도는 종족들이 여럿 있습니다. 내가 무모하거나 불확실한 것을 말할까 두려운 것도 있고, 유럽인들에게 거의 알려지지 않은 나라이고 하니, 이제 더는 상술하지 않겠습니다. 기억에만 의존해서 썼기 때문에 이따금 고유명사의 철자나 몇몇 사소한 일들이 다소 다를 수 있겠으나, 바탕은 사실인 것으로 보입니다. 이제 다시 내 여행에 대한 보고로 돌아가겠습니다. 그래야 할 때가 되었습니다.

1834년 11월 13일, 요셉이 아무 성과 없이 베이징으로부터 (시완쯔로) 돌아왔습니다. 이번 사절단은 파치피코 신부가 조선으로 출발한 이후 파견된 네 번째 (조선) 사절단이었습니다. 그런데 조선 교우는 한 명도 나타나지 않았습니다. 요셉은 내게 난징 주교의 편지를 가져다주었습니다. 난징 주교는 쉬에 신부와 요셉에게 나에 대한 불평을 무척이나 늘어놓고는 했는데, 그의 편지에서도 역시나 나를 그냥 내버려 두지 못하고 다음과 같이 쓰고 있었습니다. "그토록 많은 위험이 도사리고 있는 곳인 시완쯔에 왔다면 당신만이 알고 있는 무슨 확실한 이유들이 있어야만 했습니다!" 얼마 후에 주교는 생각을 바꿨습니다. 그는 모방 신부에게 편지를 써서, 시완쯔가 안전한 장소이므로 그곳에 머무르는 것이 낫겠다고 말했습니다. 내가 산시에 체류하는 동안에도 난징 주교는 여러 가지 핑계를 대며 조선행을 단념하도록 했습니다. 그는 산시 주교에게 같은 의미의 편지를 썼습니다. 그는 여러 가지 이유들을 내세웠습니다. 그중에서도 특히 내가 시완쯔에서 얼어 죽을 수도 있다는 것입니다. 모방 신부는 난징 주교가 국적에 상관없이 사제들을 조선으로 들여보내는 데 많은 열성을 기울이고 있다고 확신했지만, 난징 주교는 내가 조선에 가는 것을 찬성하지 않았습니다. 난징 주교가 모방 신부에게 이렇게 말했던 것입니다. "나는 교황청 포교성성의 의도를 해석할 수 있습니다. 그래서 당신을 베이징 근방으로 보내는 바입니다. 조선 교우들이 유럽인들을 받아들이는 데 동의할 때 내가 당신을 불러 면담을 할 수 있도록 말이지요. 나는 조선 교우들이 당신을 맞아들일 수 있도록 할 것입니다." 난징 주교는 샤스탕 신부에게도 같은 약속을 했습니다. 그의 의도를 알게 된 나는, 난징 주교에게 나에 대한 얘기만 해줄 것을 부탁했습니다. 어느 누구보다도 내가 먼저 입국하는 것이 포교성성의 의도였으니까요.

나는 조선으로의 여행 중에 사목하는 사제가 없거나 있더라도 멀리 떨어져 있을 경우를 대비해 길잡이 교우들에게 고해성사를 줄 수 있는 권한을 내게 주도록 난징 주교에게 다시 요청했습니다. 그러나 나는 나의 요청을 거절한다는 내용의 답장을 받았습니다. 나는 난징 주교가 첫 번째 편지에서 내게 답변하는 것을 잊어버린 것이라고 생각하고 있었는데 말입니다. 다음이 주교의 답장입니다. "어째서 그토록 조급하게 아직 들어가지도 않은 지역에서 성직을 수행하고 선교사의 직분을 행하려고 하십니까? 더구나 중국어를 알지도 못하시면서 말입니다. 그렇지만 모방 신부와 왕 요셉의 고해를 듣는 것은 허락합니다. 또한 서부 타타르에서 성직을 수행할 수 있도록 허락합니다. 단, 그곳에 있게 될 중국인 선교사의 동의를 반드시 얻으셔야만 합니다. 랴오둥이나 동부 타타르의 경우는 주교님께서 이들 장소에 당도할 때면 언제나 적절한 조처가 있을 것입니다."

난징 주교는 내가 이 선교지를 자기한테서 뺏지나 않을까 걱정이 되나 봅니다. 나는 그의 편지에 답장을 써야 할 필요가 있다고 생각하여 다음과 같이 써 보냈습니다. "주교님께서 저에게 너그럽게도 여러 권한을 인가해 주신 데 대해서는 감사드립니다만, 그 권한들이 과도하고 또 제가 청한 바도 아니기에 받아들일 수 없습니다. 저는 중국에 오면서 주교님의 재치권 하에 있는 그 어떤 곳에서도 결코 선교사직을 수행할 생각을 한 적이 없었습니다. 주교님께서는 제 뜻을 파악하지 못하신 것 같습니다(그러나 그 뜻을 파악하기란 매우 쉬운 일이었음). 저는 단지 저와 함께 지내게 될 길잡이들이 고해성사 보기를 원하는데, 담당 선교사가 없을 때나 혹은 그를 부르기가 쉽지 않을 때 그들의 고해를 들을 수 있는 권한만을 청했을 뿐입니다." 그러나 이에 대한 답장은 없었습니다.

1835년

제13장 시완쯔 도착 II

　1월 9일, 나는 조선 교우들과 교섭하기 위해 다시 요셉을 베이징으로 보내야만 했습니다. 이들은 음력 12월 중에 도착할 예정이었습니다. (베이징에서) 우리에게 별로 호감을 갖고 있지 않은 몇몇 사람들에게 이들이 농락당하기 전에 이들을 붙들어 놓기 위해서는 이들에게 미리 알려주는 것이 시급했습니다. 요셉만이 이 일을 제대로 해낼 수 있었으나 그는 추위와 과로로 병들어 있었습니다. 밖의 온도는 영하 20도에서 30도 사이를 오르내리고 있었습니다. 그런데도 요셉은 자신의 존재가 필요하다고 생각되자 익숙지 않은 혹한에도 주저하지 않고 길을 떠났습니다. 나는 그가 내 이름으로 교섭할 수 있도록 신임장을 써주고, 그를 나의 전권 대사로 임명했습니다. 나는 조선 사람들에게 이렇게 써 보냈습니다. "내가 직접 갈 수 없어서 왕 요셉을 보냅니다. 나를 직접 대하고 의논하듯이 이 사람과 교섭하십시오. 이 사람은 여러분이 신뢰할 만한 사람입니다. 이 사람은 장차 여러분의 선교사가 될 것입니다. 이 사람이 여러분에게 묻는 말에 '그렇다',

아니면 '아니다' 하고 분명하게 대답하십시오. 여러분이 여러분의 주교를 받아들이기 원하는지, 원하지 않는지를 솔직히 밝히십시오. 애매모호하게 조건이 붙은 대답을 하거나 좀 더 숙고할 시간을 달라는 청은 모두 본질을 회피하는 부정적인 대답으로 간주하겠으며, 당장 교황님께 편지를 써서, 여러분이 직접 청했고 성하께서 여러분에게 보내신 주교를 여러분이 받아들이려 하지 않는다고 보고드리겠습니다. 내가 여러분에게 쓴 편지를 꼼꼼히 읽고 또 읽어 보고, 에두르는 말과 찬사를 곁들이지 말고 간단명료하게 답해주십시오."

나는 요셉에게 일련의 질문지를 주면서 조선 사람들이 글로 대답하게 함으로써 모호함과 오해를 미연에 방지하게끔 했습니다. 조선 사람들은 중국어를 능숙하게 하지는 못하지만 적어도 글로는 중국인들만큼 잘 표현합니다.

나는 요셉에게 그들의 주교 외에 다른 선교사에 대한 말은 하지 말라고 일렀습니다. 하지만 이렇게 신중을 기한 것도 소용없었습니다. 조선 사람들은 조선에 들어가고자 하는 다른 유럽인 신부가 베이징에 있다는 소식을 이미 랴오둥에서 들었던 것입니다. 그는 야고보, 바로 샤스탕 신부였습니다. 이 소식은 그들에게 기쁨을 안겨다주었습니다.

19일, 요셉은 조선 교우들과 첫 번째 회담을 가졌습니다. 회담에 들어서자마자 요셉은 그들에게 신임장을 보이고 나서 다음과 같이 말했습니다.

"여러분은 나를 여러분의 주교이신 갑사 주교님의 합법적인 대표로 인정합니까?"

"네."

"내가 결정적인 힘을 갖고 여러분들과 교섭할 충분한 권한을 가지고 있는 것입니까?"

"네."

"여러분은 여러분의 주교이신 갑사 주교님을 받아들일 의향이 있으십니까?"

"네."

일이 거기까지 진행되고 있을 때 어떤 말썽꾼이 갑자기 회의장으로 들어와서 사람들의 말을 가로막으며 소리를 질렀습니다.

"갑사 주교는 조선에 들어갈 수 없소. 그는 유럽인이란 말이오."

"자네는 누군데 이 일에 참견을 하는가. 나가지 못하겠나. 자네가 상관할 일이 아니네" 하고 요셉은 눈살을 찌푸리며 엄한 말투로 꾸짖었습니다. 그리고 회담은 다시 계속됐습니다.

"조선에 교우가 몇 명이나 됩니까?"

"수천 명이 되지만 정확한 숫자는 모릅니다."

"그들은 모여 삽니까, 흩어져 삽니까?"

"흩어져 있기도 하고 모여 살기도 합니다. 교우들만 사는 마을도 상당수 있습니다."

"조선 교우들 가운데 하느님께 자신을 봉헌한 사람들이 있습니까?"

"여자들 중에는 완전한 금욕을 허원한 사람들이 많이 있으나, 남자들은 그보다 적습니다."

"성직에 적당하다고 생각되는 청년들을 몇 명이나 찾을 수 있겠습니까?"

"있기는 하겠지만, 그 수효는 대단치 않을 것입니다."

"공소는 있습니까?"

"아니오. 교우들은 가정에서 기도합니다. 신자들과 예비 신자들을 가르치기 위해서 회장들이 있고, 젊은 처자들의 교육을 위해 서당들을 세운 동정녀들이 몇 있습니다."

"여러분은 신앙을 위해서 죽은 교형 자매들의 유해를 모시고 있습니까?"

"몇 분의 유해는 모시고 있습니다."

"요즈음 교우들에 대한 정부의 태도는 어떻습니까?"

"전보다는 나아진 것 같습니다."

"파치피코 신부님은 조선말을 잘합니까?"

"아니오. 그분은 서면으로만 고해를 받으십니다."

"대목구장님과 파치피코 신부님의 존재를 아는 사람은 몇이나 됩니까?"

"파치피코 신부님이 입국하신 것을 아는 사람은 200여 명이 되는데, 이 숫자는 고해한 사람을 가리킵니다. 공소 지도자로 있는 여섯 명만 주교님이 계시다는 것을 알고 있습니다. 이 여섯 명 중에 네 명은 주교님의 입국을 지지하고, 두 명은 반대하는 것 같습니다."

지지자들로는 학자 한 명, 군인 한 명, 농부 한 명, 동정녀 한 명이 있습니다(이 동정녀는 영향력이 있는 모양입니다). (현석문) 가롤로, 그러니까 내가 앞서 말했던 그 군인은 파치피코 신부가 곧 조선을 떠날 것이라고 생각하고 있습니다. 이 보고 내용으로 보면, 3, 4만 명에 이르는 교우들 중에 여섯 명만이 나의 존재를 알고 있다는 결론이 나옵니다. 그리고 이들 여섯 중 네 명이 내 편입니다. 따라서 나의 모든 희망은 서너 명의 선의에 달린 셈입니다. 현 가롤로가 요셉에게 말한 바에 의하면, 일본에서 멀지 않은 조선 동남부에 내 거처가 하나 마련될 것이라고 합니다.

1월 26일, 요셉이 베이징에서 돌아왔습니다. 그는 여러 통의 편지를 내게 가져왔고, 조선 사람들과의 회담 결과를 알려주었습니다. 나는 그것을 요약하는 것으로 만족하겠습니다. 우리가 모든 문장의 뜻을 제대로 파악할 수는 없었으나, 꼭 그렇게까지 할 필요가 없는 것이, 그렇게 하지 않아도 조선 교우들의 의도와 태도를 충분히 파악할 수 있었기 때문입니다. 여러분은 동양어 선생님들께 부탁해서 정확하고 충실한 번역을 하도록 해도 좋겠습니다. 이 서한의 원본들 모두를 띠로 둘러서 동봉합니다. 첨부하는 것은 더 정확한 번역본들입니다.

세바스티아노(남이관)와 조선 교우 일동이 갑사 주교에게 보내는 편지

음력 11월, 조선에서(부록 '서한 5' 참조)

　　주교님의 충실한 종인 저 세바스티아노 이하 모든 교우들은 하느님과 성교회로부터 진정 커다란 은총을 받았음에 감사드립니다. 주교님께서는 동양의 양들, 그리고 초라하면서도 받을 만한 것 이상으로 영광을 입었으며 소망할 수 있는 것 이상으로 은혜를 입은 저희 교회를 돌보시는 임무를 짊어지셨습니다. 저희는 이토록 크나큰 봉사에 어찌 다 감사드려야 할지 모르겠사옵니다. 저희에 대한 동정과 연민으로 마음이 동하신 주교님께서는 오로지 저희만을 위해 몇 달 몇 년 동안 온갖 피로와 갖은 번민을 다 겪는 고통을 당하시며 이렇게 빨리 저희 나라의 문 앞에 당도하셨습니다. 그러나 저희는 실로 비참한 처지에 놓여 있어, 아직 주교님을 받아들일 상황이 못 됩니다. 슬픔과 고뇌에 깊이 잠겨 있는 저희는 무엇을 해야 할지, 어떤 결정을 내려야 할지 모르는 가운데, 한탄과 비탄만 늘어갑니다. 그런데 저희 담

당 선교사님(유방제 파치피코 신부)이 무사히 입국하셨습니다. 저희는 이 기쁜 소식을 동료들에게 서둘러 전했습니다. '우리의 모든 영혼이 새로운 생명을 얻게 될 것'이라고 말하면서요. 그 빛은 한밤중에 내리치는 번갯불처럼 저희 가운데서 빛났습니다. 찌개 한 그릇이 허기에 지친 사람을 소생시키는 것처럼, 저희 담당 선교사의 존재는 크나큰 고뇌와 비탄에 빠져 있는 저희에게 구원이라는 선물을 가져다주었습니다. 저희는 이리도 엄청난 은총을 받았습니다. 저희가 그분께 어찌 다 감사를 드리며 보은할 수 있겠사옵니까?

작년에 저희는 조선에서 나갈 수가 없었습니다.

고명하신 주교님께서는 늘 만강하시길 기원합니다. 주교님의 사제들과 종들이 주교님을 잘 보필하고 있습니까? 하느님이 저희를 불쌍히 여기셔서 저희 교회는 평화롭고, 선교사님도 안녕하십니다. 저희는 결실을 얻었고 은혜를 입었습니다. 저희는 이를 잘 활용하고 있습니다. 어떤 말로도 이 감사의 마음을 표현할 길이 없습니다. 하느님께서 저희에게 나눠주신 축복에 감사드릴 뿐입니다.

주교님의 입국 문제로 말씀드리자면, 저희 선교사님이 저희의 의향과 그 이유들을 밝힌 편지를 한 통 보내신 바 있습니다. 저희는 어찌하는 것이 좋은지 혹은 적절한지에 대해 감히 언급하지 못하지만, 저희는 저희 나름의 시각으로 주교님의 입국이냐 혹은 불입국이냐에 대해 몇 가지 생각을 밝히지 않을 수 없습니다. 주교님께서는 피부색이나 생김새가 저희와 다르기 때문에 국경을 통과하지 못하실 것입니다. 군중 속에 섞여 있다 하더라도 주교님의 말과 얼굴의 특징들이 남의 눈에 띄지 않을 수는 없을 것입니다. 설령 주교님께서 무사히 입국을 하시게 된다 하더라도 복음을 전하고 성무를 집행하는 데 늘 위험이 따르실 것입니다. 저희가 주교님을 모시지 못한다는 것은 틀림없이 커다란 불행이며 크나큰 슬픔의 요인이 되겠습니다마는, 어쨌건 저희가 이미 앞서 말씀드린 바를 재차 되풀이할 필요는 없겠습니다.

저희 왕국의 입지를 감안하면 두 가지 고찰 사항이 더 있습니다. 그 첫 번째 염두에 둘 사항은 다음과 같습니다. 오로지 남을 해치는 일에 몰두하는 못된 사람들이 있다는 것입니다. 이들은 도적들을 자기네 배에 태웁니다. 이들은 도적들에게 조선의 문을 열어주고, 서로 수군거립니다(음모를 꾸밉니다). 이들은 그 도적들의 도적질과 약탈질에 동조하고, 서로 간에 험한 말을 쓰며 혁명을 한답시고 떠들어댑니다. 자기네들과 함께 먹고 마시는 이 해적들을 내쫓는다는 구실을 내세워 해적들에게 퇴각하라고 말합니다. 이들은 이유도 없이 무차별적으로 살인을 저지르는데, 이들이 저지르는 살인 행위들은 응징되지도 않고 있습니다.

(이 내용인즉, 겉으로는 바닷길이 가장 용이해 보이지만, 내가 이 해적들에게 붙잡혀 죽임을 당하게 될 것이기 때문에 사실상 불가능하다는 말을 하는 것 같습니다.)

얼마 전에 사악한 사람들이 저희 해안에 나타났습니다. 그들은 모든 것을 조사하고 탐색했습니다. 그들은 기만적이면서 매우 은밀한 대화를 나눴습니다. 저희는 그들이 유럽인이었다고 생각합니다. (그것은 영국 배였습니다. 나는 마카오에서 이 배에 있던 선원들 중 몇 사람을 본 적이 있습니다.) 그들은 조선 사람들과 내통하려고 했습니다. 그러더니 공공연하게 여러 가지를 탐색하고 정찰하러 왔습니다. 그들은 고래고래 소리를 지르고, 숙덕거리고, 끊임없이 떠들어댔습니다. (선원들이 배를 조정하고 돛을 올리고 닻을 들어올릴 때 고함치는 소리가 온 조선을 공포의 도가니로 몰아넣었습니다. 정말 용기 있는 선원들이지 않습니까?) 이런 식의 행동은 필시 박해를 불러일으킬 것입니다. 저희는 지속적으로 슬픔과 두려움과 위험에 노출되어 있습니다. (내가 볼 때 이 모든 비비꼬인 문장들은 다음과 같은 뜻인 듯 싶습니다. 영국인들이 조선 해안에 출몰하는 바람에 우리는 사절단 파견 계획을 포기하지 않을 수 없다. 이 계획을 실행함으로써 좋은 결과가 생기기보다는 박해가 일어날 것이다. 그러니 현 상황에서는 사절단 파견이 안전하고 확실하게 주교를 모실 수 있는 유일한 방법이다. 그러므로 주교의 조선 입국은 가능하지 않다. 당신은 당신이 있던 곳으로 되돌아가는 방법밖에 없는데, 이것이 우리가 비탄에 빠지게 되는 이유 중 하나이다. 당신은 우리의 계획을 지나치게 노출시킬 것이기 때문이다!)

두 번째로 염두에 둘 사항은 이렇습니다. 유럽인들은 과학과 산업 면에서 전 세계적으로 큰 명성을 떨치고 있습니다. 그들은 진리를 가르치고, 진실되고 정의로운 것만을 행합니다. 분명 그들은 살인을 하지도, 악행을 저지르지도 않습니다. 어떤 손해도 끼치지 않습니다. 역사를 통틀어서 그들의 선한 품성이 찬양받고 있고, 그들이 행한 다른 모든 선행이 인정받고 있습니다. 저희는 이 훌륭한 사람들에 대해 충분히 들어 알고 있습니다. 저희 역시 같은 식으로 증거할 수 있을 만큼 그런 사람들을 여러 명 알고 있습니다. 비록 이들이 완벽한 학문과 훌륭한 행동으로 유명한 사람들이라는 사실을 비록 도광(道光)[4] 7년(1827년 아니면 1828년)에 있었던 재난으로 고통받았던 사람들의 보고를 통해서야 알게 되었지만 말입니다. 따라서 늘 타당하면서도 근거 있는 의구심을 가지게 될 것입니다. 저희 중 여럿이 바로 이런 의구

---

[4] 1820년-1850년. 1820년 즉위한 청나라 8대 황제(시호는 선종) 재위 시 아편전쟁이 일어났고, 사후 태평천국의 난이 일어나 청나라의 국운이 기울어졌다.

심을 갖고 있습니다. (이들은 유럽인 하나가 조선에 있다는 것이 정부에 그늘을 드리우게 될 것이라는 말을 하려는 듯싶습니다. 사람들은 항상 그 유럽인에게 무슨 사악한 계획이 있을 것이라고 생각할 것입니다.) 이 두 가지 이유 때문에 사람들은 의심할 것입니다. 한마디로 이상이 악의를 품은 자들이 하는 말입니다. 조선 사회의 세 번째 부류에 속하는 이들은 권위가 없는 부류입니다. 올바로 말하고 올바로 생각하는 자들은 그 수가 더 많고 권위도 있는 사람들입니다. 요컨대 이러한 것들이 저희가 처해 있는 상황입니다. 저희 죄인들이 주교님을 맞이하게 되면, 주교님께서는 여러 상황들을 저희가 앞서 설명드린 그대로 만나시게 될 것입니다. 저희는 주교님께서 저희에게로 오시도록 간곡하게 권할 엄두도 내지 못하거니와, 또한 저희가 주교님을 받아들이지 않으면 교회의 은혜를 거절하게 되는 셈이니 오시는 것을 막을 수도 없습니다. 주교님께서는 덕망이 있는 분이십니다. 심한 고통 중에 계시면서도 저희를 불쌍히 여겨주십니다. 그런데 저희는 주교님께서 베푸시는 그 크신 은혜에 보답해드릴 수 없는 처지입니다. 주교님께 청하옵건대, 이 사태를 유심히 검토해 보시고, 저희의 무능함을 이끌어주실 수 있는 좋은 방책을 찾아주시옵기 바랍니다. 그렇게만 되면 저희는 매우 기쁠 것입니다. 저희 마음속 깊은 곳에서 우러나오는 뭐라고 표현할 수 없는 감사의 뜻을 주교님께 전합니다. 하느님께서 늘 평화 안에서 주교님을 지켜주시기를 기도드립니다.

이 편지는 적어도 작년 편지만큼이나 내용이 좋지 못합니다. 이 편지는 내가 떠나왔던 곳으로 되돌아가기를 원한다는 조선 교우들의 마음을 분명히 드러내고 있습니다. 그들은 내가 이러한 결정을 내림으로써 대단히 곤란한 처지에 놓여 있는 자신들을 구해주게 될 것이라는 사실을 내게 설명해주고 있습니다. 그들이 생각하기에, 그들은 내가 없이도 해나갈 수 있는 훌륭한 방도를 발견했다는 것입니다. 다만 내 마음을 상하게 할까 봐 그런 말을 직접 드러내놓고 하지 못하고 있는 것입니다. 난징 주교와는 훨씬 허심탄회하게 말을 하면서 말입니다. 여기 그들의 계획을 소개합니다.

세바스티아노(남이관)와 조선 교우 일동이 난징 주교에게 보내는 편지

1834년 말 (부록 '서한 6' 참조)

저는 지난겨울에 주교님께 문안드리려고 했지만 제 편지를 받아보시게 할 기회가 없어서 그러지 못했습니다. 주교님과 베이징 교회의 모든 사제들께 문안을 드립니다. 주교님께서 저희에게 베풀어주신 모든 은혜에 감사드립니다. 저희 죄인들은 하느님과 하느님 교회의 순수한 은혜를 통해, 저희의 목자를 한 분 모시게 되었습니다. 그분은 저희를 가르치고 저희에게 복음을 전하러 오셨습니다. 저희는 밤의 암흑 속에 묻혀 30년의 세월을 보냈습니다. 저희는 밤낮으로 탄식하며 도움을 간청했습니다. 그런데 이렇듯 별안간 크나큰 은혜를 받은 것입니다. 저희는 만족하고 있습니다. 저희의 염원은 채워졌으며, 저희에게 이 큰 은혜를 베풀어주신 분은 바로 주교님이십니다. 주교님께서는 모든 구원과 희망을 잃어버린 가난하고 비참한 저희를 불쌍히 여기셨던 것입니다. 이제 문제는 이 일을 신중하고 현명하게 마무리 짓는 것입니다. 큰 은혜를 입은 저희 죄인들은 온 마음으로 감사를 표합니다. 또한 저희는 온 마음과 온 영혼과 온 힘을 다해 할 수 있는 만큼 순종할 준비가 되어 있습니다. 그러나 불행히도 저희는 지금 어려운 처지에 놓여

있습니다. 교우들은 가난하고, 가진 돈도 없습니다. 저희는 선교사님을 보살펴드리고 있습니다. (썩 훌륭하게 모시지는 못하고 있습니다.) 선교사님은 초가집(오두막)에 거처하시고 계십니다. 저희는 그분께 해드릴 나물이나 다른 양식들을 늘 갖추고 있는 것이 아닙니다. 상황이 워낙 좋지 않다 보니 저희는 사막을 여행하는 천 명의 교우들(즉 수많은 사람들)이나 다름없습니다. 그들은 혹은 저희는 지속적으로 기근에 시달립니다. 결코 식욕대로 먹는 일이 없습니다. 저희가 여러 가지 방책을 생각해 봤지만 쓸 만한 것은 하나도 찾지 못했습니다. 저희가 계획을 세우고 있는 동안 선교사님께서 저희에게 오셨습니다. 이분은 선교 활동을 펼치고 계십니다. 돌아가는 것으로 보아 저희는 필시 매우 큰 은혜를 입은 것입니다마는 그래도 여전히 위험은 도사리고 있습니다. 지속적인 평화를 누리기가 어렵습니다. 어느 때 상황이 변하고 무슨 박해라도 일어난다면 저희는 모든 희망을 잃어버릴 소지가 있습니다. 저희는 저희가 어떻게 될지 모르고 있습니다. 이외에도 저희 나라는 곤궁에 처해 있으며 천재지변에 노출되어 있습니다. 분명코 이 점은 저희 교회에 큰 해가 되는 일입니다. 저희는 장차 선교사들을 모실 희망이 없습니다. 이것은 지극히 슬픈 전망이며, 슬픈 미래가 아니겠습니까? 저희 모든 죄인은 (이러한 불행을 막기 위해서) 선교사님과 함께 한 가지 방편을 생각해 냈습니다. (다음과 같습니다.) 저희는 조선의 젊은이 한두 명을 (중국으로) 공부하러 보낼 것입니다. 그들이 서품을 받게 되면 (저희의 사제) 자리를 맡음으로써 선교 활동을 계속 수행하고 (저희가 받은) 거룩한 은총을 연장시켜줄 것입니다. 이러한 계획이 실행될 수 있다면, 모든 면에서 저희에게 유리할 것입니다. 이리하여 성무 집행이 중단되지 않을 것입니다. 주교님과 주교님의 사제들께서 이 계획을 승인해주신다면 저희에게 매우 유리하게 일을 처리해주시는 셈이 되는 것입니다. 주교님께 간청하오니 이 일을 검토해 보시고 생각하시는 바를 말씀해주십시오. 저희는 때가 되면 이 젊은이들을 국경까지 데리고 갈 각오가 되어 있습니다. 그들이 (중국의) 관문을 지난 후에는 그들을 맞이해줄 사람이 있어야 합니다. 그렇게만 되면 저희가 하는 일에 대한 확신이 설 것입니다. 이 일이 주교님을 위험에 빠뜨리게 될 수도 있다는 것을 생각하면 슬픔과 고통이 밀려듭니다. 저희가 태어난 날 이후로 주교님께서는 저희에게 먹을 것을 주셨고, 저희를 당신의 보호막으로 감싸주셨습니다. 그래서 저희는 주교님께서 저희가 죽는 날까지 계속하여 저희를 보호해주시고 저희에게 축복을 내려주시기를 열망하고 있습니다. 저희 죄인들 모두가 주교님께 깊이 감사드리며, 하느님께서 저희의 큰 스승님(주교님)을 지켜주시고 온갖 복락을 풍성히 베풀어주시길 간구합니다.

파치피코 신부가 조선 교우들에게, 나를 물리치는 방법을 암시해준 게 확실해 보입니다. 파치피코 신부가 난징 주교에게 쓴 아래의 편지에서 그 사실을 확인할 수 있습니다. 나는 그가 왜 그런 식으로 행동하는지를 알 수 있는 확실한 근거가 있다고 봅니다. 그렇듯 잘못 협의된 계획에 대해 반추하는 것은 쓸데없는 일입니다. 그 계획을 반박하는 것은 그 내용을 적는 것으로 충분합니다. 조선 사람들이 난징 주교를 마치 자기네 주교로 간주하고 있음을 간파할 수 있습니다. 그들은 이 계획이 온전히 승인되면 내가 물러서지 않을 수 없으리라고 확신하는 것 같습니다. 그렇지만 이것은 조선 교우들이 원하는 것이 아닙니다. 파치피코 한 사람의 열망일 뿐입니다. 때가 되면 내가 이런 이상한 계획에 대해 그들에게 말했던 바를 말하도록 하겠습니다.

파치피코 신부가 난징 주교에게 보내는 라틴어 편지

1834년 11월 18일 조선에서

지극히 공경하올 베이징 교구장 예하

(1834년) 1월 3일 국경에서 출발하여 천주님의 도우심으로 16일 조선의 왕도(王都)에 무사히 잘 도착했습니다. 신자들이 매우 기뻐하며 저를 영접했고 저는 그때부터 지금까지 그들에게 영적 양식을 나누어주고 있습니다. 청컨대 주교님께서는 조선 전교지가 실로 비참하고 매우 곤란한 처지에 있어, 조선 교회를 위해 어떤 구제책을 강구해야 함을 명심하셔야 할 것입니다. 그렇지 않으면 성교회가 조선에서 아주 말살될 것입니다. 확실히는 모르겠지만 조선 교우들은 대략 2만 명 정도로, 모두 잦은 박해와 엄중한 정치적 속박과 다른 여러 가지 억압 때문에 거지처럼 가난하게 되었을 뿐 아니라, 영신 생활에 있어서나 육신 생활에 있어 절망에 빠질 만큼 큰 두려움에 끊임없이 짓눌리고 있습니다. 이제 제가 그 구제책을 제시해 보겠습니다.

현재 조선의 수많은 교우들은 여기저기 흩어져 숨어 살고 있는데, 일꾼이라고는 외교인들에게 발각되기 쉬워 행동이 자유롭지 못한 저 하나뿐입니다. 따라서 우리가 함께 모인다는 것은 불가능한 일입니다. 설혹 가능하다 해도 그중에는 간악한 유다스들이 많아 감히 모이지 못합니다. 그러므로 유럽이나 중국 사제는 그들의 영혼에 절대로 도움을 줄 수 없고, 오직 방인 사제만이 할 수 있는 일입니다. 따라서 올바로 상의하신 후에 기회가 되면 내년 겨울에 안내자 전 요아킴을 국경으로 보내시어 제가 선발해 둔 두 젊은 학생들을 데려가 주시기 바랍니다. 주교님께서 이 계획을 가납하신다면 청컨대 그 젊은이들을 보낼 여비를 이번에 보내주십시오. 국경 통과와 여행의 어려움은 저나 안내자가 익히 알고 있으므로 오로지 주님께 의탁할 뿐입니다. 주교님께서 이 일을 찬성하시는지 반대하시는지 명확히 답변해주십시오. 베이징에는 이 일에 대해 의논할 사람이 필립보 신부와 다른 신부들 외에 교우들 중에는 아무도 없습니다. 주교님, 용서해주십시오. 만일 제 의견이 무모하거나 주교님의 뜻에 어긋난 일이라면 저는 확실히 그 젊은이들과 함께 조선에서 나가 관외(랴오둥)에 머무르겠습니다. 만일 이 계획이 허망한 것이라면 저도 옛날 예리코에서 사제나 레위인이 한 것처럼 하겠습니다(루카 10,29-37 참조). 저는 사마리아인도 의사도 목자도 아니고, 노임을 받고 고용된 일꾼이요 행인에 불과하기 때문입니다. 주교님, 저의 제안이 주교님께 무례하고 무모하고 교만하게 보일까 실로 두렵습니다. 이런 형편을 알았다면 여러 해 전부터 젊은이들을 데려갔어야 했는데 무슨 이유로, 왜 이렇게 하지 못했는지요? 오 지극히 불쌍한 조선 사람들! 죽은 이들은 죄 중에 묻혔으며 산 자들은 죽음의 그늘 아래 앉아 있습니다. 누가 그들을 비출 것이며 누가 그들을 살려내겠습니까? 아무도 없습니다. 만일 저의 제안을 채택하신다면 지금이 그들에게 빛과 생명을 불어넣어 주는 때입니다.

조선 사람들도 조금은 경솔하게 행동했습니다. 그들은 가난하기 때문에 식량이나 집조차 마련하지 못한 채 계속 신부를 보내달라고만 청했습니다. 이게 무슨 짓입니까? 만일 주교님께서 200테일을 보내주시지 않는다면 확실히 저는 노숙을 해야 할 형편입니다. 현재 저희는 아주 가난하게 살고 있으며, 특히 여름철에는 겨우 목숨만 유지하며 지내고 있습니다. 그래서 저희는 여러 형태로 빚을 지고 있습니다. 이 빚을 갚고 양식을 마련할 수 있도록 적어도 300테일은 보내주셨으면 합니다. 간곡히 청합니다. 그렇지 않으면 아마 굶어 죽게 될 것입니다. 위급에 처한 최후의 상황에서 드리는 말씀입니다. 그리고 각종 성패와 묵주, 특히 미사 경본을 보내주십시오. 이 편지에 쓰지 못한 다른 일들은 따로 한문으로 썼으니 주교님께서도 한문으로 답해주십시오. 주교님의 손에 친구하며 강복을 청합니다. 저는 어디에 있거나 항상 각하께 순종하겠습니다.

대인 영세: 60명   소아 영세: 2명
보례: 56명
사규 고해: 32명
사규 영성체: 24명
견진: 18명
혼배: 2명

당신의 겸손하고 순종하는 종

이 편지는 내용상으로나 형식상으로나 부족한 것이 없습니다. 파치피코 신부는 난징 주교를 장상 어른, 목자님, 아버지 등으로 부르고 있습니다. 그는 난징 주교의 반지에 친구하고, 그의 강복을 청하고, 주교와 함께 베이징에 조선 신학교 하나를 세우는 데 필요한 대책을 강구하고 있습니다. 그가 난징 주교에게 학생들을 보내면 조선에 대한 재치권을 가지고 있는 난징 주교가 그들을 사제로 서품하는 것입니다. 그는 마치 자기 주교에게 하듯 난징 주교에게 사목 현황을 보고하고, 더욱 큰 권한을 요구합니다. 즉 베이징의 평신도회들을 본떠 조선에 평신도회를 만들 권한을 부탁합니다. 그는 조선 선교지와 관련된 모든 일에 대해 난징 주교와 상의합니다. 끝으로 그는 난징 주교에게 자기와 학생들을 위해 필요한 돈을 부탁하며 거절당하지 않게끔 말합니다. 그는 난징 주교에게 영원한 순종을 약속합니다. 그가 그렇게 행하고 말을 하는 것에 난징 주교가 놀랄 정도입니다. 난징 주교는 내가 무엇을 해야 하는지를 주지시키려고 내게 파치피코 신부의 편지들을 모두 재발송했습니다. 그가 난징 주교에게 부탁한 대부분의 요구 사항은 중국어로 쓰인 편지 안에 들어 있습니다. 나는 파치피코 신부가 요구한 사항에 대한 답변 또는 해결책을 써서 그의 중국어 편지와 함께 파치피코 신부에게 보냈습니다.

　이에 대한 답신에서 파치피코 신부는 전혀 격식을 갖추지 않았으며, 무엇보다 나에 대한 모든 예법들을 생략하고 있었습니다. 그는 나와 요셉에게 공히 편지 한 통만 보냈습니다. 그는 짐짓 내게 그 어떤 경칭이나 재치권자 칭호도 주지 않으려 하고 있습니다. 그저 나를 한 이방인 주교로 간주하면서, 나를 중국어로 바르톨로메오의 약자인 '바'라고 부릅니다. 조선 선교지나 자기의 성직 수행의 결과에 대해서는 내게 아무런 말이 없습니다. 이것은 나와 상관없는 일이기는 합니다마는. 그러면서 그는 내가 조선에 들어가면서 겪을 난관들에 대해서만 언급합니다. 종국에 그는 빈정대는 조로 모욕적인 비교를 한 후, 내가 자기 말을 믿을 생각이 있다면 다른 곳으로 가서 행운을 찾으라고 말합니다. 그의 말을 옮기면 "그것이 바로 두 사람이 취하면 더 좋은 길"입니다. 이상이 여러 사람의 생각에 의거해서 훌륭한 일들을 행하기로 되어 있었던 이 사제의 마음 상태입니다. 딴에는 그가 내게 길을 마련해주고 나의 선발대로서 임무를 수행하기로 되어 있었나 봅니다. 그러나 내 생각은 전혀 그렇지 않았고 난징 주교도 마찬가지였습니다. 한번은 난징 주교가 내게 이런 편지를 보내왔습니다.

"파치피코 신부가 조선에 들어가면 주교님의 입국이 더 힘들어질 것입니다." 난징 주교는 내 일에 관여하는 일이 없을 것이라고 말했습니다. 그는 "이 주교는 어째서 자신에게 속하지도 않은 선교지를 요청한 것인가?" 하고 말하는 것입니다. 프랑스 선교사들은 너무 엄격하기 때문에 프랑스인을 장상으로 모시는 것이 그리 편하지는 않겠지요. 내키는 일이 아닌 것입니다.

존경할 만한 어떤 선교사는 내게 이런 편지를 보내왔습니다. "파치피코 신부가 마음을 바꾸지 않는 한, 그가 주교님께 마이아 신부(싱가포르 주재 골칫덩이 파리외방전교회 선교사)만큼이나 심려를 끼치지 않을까 우려가 됩니다." 그러나 어쨌든 파치피코 신부는 자신이 갖고 있는 원칙들에서 벗어나지 않습니다. (나폴리 신학교) 교회법 박사인 그는, 조선에 들어가지 못하는 한 갑사 주교가 조선 선교지에 대해 어떤 재치권도 행사할 수 없다는 생각을 베이징에서 굳혔습니다. 그의 합법적이고 유일한 장상은 난징 주교인 것입니다. 교황 베네딕토 14세께서 내린 결정은 그와 다른 것이었는데도, 그것은 중요하지 않은 것이지요. 파치피코 신부가 서품을 받은 이후로 난징 주교는 조선만이 아니라 난징 교구에 조차 들어가 본 적이 없는데도, 이 신부에 따르면 이 주교만이 자기를 다스리는 유일한 사람인 것입니다. 이 원칙으로써 조선 대목구장을 질리게 만들기만 하면 되는 것입니다. 그리고 이 방법으로도 부족하다면 직접 나서서 조선 대목구장에게 새로운 난관과 새로운 장애를 유발하면 되는 것이고, 그렇게 되면 조선 선교지는 언제나 포르투갈인들의 통치권 아래 있게 되는 것입니다.

움피에레스 신부는 파치피코 신부의 판단을 바로잡아 주려고 그에게 막 편지를 쓴 참입니다. 우리는 파치피코 신부가 자신의 의견을 바꿀 만큼 포교성성 경리부장 신부의 결정을 충분히 신뢰하는지를 보게 될 것입니다. 교황 성하께서 이 일에 간섭하지 않으신다면 우리는 열세에 놓일 것입니다. 이 일은 우리 모두에게 공통된 것이므로, 나는 여러분에게 우리를 도와줄 것을 간청하는 바입니다. 여기 파치피코 신부의 편지가 있습니다. 여러분이 이 편지에 대해서 직접 판단하시기 바랍니다.

파치피코 신부가 바르톨로메오와 왕 요셉 형제에게 보내는 편지
1834년 11월 18일 조선의 한양에서(부록 '서한 4' 참조)

  바르톨로메오와 우리의 왕 형제는 잘 지내는지요? (건강하시길 바랍니다.) 나는 동방의 땅(조선)에 들어왔습니다. 두 사람에게 이 사실을 알리는 것은 두 사람이 이 사실을 알았으면 하기 때문이고, 또 두 사람에게 위로를 전하기 위함입니다. 우리는 어떤 일이 좋은지 그렇지 못한지를 결정하기 전에 우선 (하느님의) 거룩하신 뜻을 묻고 나서 그것을 깊이 생각하고 검토해야 하며, 그러고 나서야 비로소 행동으로 옮기기 시작합니다. 종전에 목자와 왕 형제는 여러 달에 걸쳐 세관을 거치고, 추위와 굶주림을 견디며(중국식 표현법임) 산을 넘고 바다와 강을 건넜습니다만 다 부질없게 되었습니다. 문제가 순조롭거나 유리한 상태가 아닌 것입니다. 오호 괴로운지고! 지금 조선에 들어온 한 남자(자신을 일컬음)가 수많은 방법을 동원하고 신중을 기하며 수없는 죽음의 위험을 무릅쓰면서 두 사람에게 편지(이 편지)를 쓰고 있으니, 목자와 왕 형제는 숙고하고 또 숙고하십시오.
  조선에는 한 가지 문제가 있습니다. 옴처럼 고약한 것은 아니지만요. 경

솔하게 행동해서는 안 됩니다. 우선 이 일에 대해서 조사를 해야 합니다. 유용하다면 들어와야지요. 허나, 유용하지 않다면 되돌아가야 합니다. 이렇게 하면 두 사람은 쓸데없이 여행의 고통을 겪지 않을 것이고, (조선의) 모든 교우들은 죽음을 당하지 않을 것이며, 어떤 식으로든 (두 사람에 대해) 분노를 표하지도 않을 것입니다. 왠고 하니, 대박해가 있고 난 후 조선의 그리스도교 신자라는 것은 모든 백성들에게 가증스럽고 불명예스러운 이름이 되었으며, 또한 신자들이 바다를 통해 들어온 도적들과 해적들을 몰래 들여보내고 있다고 말하는 사람들이 있기 때문입니다. 올해는 유럽의 배들이 자주 와서 나쁜 짓을 저질렀습니다. 조선 백성들은 교우들이 그 요인이라고 의심합니다. 요즈음, 교우들은 박해를 당하고 있습니다. 분노의 대상이 되고 있습니다. 살해당하기도 합니다. 교우들은 외딴 산속으로 피신해 있습니다. 초근목피로 연명하고 있지만, 그들의 계획에 있어서 두려움이란 없습니다. 말하자면 열악한 상황에서도 신앙으로 꿋꿋하게 버티고 있습니다. 어떤 연약한 모습도 보이지 않습니다.

 계속해서 서양 군함들이 출몰하고 있습니다. 사람들의 말은 다양합니다 (달리 말하면, 다양하게 표현합니다). 조선 전역에서 두려움이 나날이 커가는 것을 여러 사람들이 느끼고 있습니다. 목자와 우리 형제께서는 교육을 받은 사람들로서 우리의 거룩한 종교를 널리 알리기 위해 오시어 의무를 다하고 있습니다만, 그러나 그것은 복음을 전달받는 자들과 선교사에게 이중으로 이로운 것이어야 합니다. 이러한 이중적 이점은 늘 같이 가야 합니다. 그렇지 못하면 설교자에게 위험이 닥쳐올 것입니다. 일단 선교사가 겪을 위험은 고려하지 않는다고 합시다. 조선의 신입 교우들이 영육의 죽음을 당할 일은 확실하고 추호의 의심의 여지도 없습니다. 그렇게 되면 조선 선교지는 파멸

될 것입니다. 그런데 도대체 어떤 길로 입국하려는 것인지요? 두 사람이 국경 지역의 관문을 통해 들어온다면 (두 사람의 목적지인) 이곳에 도착하기도 전에 다른 사람들과 구별되는 외모와 언어 때문에 틀림없이 발각될 것입니다. 바다로 온다면(또 다른 곤경임), 조선의 법에 따라 항구로 들어오는 모든 배는 감시를 받게 되어 있으니, 배는 발각당하게 될 것이고 사람들이 따라붙게 될 것입니다(말하자면 선원들을 감시하는 것입니다). 그러니 상륙은 어떻게 할 수 있겠으며, 또 교우들에게 어떤 신호를 보내 두 사람을 알릴 것인지요? 이에 대해 숙고하고 재차 숙고하십시오. 육로, 해로 모두에서 두 사람은 계획한 바의 목적에 이르기까지 아무런 도움도 받지 못하면서 여러 난관에 봉착하게 될 것입니다. 오호, 괴로운지고! 이러니 고통의 신음이 나오지 않겠습니까? 그렇다고 두 사람에게 새처럼 날 수 있는 날개가 있습니까? 변신을 하고(예를 들면 유령으로), 공기를 가르면서 순식간에 짠! 하고 올 수 있습니까? 거처할 집이나 먹을 양식을 사려면 우선 1,000테일(약 7,000프랑) 이상을 주어야 한다는 사실을 고려하십시오. 저를 믿는다면, 두 사람은 있던 곳으로 돌아가는 것이 현명할 것입니다. 바로 그것이 두 사람이 취할 더 좋은 길입니다. 이에 대해서 더는 말하지 않겠습니다. 그럴 필요가 없으니까요. 바르톨로메오와 우리 왕 요셉 형제에게 영원한 평화를 기원합니다. 내가 한 모든 말은 악의를 가지고 한 것은 없습니다. 내가 진실을 말하고 있음을 하느님을 두고 맹세합니다.

두 사람의 미천하고 복종하는 종 유 신부

이번에는 요셉이 내가 1월 초(9일)에 쓴 장문의 편지 한 통을 조선 교우들에게 건넸습니다. 나는 이 편지에서 조선 교우들이 나를 받아들여야 할 이유를 모두 전개했습니다. 나는 하느님의 영광과 그들의 이익과 나 자신의 입장에서 나온 이유들의 가치가 돋보이도록 했습니다. 끝으로 다음과 같이 말했습니다. "여러분들의 결정이 어떠하든지 나는 예수 그리스도의 대리자에게서 위임받은 선교 임무를 다하기로 결심했습니다. 나는 음력 11월 중에 조선 국경으로 가겠습니다. 나는 여러분의 문을 두드릴 것이고, 교우 여러분들 스스로가 청하자 하늘이 자비를 베풀어 보내주시는 주교를 받아들일 만한 용기를 가진 사람이 수천 명의 교우들 중에서 적어도 한 명쯤은 있는지 내 눈으로 직접 확인하겠습니다."

조선 교우들은 주의를 기울여 이 편지를 읽었습니다. 나로서는 내 편지가 그들의 마음에 어떤 인상을 심었는지 정확하게 말할 수는 없겠습니다. 그들은 다만 내 편지가 인상 깊었다는 말을 했습니다. 그들을 더욱 놀라게 한 것은 말로든 조언으로든 혹은 그 밖의 다른 옳지 못한 방법으로든 직접적으로 나서서 대목구장이 관할 선교지로 들어가는 것을 방해하는 자는 누구든지 그 사실만으로도 파문을 무릅쓰는 것이라고 엄포를 놓는 교황의 교령이었습니다. 이러한 교령을 인용했을 때 그들은 몹시 놀란 것 같았습니다. 이것은 그들이 신앙을 갖고 있다는 증거입니다. 그들이 오늘까지 자신들의 종교를 선포하면서 보여줬던 흔들리지 않는 의연함은 반박의 여지 없는 또 하나의 증거입니다.

그들은 나의 의도들을 충족시키고 나를 수락하는 문제에 대해 명료하면서 구체적인 대답을 하겠다던 약속을 지키기 위해 다음과 같은 편지를 내게 보내왔습니다. 여기 좀 더 정확한 번역본을 동봉하니 보십시오.

조선 교우들이 갑사 주교에게 보내는 편지

1835년 1월 20일(1월 21일의 잘못) 베이징에서(부록 '서한 7' 참조)

아우구스티노(유진길 역관) 이하 저희 죄인 일동은 다시 한 번 주교님께 문안을 드립니다. 저희 비천한 죄인들은 주교님 옥좌에 편지 한 통을 올립니다. 저희의 죄악으로 보면 저희 요구가 거부되어 마땅할 것입니다. 저희에게 30년 세월 동안이나 목자가 없었던 것을 보면 그렇습니다. 그래서 저희는 마치 어린아이가 어머니가 돌아오길 열망하듯 사제 한 분을 지극한 소망으로 기다리고 있었습니다. 그런데 지난해에 하느님의 크신 은총으로 목자 한 분이 저희에게 오시더니, 올해는 다시 용감하신 주교님께서 당신의 양들인 우리의 구원을 위한 힘겨운 짐을 떠맡으시면서 동방의 땅, 동방의 왕국(조선)에 오시기로 결심하셨으니, 주교님께서는 당신 계획을 굳게 밀고 나가실 것이며, 예수 그리스도의 피의 대가를 치르고 얻은 양들을 버리시는 일은 결코 없으실 것입니다. 저희는 이 각별한 은혜에 대해 하느님과 복되신 동정 마리아님과 모든 성인들과 교황 성하와 우리 주교님께 깊이 감사를 드립니다. 또한 저희를 위해 죽음을 무릅쓰며 수고를 두려워하지 않는 왕 요셉 형제에게도 감사를 드립니다. 이분은 오직 저희에게 이로운 일을 하기 위해서 온힘을 다해 여행에 따른 모든 불편함을 감당하기를 마다하지 않고 있습니다. 이토록 큰 은혜에 어찌 다 고마움을 표해야 할지 모르겠습니다. 저희는 눈물이 날 정도로 감격하여, 그분들께 감사의 마음을 표하는 바입니다.

작년에 저희는 편지 한 통을 보내드린 바 있습니다. 이 편지에서 저희는 즉각 조선에 들어오시는 것은 어렵다는 말씀을 드렸습니다. 그 첫 번째 이유는 주교님께서 중국인들과는 다른 얼굴 모습을 하고 계셔서 의심을 자아낼 것이 분명하고, 그렇게 되면 곧 문제의 소지가 될 것이기 때문입니다. 이런 문제가 있기 때문에 저희는 주교님께서 큰 배를 타고 저희에게로 오실 것과 "나는 이러저러한 왕국의 이러저러한 곳에서 태어난 사람인데 당신들 왕국에 거룩한 종교를 전파하러 왔소" 하고 분명히 말하면서 조선에 들어오실 것을 감히 청했습니다. (아마도 항구에서) 한동안 기다리면서 저희가 어찌하는 것이 좋을지, 어떤 결정을 내려야 할지 살펴보았을 것입니다. 이렇게 공개적으로 입국하시는 것과 은밀히 들어오시는 것에는 분명히 차이가 있습니다. 말하자면 두 번째 경우가 첫 번째 경우보다 더 어려움이 많을 것입니다. 그렇기 때문에 저희는 주교님께 이 계획을 채택해주십사 청했던 것입니다. 저희가 주교님을 모시려고 하지 않으려 했기 때문이 아니었습니다. 이것은 저희가 저희 주교님을 배척함으로써 저희가 받을 고통을 두려워하는 것, 주교님을 배척함으로써 저희 자신이 배척당할 것을 두려워하고 있는 것을 보면 아실 것입니다. 주교님께서 보내주신 지침들을 보고 읽으면서 저희는 두려워하며 용서를 구합니다. 왕 요셉이 주교님의 의도에 따라 편지를 써 왔습니다. 말하자면 요셉이 주교님의 뜻이 담긴 편지 한 통을 저희에게 건네주었습니다.

지난해에 파치피코 신부님을 모셨던 것처럼 금년(1835년 음력) 11월에 (랴오둥 펭후앙성) 비엔민의 교우들에게 주교님을 모실 준비를 시켜놓고 있습니다. 그러니 주교님과 왕 요셉은 이곳으로 가셔서 아무 주막이나 거처로 정하십시오. 신호로 "萬信 萬福", 즉 '가없는 신심, 가없는 행복'이라는 의미의 글자를 주막 문에 쓰십시오. 그리고 손수건을 한 장 손에 들고 계시면 이것 또한 두 분을 알아보는 신호가 될 것입니다. 그러면 아주 잘, 그러니까 아마도 순조롭게 될 것입니다. 모든 일이 '아마도' 잘 진행될 것입니다. 주교님께서 먼저 들어오시고, 왕 요셉은 다음 해에 들어오도록 하십시오. 지금으로서는 저희가 처해 있는 상황과 저희의 빈궁한 처지를 볼 때, 연명할 것이 없습니다. 그러니 저희가 어찌 필요한 돈을 마련할 수 있겠습니까? 저희 생각으로는 적어도 500테일(약 3,500프랑)은 필요합니다. 주교님께서 만반의 준비가 다 되어 있기를 바라신다면, 1,000테일(7,000프랑)이나 2,000테일(14,000프랑)이 있어야 합니다. 돈이 많으면 많을수록 일은 더 잘 진행되겠지요. (의심의 여지가 없습니다.) 그러나 저희가 어찌 그렇게 큰 돈을 마련할 수 있겠습니까? 저희는 모든 것을 저희가 가진 힘과 시간에 맞춰서 (아니 어쩌면 흘러가는 시간과 함께) 조금씩 준비할 수 있을 것이라는 희망이 있습니다. 저희는 주교님께서 저희의 가난한 처지를 고려하시고 놀라지 않으시리라고 믿습니다. (저희가 조금이라도 준비한다면 말입니다.) 이것 말고도 드릴 말씀이 많이 있습니다. 저희가 왕 요셉에게 모든 것을 다 전했으니 왕 요셉이 지체 없이 주교님께 알려드릴 것입니다. 부디 주교님께서는 굳센 용기를 가지시고 아무 걱정도 하지 마시기를 열망합니다.

서기 1835년 음력 12월 23일
유 아우구스티노(유진길), 조 가롤로(조신철), 김 프란치스코(김방제) 올림

추신: 매해 음력 9월 6일이나 7일부터 10일이나 11일 혹은 12일, 13일까지는 들어오실 수 있습니다. 두 번째로는 음력 11월 16일이나 17일부터 20일이나 23일, 24일까지 들어오실 수 있습니다. 이 두 번째 시기에 사람들은 새해를 맞이하여 황제에게 관례적으로 올리는 진상품들을 가져갑니다. 저희는 필경 이 시기에 올 것 같습니다. 주교님께서 중국 쪽 관문에 도착하시면 며칠 동안 기다리십시오. 그런데 위험 없이 저희를 기다릴 수가 있으실

는지요? 저희는 저희가 이 일을 제대로 처리할 수 있기만을 바랄 뿐입니다. 의심을 사지 않도록 주의를 기울이셔야 합니다.

이 편지의 내용과 조선 사람들이 다른 사람들과 가졌던 모임들에 비추어 보면, 그들이 나와 다른 유럽인 선교사들을 자기네 나라로 모시고 싶어 한다는 확실한 증거들이 있습니다. 그들은 주교를 안전하게 모셔서 오랫동안 함께할 수 있게 된다면 더할 수 없이 기쁠 것이나, 나의 입국을 가로막고 있는 난관들을 극복할 수 없을까 봐 모두 겁을 먹고 있습니다. 그래서 더 큰 모험을 하기에 앞서 먼저 나를 영접코자 합니다. 그들은 내게 조건부의 약속만 했습니다('아마도'). 조짐이 좋지 않은 이 '아마도' 때문에 나의 희망은 아주 엷어집니다. 그렇지만 나에게 두려움을 가장 많이 불러 일으키는 것은 이것이 아닙니다. 내가 제의한 기안, 즉 랴오둥의 일부와 조선을 합병하는 안(양쪽을 다 파리외방전교회에 맡기는 일)을 교황 성하께서 채택해주지 않으시면, 만일 내게 몇 년 동안 랴오둥 지방에 대한 성사 집행권을 부여해주지 않으신다면 나는 성공하지 못할 것이라는 것에 대한 근거 있는 두려움이 가장 큽니다. 올해 우리들에게 닥친 새로운 불행들과 내가 교황 성하께 보낸 편지에서 밝혔던 이유들을 보시면 랴오둥과 조선의 합병은 절실합니다. 내 요청을 받아주시도록 교황청 포교성성 추기경 장관에게 말씀드리시기를 여러분에게 간청합니다. 이 일은 하루속히 처리되어야 합니다. 나는 이곳에(시완쯔) 더 오래 남아 있을 수가 없습니다. 포르투갈 사제들과 특히 난징 주교의 헛된 약속들을 절대 신봉하지 마십시오. 여러분이 그들과 협상을 통해 타협안을 끌어내기를 원한다면 그들에게 완전히 속아 넘어가는 것이 되며, 결과적으로 시간과 선교지를 잃게 됩니다. 수년의 세월이 지나고서야 여러분은 내가 들었던 대답처럼 "우리는 아무런 약속도 하지 않았습니다"라든가 "더 없이 최선을 다했지만 우리가 한 약속들을 실현시킬 수 없었습니다"라는 대답을 듣게 될 것입니다. 그러니 그토록 아름다운 희망을 던져주는 조선 선교지를 잃으니 60년간 우리를 충분히 괴롭혀 왔던 (포르투갈) 사람들에게 약간의 괴로움을 안겨주는 편이 더 낫습니다. 조선 선교지가 잘 정착되면 우리는 랴오둥에 파리외방전교회 연락처만 확보하고 랴오둥 나머지는 포르투갈 선교사들에게 돌려줄 수도 있을 것입니다. 이제 우리의 주제로 돌아갑시다.

(왕 요셉과의) 논의가 종결되자 조선 교우들은 몇 가지 정표를 주었습니다. 그것은 내게는 필요도 없는 담배 두 갑과, 1월에 나를 서늘하게 해줄 부채 몇 자루와 내 두통을 치료해줄 알약 몇 개였습니다. 내가 내린 지시에 따라 요셉은 그들을 곧장 난징 주교의 거처로 데리고 가서, 올해 음력 11월에 나를 받아들이기로 결정했다는 사실을 난징 주교 앞에서 공식적으로 솔직하게 밝히도록 했습니다. 나는 이런 수순을 통해서 주교로부터 망설임을 낳을 모든 변명과 핑계거리를 떼어내 버리고자 했던 것입니다. 주교는 나를 받아들이는 것에 조선 교우들이 동의한다면 랴오둥에 내 거처를 한 곳 마련해주겠다고 여러 차례에 걸쳐 약속했었습니다. 난징 주교와의 알현 때 조선 교우들은 갑사 주교를 자신들의 왕국에 받아들일 의향이 있는지 여부를 묻는 주교의 질문에 "원합니다"라고 대답했습니다. 이에 주교는 "차후 드러날 것입니다" 하고 응수했습니다. 주교는 즉각 다음과 같은 편지를 썼고, 그것을 요셉에게 주며 내게 전하도록 했습니다. 이것이 그간 여덟 달도 더 되는 기간 동안에 내가 난징 주교로부터 받은 마

지막 편지입니다. "차후 드러날 것입니다"라는 말은 라틴어가 아닌 중국어로 한 말인데, 그 뜻을 새기면 '좋습니다. 그러나 두고 봅시다'를 의미하는 정도입니다.

난징 주교가 갑사 주교에게 보내는 편지

지극히 공경하올 브뤼기에르 주교님께

왕 요셉이 도착하여 주교님의 편지를 제게 주었습니다. 이 크나큰 영광에 감사드립니다. 마테오가 와서 마카오 주재 파리외방전교회 경리부장이 주교님께 보내는 편지를 전해주었습니다. 경리부장은, 차후로 조선 선교지 업무에 필요한 경비를 모두 자신이 부담하겠다는 것을 확인해주는 사려 깊은 편지를 제게 보냈습니다. 지금 조선 교우 세 명이 자기네 선교사 유 파치피코 신부가 쓴 편지 세 통을 제게 가져왔기에 제가 왕 요셉에게 주었으니 주교님께서 무엇을 해야 할지, 그에게 무슨 대답을 할지를 결정하십시오. 저는 그를 도와줄 용의가 있으나 제 능력이 미치지는 못할 것 같습니다. 저는 이미 이런 일을 예견했습니다. 조선 사람들은 영육 간에 몹시 헐벗어 있습니다. 요셉이 그들과 협의했습니다. 여러 해 전부터 저는 그들에게 조선 청년들이 이곳이나 혹은 마카오에서 공부할 수 있도록 그들을 내보낼 방법을 강구해 보라고 말했습니다. 그들의 대답은 한결같이 그것은 불가능하다는 것이었습니다. 그런데 선교사(유방제)가 조선에 들어가면서 즉시 그 해결책의 필요성과 가능성을 깨달았습니다.

나는 주교님을 위해 동만주(랴오둥)에 거처를 마련하겠다고 약속한 적이 없습니다. 아무도 불가능한 일을 할 의무는 없습니다. 저 유능한 움피에레스 신부가 그런 말을 했다면 다른 일에서처럼 잘못한 것입니다. 이 일이 제가 할 수 있는 일이라면, 포르투갈인 미란다 신부나 카스트로 신부가 그리로 갈 시도를 했을 것입니다. 이제 저는 경험으로 잘 압니다. 왕 요셉이 이미 두 번 갔었고 그곳의 안내인이 제게 왔다가 주교님께 갔는데 아무런 결론도 얻지 못했습니다. 따라서 이후로는 결코 한 적도 없는 저의 약속을 더는 반복할 필요가 없습니다. 만약 마카오 주재 교황청 포교성성 경리부장 신부가 약속했다면 그가 책임져야 할 것입니다. 마카오 주재 파리외방전교회 경리부장의 의견을 듣는 것이 훨씬 더 좋을 것입니다. 그는 주교님께, 소식을 듣기 전에는 결코 현지에서 떠나지 말라고 권고했습니다. 요셉이 떠나려 하니 이만 마치겠습니다.

금년 1월 21일
베이징 주재 난징 주교

난징 주교는 이 편지를 통해서 다음의 내용들을 확인시켜주고 있습니다. 첫째, 요셉이 혼자서 조선 사람들과 교섭했다는 사실입니다. 주교는 내가 그토록 간청했음에도 전혀 그 일에 참여하지 않았습니다. 그러리라 예상은 하고 있었지만 말입니다.

둘째, 베이징과 마카오에서 가르치게 될 조선 젊은이들을 오게 하는 것으로 사람들을 만족시키는 것이 난징 주교의 의도일 것입니다. 그렇게 된다면 나는 집에 남아 있는 편이 더 나았을 것입니다. 어째서 그러냐고요? 그거야, 싫은데도 마지못해 조선에 입국했으니 그곳에서 나올 때는 무척 즐거울 파치피코 신부가 그렇게 말했잖아요. 그리고 조선 사람들은 영육 간에 극도로 비참한 상태에 놓여 있기 때문이랍니다. 조선 교우들을 버릴 만한 썩 훌륭한 이유로군요. 그러니 여러분에게 간청하건대, 경험도 없는 중국인 신부(유방제 파치피코)가 선택한 한두 명밖에 안 되는 학생들 문제 임을 숙고하십시오. 그들을 사제로 만들려고 한답니다. 그들에게 그런 자질이 있을는지요? 조선이 한두 명의 사제로 충분하겠습니까? 유럽인 사제가 한 명도 없는 조선에서 누가 이 신입 사제들을 이끌어 나가겠습니까? 위험을 무릅쓰면서 이 학생들에게 사제직을 준비시키는 동안 누가 조선 사람들을 돌보겠습니까? 이것 말고도 고려할 일이 얼마나 많습니까?

셋째, 난징 주교가 우리를 도우려 하지 않는다는 사실입니다. "나는 아무런 약속도 하지 않았습니다"라나요. 주교는 필시 약속을 잊어버린 모양입니다. 난징 주교는 조선 교우들이 나를 받아들이는 것에 동의하기만 하면 랴오둥의 교우들에게 일러 얼마간 내게 은신처를 제공하도록 권유하겠노라고 약속했었습니다. 이제 조선 교우들의 뜻을 알 수 없다는 핑계를 더는 댈 수 없으니까, 주교는 서둘러 자기가 한 약속을 부인하는 것입니다. 그가 제시하는 이유는 조선 밀입국의 불가능성입니다. 아무도 불가능한 일을 할 의무는 없습니다. 그러나 어찌하여 난징 주교는 이른바 극복할 수 없는 방해물을 스스로 놓았던 것일까요? (난징 주교는 조선행 선교사들에게 거처를 제공하지 말라고 랴오둥 교우들에게 지시했다.) 조선 밀입국은 불가능하다는 사실을 난징 주교에게 알려주었다는 심부름꾼에게서 제가 직접 들은 이야기입니다. 난징 주교는 랴오둥의 교우들에게, 자기의 서한을 갖고 있지 않은 그 어떤 선교사도 받아들이지 말라는 편지를 썼다는 것입니다. 어째서 난징 주교는 랴오둥 교우들에게 나를 추천하는 편지를 써주기를 끈질기게 거절하는 것일까요?

넷째, 난징 주교가 내게 미리 일러두려고 했다는 점입니다. 그는 내가 그의 말을 인용하리라는 것을 예상하고 있었습니다. 이러한 불쾌한 일에 대비하기 위해 그는 내게 다음과 같이 솔직하게 말했습니다. "결코 한 적도 없는 저의 약속을 더는 반복할 필요가 없습니다. 만약 마카오 주재 교황청 포교성성 경리부장(움피에레스) 신부가 약속했다면 그가 책임져야 할 것입니다." 그러나 지금 말하고 있는 주제는 움피에레스 신부에게 한 약속이나 움피에레스 신부를 통해 한 약속이 아니라, 주교가 내게 엄중하게 했던 약속들입니다.

난징 주교는 곤궁에서 빠져나가려고 자꾸 질문에서 벗어난 대답을 하는 것을 알 수 있습니다. (다른 사람들은 나보다 먼저 그런 사실을 간파했습니다.) 너무 재촉하면 그는 대답을 하지 않습니다. 여러분은 내 말을 믿고, 이 일에 대해 포르투갈인들과는 상의하지 마십시오. 감정이 껄끄러운 이런 관계에서는 상처를 주고 헐뜯는 반응을 보게 될 것입니다. 어쩌면 여러분은 내가 경솔하면서도 중상모략적 판단을 한다고 말할 수도 있을 것입니다. 그럴 수 있습니다. 내가 처해 있는 상황이 족히 나를 이런 위험에 처하게 할 수도 있습니다. 내 판단이 옳지 않다면 나는 그런 판단을 미리 철회하는 바입니다. 그래도 나로서는 사실들만을 말해주는 것이니 여러분은 여러분의 현명함과 자비함으로써 그 사실들에 대해 진실되고 적절한 판단을 내리기를 바랍니다.

마카오에서 조선에 대한 소식을 기다리는 것이 더 신중한 처사였을 것이라고 확신하는 사람들이 여럿 있습니다. 그러나 내 의견은 결코 그렇지 않았습니다. 조선 선교지가 포르투갈인들의 통치권에서 벗어난 순간부터 나는 내게 일어난 모든 일을 예상했었습니다. 내가 아직 싱가포르에 있을 당시 나는 움피에레스 신부에게 포르투갈인들의 도움 없이 지낼 수 있도록, 아니 오히려 그들과 멀리하도록 경계를 하고 대책을 강구하라고 충고했었습니다. 그런데 이 거룩한 성직자는 자비심이 지나쳐 너무나 인간적인 조심성을 기울인 나의 이러한 대책에 대해서 진노했습니다. 그는 나의 생각을 경솔한 판단으로, 그리고 거의 중상모략으로 간주했습니다. 하지만 지금 움피에레스 신부는 포르투갈인들에 대한 호의적 편견으로부터 완전히 돌아섰습니다. 내가 마카오에 머물러 있었다면 다음과 같은 말을 들었을 것입니다.

"조선 교우들은 유럽인 선교사들을 원하지 않습니다. 조선 교우들이 제안한 선교사들의 입국 계획이라는 게 그 증거입니다. 현지에 있는 선교사 유방제 신부가 유럽인들을 도와주려는 마음이 있든 없든 그 역시 이 계획의 무모성을 알고 있습니다. 조선으로 밀입국하는 데 바다로든 육지로든 부딪히게 되는 난관들은 극복할 수 없다는 것입니다. 그는 자신의 편지들에서 고통의 극치를 담은 어조로 그것을 확실히 보여주고 있습니다. 우리가 원조를 청할 데라고는 랴오둥의 교우들밖에 없는데, 이들은 일주일을 묵을 수 있는 거처를 단 한 명의 선교사에게도 제공할 수 없어 절망에 빠져 있다는 것입니다. 선교사가 체재비 전체를 부담하더라도 말입니다. 현재 상황으로 보아 조선 교우들은 유럽인 단 한 사람이 조선에 있어도, 조선에서 박해가 일어날 것이 확실하다고 생각한다는 것입니다. 게다가 사람들은 조선 선교지를 구하러 가는 데 쉽고 덜 위험하며 비용도 덜 드는 방법을 하나 찾아냈는데, 그것은 다음과 같습니다.

조선의 젊은이들을 중국으로 오게 하여 사제직을 준비하도록 도와주는 것입니다. 그러면 조선 정부는 이에 대해 전혀 의심을 품지 않을 것입니다. 또한 조선 선교지는 잘 관리될 것이요, 모든 박해를 벗어나 평화 안에서 번성할 것입니다. 조선 선교지에서 멀지 않은 곳에 거주하는 다른 유럽인 선교사들은 자신들이 직접 겪은 경험을 통해 조선으로 들어가는 것이 물리적으로 불가능하다는 사실을 깨달았습니다. 조선인들은 단순하고 무지하며 경험이 없고, 어렵고 위험한 계획을 시도할 때면 모든 동양인들과 매한가지로 소심합니다. 이런 조선 사람들도 같은 말을 했을 것입니다. 이러한 사실에 따라서 자연스레 다음과 같은 결론을 내릴 것입니다. '조선은 늘 포르투갈인들이 관할했다. 이들이 조선을 관리하는 게 타당하다.' 난징 주교가 공공연히 표명한 대로 베이징 또는 마카오에 조선 신학교를 세울 것입니다. 그러므로 갑사 주교는 할 일이 없으니, 3-4년쯤 기다리다가 고향으로 돌아가라는 권유를 받을 것입니다. 그러면 모두가 이 현명한 결론에 박수를 보낼 것입니다."

요셉이 우리와 같이 지낸 사흘 동안에 나는 파치피코 신부에게 대략 다음과 같은 내용의 회답을 썼습니다. "이 편지에서 신부님은 난징 주교님께 진술한 모든 사항에 대한 해결책을 얻게 되실 것입니다. 신부님에게 100테일(약 700프랑)을 보냅니다. 저는 내년에 조선에 들어가서 신부님이 진 빚을 갚도록 해보겠습니다. 저는 신부님과 함께 있는 어린 학생들이 제게 심사를 받기 전에는 조선 선교지에서 중국으로 나오는 것을 원치 않습니다. 신학교를 세우기에 적당한 자리를 선정하는 것은 전적으로 제 소관입니다. 조선 교우들이 선한 결심들을 지켜가도록 밀어주십시오. 그들이 한 약속들을 지켜나가게끔 저에게 신부님의 힘을 보태주십시오."

나는 조선 교우들의 용기를 북돋아 주려고 애를 썼습니다. 나는 그들에게 대강 이렇게 말했습니다. "나는 여러분이 성령의 빛에 충실하여 마침내 여러분 자신에게 이로운 것들에 대해 눈이 뜨였다는 것을 알게 되어 더없이 기쁩니다. 하느님의 보호 아래 여러분을 맡기십시오. 성모님과 여러분을 지켜주는 천사들과 성인들의 도우심을 구하십시오. 그리고 여러분들이 내린 용감한 결정을 용기와 자신감을 가지고 실행하십시오. 우리는 하느님의 섭리에 우리 자신을 내맡겨야 하지만 또한 그 섭리에 도움을 드리기도 해야 합니다. 하느님의 섭리는 우리의 협조 없이는 아무것도 하지 않으십니다. 여러분은 선하신 하느님께서 친히 시작하신 사업을 친히 좋게 끝내시리라는 것을 확신하면서 전적으로 그분이 이끄시는 대로 따르십시오. 여러분이 청한 500테일과 다른 물건들을 보냅니다. 요셉이 여러분에게 전해줄 것입니다. 파치피코 신부님에게 맡겨진 두 젊은이들은 내가 입국할 때까지 조선에 남아 있었으면 합니다. 그들에게 사제 서품을 준비시키기에 적당한 장소를 선정하는 것은 내가 할 일입니다. 그들이 내 명령 없이 조선에서 나오면 절대로 신부가 되지 못할 것입니다. 행여 랴오둥의 교우들이 이 지방에서는 아무도 감사 주교에게 거처를 제공하려고 하지 않기 때문에 감사 주교는 결코 조선에 들어갈 수 없을 것이라고 말하면 이렇게 대답하십시오. '우리 주교님은 당신들 도움 없이도 국경 지대에 오실 수 있소. 그분은 당신네들 없이도 얼마든지 일을 하실 수 있소' 하고 말이지요."

나는 앞에서 언급했던 편지에서 난징 주교의 의도를 힘들이지 않고 간파했습니다. 그래도 나는 마지막으로 한 번 더 애를 써보고자 했습니다.

다음이 내가 그에게 쓴 내용입니다. "제가 파치피코 신부에게 충분한 돈을 보냅니다. 그에게 무상으로 돈을 주시려는 것이 아니라면, 주교님께서는 이 돈에 그 어떤 액수도 덧붙이지 마시기 바랍니다. 요셉이 조선 교우들에게 돈을 줄 때 액수가 부족해서 쩔쩔매거든, 주교님께서 그에게 200테일만 빌려주십사고 실례를 무릅쓰고 부탁을 드립니다. 더는 안 됩니다. 주교님께서 지정해주시는 장소와 사람을 통해서 제가 주교님께 갚겠습니다.

그리고 조선인 신학교를 세우기에 베이징은 적당한 곳이 아닙니다. 너무 위험할 것입니다. 더구나 젊은이들을 조선에서 출국시키기에 앞서 우선 그들에 대해 잘 알아야 합니다. 따라서 주교님께서는 이 학생들을 받아들이려고 주교님의 심부름꾼을 국경으로 보내는 수고를 하지 않으셔도 되겠습니다.

저는 주교님과 움피에레스 신부와의 서신 교환의 목적이 무엇이었는지 모르겠습니다. 그러나 조선 사람들이 저를 받아들이기로 동의하기만 하면, 주교님께서 저를 도와주시기로 저에게 약속하셨던 바를 주교님께서는 잘 알고 계십니다. 심지어 심부름꾼이 돌아온 후에도 주교님께서는 이 조건에 동의하셨습니다. 주교님께서는 랴오둥의 교우들에게, 제가 국경으로 가기 위해 잠시 머무를 은신처를 제공하도록 권유하시겠다고도 약속하셨습니다. 또한 주교님께서는 조선 교우들의 호의(브뤼기에르 주교를 영접하겠다는 뜻)를 몸소 확인하셨습니다. 그러니 그토록 수 차례 제게 하신 약속을 완수하시리라고 확신하는 바입니다."(답장 없음.)

그 이후로 난징 주교는 더 이상 내게 편지를 쓰지 않았습니다. 내 편지가 그에게 전달되자 그는 요셉에게 "나는 갑사 주교에게 200테일을 줄 수 없네" 하고 대답해놓고, 그 즉시 내 지시와는 반대로 조선 사람들에게 이 200테일을 건네주었습니다. 이것은 파치피코 신부에게로 넘어갔습니다. 주교는 이 사제를 자신의 선교사로 간주하는 것일까요? 아니면 그에게 200테일을 선물하려고 했던 것일까요? 그것은 잘 모르겠습니다. 그러나 그러한 행동 때문에 파치피코 신부가 난징 주교 외에는 자신에게 어떤 상관도 없다는 확신을 굳힐 것이며, 더욱 다루기 어려워질 것이라는 것은 알겠습니다. 이 돈을 난징 주교에게 갚아서는 절대 안 된다는 사실 또한 알겠습니다. 어떤 자가 우리의 합법적인 소유지에서 우리를 내치려는 데 쓴 돈을 우리가 갚을 수는 없는 노릇입니다. 그러니 이 일을 맡은 사람에게 부탁하거니와, 사전에 내 뜻을 확인하지 않고서 그 돈을 난징 주교에게 돌려주지 마십시오. 여러분은 곧 이 문제와 여타 문제들에 대해 내가 그에게 쓴 편지를 보게 될 것입니다. 이제 조선 사람들과 파치피코 신부, 그리고 난징 주교가 조선 젊은이들에 대해 어떤 결정을 내릴 것인지 알아봅시다.

1월 29일에 요셉은 다시 베이징으로 떠났습니다. 우리가 이별할 때, 저는 우리가 다시는 만나지 못하게 될 것이라는 말을 할 뻔했습니다. 그는 하마터면 자신이 기울인 열정적 노력의 희생자가 될 뻔했습니다.

이 젊은이는 이 일이 좋게 끝나게끔 하려고 언제나 그렇듯이 열성을 다했고 비상한 활기를 보였습니다. 그는 때맞춰 도착하려고 서둘렀습니다. 아마도 자기가 없는 동안 악의를 품은 중국인이 조선 사람들의 결심을 바꾸어놓지는 않을까 하는, 일리 있는 걱정을 했던 것입니다. 그는 조선 사람들이 음력 1월 10일 전에는 주교관에 다시 나타나지 못하도록 금지시켜놓았었습니다. 이것이 그가 서둘러 떠날 수밖에 없었던 이유입니다. 그는 음력 설날에 출발했습니다. 아무 데서도 숙소를 얻지 못할 위험을 무릅쓰면서 말입니다. 이 시기에는 여행을 떠나는 이들이 없기 때문에 주막들도 모두 문을 닫습니다.

그 사이에 나는 마카오발 편지들을 받았는데, 거기에는 통킹(Tongking, 베트남 북부)과 코친차이나에서 일어난 슬픈 사건들과, 샴 대목구장인 공경하올 소조폴리스 명의 주교 플로랑 각하의 별세 소식이 들어 있었습니다. 이 별세 소식에 나는 아버지처럼 생각하던 이 공경하올 주교님과 헤어져야만 했을 때 느꼈던 아픔이 더욱 쓰라리게 느껴졌습니다. 그분의 덕행과 그분께서 내게 베풀어주신 친절에 대한 추억은 내 기억 속에 언제까지나 귀하게 남아 있을 것입니다. 나는 이 성스런 주교님을 자주 생각합니다. 그럴 때면 항상 감동이 솟아오릅니다. 그분은 극도로 빈궁한 상태에 이르신 적이 있습니다. 불행했던 시기에는 당신이 운영하시던 신학교의 대단치도 않은 운영 비용을 마련하기 위해, 자신이 가지고 있던 보잘것없는 옷가지 일부를 팔아야만 했습니다. 이 사실을 아는 사람은 거의 없습니다. 그러나 그분은 당신의 십자가를 불평 없이 짊어질 줄 아셨습니다. 아무것도 청하지 않는 것을 스스로의 의무로 삼으셨습니다. 전교후원회의 자비로운 원조 덕분에 생애 마지막 몇 해 동안은 이렇듯 극도로 궁핍한 상태가 아니었으나 그분은 변함없이 소박하고 검소하셨습니다. 얼마간의 적은 돈이라도 생기면 과거와 현재를 비교하면서 어쩔 줄 몰라 하셨습니다. 생전에 그분은 존경을 받으셨고, 그것을 오래도록 지켜나갈 줄 아셨습니다. 아버지며 목자로서 당신의 신입 교우들에 대한 전적인 사랑과 헌신, 감동적인 신앙심, 나약하지 않은 부드러움, 대단한 검소함, 지극한 겸손함, 모든 시련에 대한 인내, 가난에 대한 애정, 이 세상 사물에 지극히 초연한 자세

등이 그분의 훌륭하심을 드러내는 덕행들입니다. 여러 해 동안 가까이에서 그토록 훌륭하게 모범이 되는 분을 뵈올 수 있어 나는 행복했습니다. 물론 그 경험을 이롭게 쓸 줄 안다면 더욱 좋겠지요.

170년 동안, 그러니까 파리외방전교회 신학교가 창설된 이후로 하느님의 섭리는 샴 선교지에 성스러운 주교님들을 기꺼이 보내주셨습니다. 교황청 포교성성에서 플로랑 주교님 후임으로 쿠르베지 주교님(Courvezi, 비드 명의 주교)을 선택한 것이 그것을 증명하는 증거입니다. 나는 아주 젊은 시절부터 비드 명의 주교님의 재능과 도덕적인 품성을 알고 만끽하는 행운을 누렸습니다. 이분은 전임 주교님의 사도적인 열성과 덕행들의 승계자가 될 것이 분명합니다.

계속하여 날아온 이런 비보들로 인해 내 안에 일어난 슬픔과, 내 눈에는 거의 절망적으로 보이는 조선 입국 계획으로 인한 불안이 훌륭한 가즐랭 신부(Gagelin, 베트남 남부 선교사, 1833년 10월 17일 순교)의 영광스런 순교 소식, 그리고 여러분들과 나의 소원을 채워주고자 조선 선교지를 파리외방전교회에 맡기기로 한 교황청 포교성성에서 보내온 교황 칙서로 해서 조금은 누그러졌습니다.

2월 7일, 일이 완수되었습니다. 요셉은 약속한 돈과 몇 가지 물건을 조선 사람들 손에 넘겨주었고, 조선 사람들은 내가 국경에서 갈아입어야 할 옷 한 벌을 그에게 주었습니다. 라자로회 회원인 중국인 쉬에 신부가 내가 언급한 액수를 빌려주었습니다. 이 돈은 마카오에 있는 토레트 신부에게 돌려주었습니다.

15일, 조선 사람들이 내 의도에 맞추어 편지 두 통을 썼는데, 한 통은 교황 성하 앞으로, 다른 한 통은 여러분의 종인 내 앞으로 보내는 것이었습니다. 여기 그 편지들이 있습니다. 동봉하는 정확한 번역문을 보십시오.

교황 성하께 올리는 조선 사람들의 편지

1835년 2월 15일(2월 16일의 잘못), 베이징에서(부록 '서한 8' 참조)

교황 성하께 올립니다.

소인 유 아우구스티노(유진길 역관)는 조선 교우들의 사절로서 성하의 옥좌 앞에 꿇어 엎드려 그 높으심에 더없는 경애심으로 감히 문안을 드리오며, 평화와 기쁨과 만복이 성하와 함께하기를 축원합니다.

저희의 유일한 사제인 주문모(야고보) 신부님이 (1801년) 순교하심으로써, 저희는 신부님을 잃었고 이후 저희는 (망각과 버려짐 속에서) 30년을 묻혀 지냈습니다. 목자 잃은 저희 양 떼는 하늘을 향해 목청을 높여 울부짖고 눈물을 흘리며 비탄에 잠겨 있었습니다. 그런데 다행스럽게도 하느님께서 저희에게 자비를 베풀어주셨습니다. 지난해 겨울에는 유방제 파치피코 신부님이 무사히 저희 나라에 오셨고(1834년 1월 3일 조선 입국), 신부님에게 금년 한 해는 발전과 평화의 해였습니다. 지금은 브뤼기에르 주교님(갑사명의 주교)께서 십자가 위에서 돌아가신 예수 그리스도의 보혈의 가없는 공로를 통해서 저희에게 오시고자 오로지 (열렬히) 열망하고 계십니다. 그분은 성무와 무수한 고통과 고난의 일생을 바치십니다. 그분은 우리들 가운데서 예수 그리스도의 찬란하고도 영광스러운 이름을 만방에 알리고자 하시는 것입니다. 삶과 죽음을 넘나드는 위험을 무릅쓰면서도 그분은 당신이 하신 약속을 지키고 완수하시기 위해 저희 나라에 들어오실 결심을 단단히 하고 계십니다. 그분의 눈앞에는 당신이 세운 구상과 계획밖에 없습니다. 그 나머지 것들(난관과 위험들)은 염두에 두지도 않으시며, 불꽃과 화염과도 같은 사랑과 열정어린 감정들을 드러내십니다. 저희는 감격해 눈물이 나올 지경으로, 그분께 심심한 감사를 표합니다. (그러니) 하느님께서 특은을 내리시어 저희에게 자비의 눈을 열어주셨다는 것을 의심할 수 있겠습니까? 하느님은 결코 저희를 버리지 않으셨습니다. 그런데 저희에게는 바로 이것이 하느님께 어떻게 감사의 마음을 돌려드려야 할지 모르는 큰 고민거리가 되고 있습니다. (저희를 정말 난처하게 만드는 점입니다.)

브뤼기에르 주교님을 저희 나라에 모시기 위해, 그러니까 입국시키기 위해 저희가 제의하는 방법들은 저희가 유 신부님을 맞아들이면서 사용했던 것과 같은 방법들입니다. 이번 역시 같은 시기가 될 것입니다. 저희는 오는 음력 11월에 국경 지대에서 기다리겠습니다. (수비대의 경계를) 따돌리고 국경을 넘을 수 있도록 은밀하게 행동해야 할 것입니다. 하느님께옵서 저희를 보호하신다면 정녕 난관은 난관이 아닐 것이고, 위험도 위험이 아닐 것입니다. 저희를 평화 가운데 불러들이시고 보호하심이 하느님께는 쉬운 일인 것입니다.

저희는 겸손되이 엎드려, 성하께서 저희 모든 죄인들을 불쌍히 여기시고 저희를 위해 항상 기도해주시어, 하느님의 교회가 항상 평화 안에 있으며 이단들이 근절되고 그 찬란한 성하의 이름이 성화되게 (아니 그보다는 나날이 더욱 빛나시게) 하시며, 저희가 천국에 오를 수 있도록 기도해주시기를 바랍니다. 바로 여기에 지극한 기쁨(홍복)이 있는 것 아니겠습니까?

이후 저희 나라에 들어오기를 소원하시는 유럽의 영적인 선교사들이 계시다면, 저희는 모두 기꺼이 그분들을 모심으로써 (하느님의) 거룩하신 이름을 현양하겠습니다. 저희는 그분들을 맞이하는 일을 게을리 하지 않겠습니다.

천주 강생 1835년 음력 정월 18일
베이징 난탕(南堂) 주교좌 성당에서
유 아우구스티노(진길), 조 가롤로(신철), 김 프란치스코(방제) 올림

이 편지는 유럽인 선교사들을 받아들이겠다는 확고한 결심을 알려줍니다. 그들의 약속은 단호하며 모호함이 없습니다. 그들의 동료들이 그들의 약속을 비준해줄 것인지 여부는 모르겠습니다. 이 편지에서 나오는 아우구스티노는 신자 관료(역관)입니다. 이 사람은 조선 왕궁에서 한 직책을 맡고 있습니다.

갑사 주교에게 보내는 조선 사람들의 편지
1835년 2월 15일(2월 16일의 잘못) 베이징에서(더 정확한 번역본을 동봉함, 부록 '서한 9' 참조)

왕 요셉 선생이 베이징으로 돌아오자마자 음력 1월 10일에 저희에게 편지 한 통을 건네주었습니다. 저희는 기쁘고 감사한 마음으로 그 편지를 읽었습니다. 하느님께서는 무명의 왕국인 동양의 나라(조선)에 대해 특별한 방

법으로 당신의 자비를 보여주셨습니다. 그리스도교가 저희 나라에 들어온 것(저희 가운데 복음의 빛이 발하기 시작한 것)은 40년이 넘는 세월을 거슬러 올라갑니다. 그 뒤 얼마 후에 주문모(야고보) 신부님께서 저희 동양의 왕국에 오셔서 순교하셨습니다(1801년). 이후 30년의 세월이 흘렀고, 이제는 양 떼들을 돌봐주는 목자가 없게 된 것입니다. 그런데 저희 기대와는 달리 작년에(1834년 1월 3일) 유 (파치피코) 신부님께서 오셔서 그(주문모 신부님) 뒤를 잇게 되었습니다. 지금은 주교님께서 친히 소원하시어, 말하자면 저희들의 영혼을 구원하시고자 동역(조선)에 오시겠다고 엄숙하게 약속하셨습니다. 이런 일은 인력을 뛰어넘는 일이 아닐까요? 그러니 저희가 서둘러 주교님을 뵈어야 하겠습니다마는 아직 때가 이르지 않았습니다. 저희는 진실을 말씀드리고 있습니다. 이 일을 실행하려면 오는 겨울까지 기다리셔야 합니다. 음력 9월에 들어오실 필요는 없습니다. 이 시기는 불확실하거니와 적합하지도 않습니다. 확실하게 음력 11월 14일, 15일, 16일 이후부터 20일, 23일, 24일까지 기다리셔야 할 것입니다. 그리고 이 시기도 그저 짐작으로 말씀드리는 것이지 확실하게 결정된 때는 아닙니다. 모든 일이 무사히 끝나기를 바라야 합니다. 우선 주교님께서 만주 펭후앙성까지 오시는 것이 좋겠습니다. 그곳에서 저희는 (주교님을 모시기에) 가장 유리한 방법과 상황에 대해 검토할 것입니다. 이렇게 행동하면 일은 아주 잘될 것입니다.

이후 저희 나라에 오시고자 열망하시는 다른 선교사들이 계시면 같은 시기에 그분들을 맞이하도록 저희의 모든 노력을 기울이겠습니다. 저희는 저희가 한 약속을 지키고자 합니다.

주교님께서는 심려치 마시고 늘 평온하게 지내시길 바라며, 언제나 평화가 함께하시기를 빕니다.

저희는 유 신부님 앞으로 주신 100테일을 받았습니다. 그분께 이 돈을 전해드리겠습니다. 그리고 저희는 주교님의 처소를 마련하고 (국경으로) 맞이하러 가는 데 쓰라고 보내주신 500테일도 받았습니다. 이 돈으로 물건들을 사서 저희 나라에 가서 되팔도록 하겠습니다. 요셉 선생이 저희에게 건네준 나머지 모든 물건들도 조선으로 가져갈 것입니다.

하느님께서 저희가 여행하는 동안 내내 평화와 축복을 내려주시고 저희의 물건들을 잘 지켜주시기를 소망합니다.

1835년 음력 1월 18일
베이징 난탕 주교좌 성당에서
유 아우구스티노(진길), 조 가롤로(신철), 김 프란치스코(방제) 올림

조선 교우들은 자신들의 나라를 동방의 땅, 동방의 왕국, 동방국, 동역 등으로 부르는데 그것은 그들이 서방의 땅이라고 부르는 베이징 지방이나 쓰리의 동방에 있기 때문입니다. 조선의 동쪽에는 일본이 있으며, 남서쪽에 중국이 있습니다.

그들이 내게 보낸 첫 번째 편지에서 사용하고 있는 '아마도'라는 말과 '짐작'이라는 말은 고정되고 확정적인 뜻을 갖고 있지 않습니다. 어떤 이들은 그 말을 내가 들어가는 시기와 관련시켜 이해하며, 어떤 이들은 나의 입국 자체와 관련시켜 이해합니다. 후자가 사실일 가능성이 높아 보이는데, 이는 조선 사람들이 교황 성하께 올린 공식적인 다짐과는 대립됩니다. 조금만 더 시간을 갖고 인내하면 우리는 이 모호한 표현의 진짜 의미를 알게 될 것입니다.

내 일이 끝나자 나는 동료 선교사들의 일에 신경을 썼습니다. 나는 우리 세 선교사가 한 명은 음력 9월에, 또 한 명은 음력 11월에, 나머지 한 명은 다음 해 음력 3월에 입국했으면 했습니다. 그러나 나의 요청에 조선 교우들이 동의하지 않았습니다. 나의 통역자 요셉이 (편지로) 대답했습니다. "조선 교우들은 자기네 나라에 파견될 유럽인 선교사들을 모두 받아들이기로 약속하면서도 한 사람씩, 그것도 음력 11월에만 받아들이려 합니다. 그 이유는 첫째, 음력 11월 조선과 만주를 가르는 압록강이 얼어붙기 때문에 그 얼음 위를 걸어서 조선에 입국할 수 있다는 것입니다. 둘째, 그 시기에 사람들은 거의 얼굴 전체를 덮는 커다란 털모자를 쓴다는 것입니다. 셋째, 혹독한 추위에는 여행객들이 여관에 들어왔을 때 각자 자기가 묵고 있는 방문을 닫아놓기 때문입니다. 이렇게 해야 호기심 많고 성가신 자들의 시선에 덜 노출된다는 것이지요. 주교님께서 저더러 조선 사람들이 맘껏 자유롭게 결정하도록 내버려두라고 명령하셨기에 저는 조선 교우들에게 간청 따위는 하지 않았습니다.

난징 주교님은 당신의 편지를 받지 않고서는 랴오둥으로 심부름꾼을 보내지 말도록 (브뤼기에르) 주교님께 일러드리라고 하셨습니다. 또한 제가 믿을 만한 증인들을 통해 들은 얘기로는, 난징 주교님께서 당신 대목구의 교우들에게 어떤 처벌을 각오하지 않고서는 그 어떤 프랑스 선교사도 받아들이지 못하도록 명하셨다는 것입니다. (요셉은 한 가지 상황을 덧붙였는데, 나의 판단으로는 가당치도 않은 것입니다. 내가 보기에 믿을 수 없이 황당하기 때문입니다.) 저는 마음이 편치 않습니다. 난징 주교님께서는 제가 이곳에서 벗어나는 것을 지연시키고 있습니다. 제가 주교님께 여러 가지 사실을 알려드렸는데, 난징 주교님께는 말씀드리지 마십시오. 그래야 두 분 주교님들

간에 평화와 자비가 늘 함께할 것입니다. 마치 난징 주교님께서 최선을 다해 우리를 도와주신 것인 양 그분께 감사드리는 것이 좋겠습니다. 저는 당장 장난(강남: 江南)으로 떠날 것입니다. 같이 여행할 사람을 하나 찾아냈는데, 저는 포르투갈 사제들에게 맡겨두었던 우리의 물품들을 전부 찾아오려고 합니다."

나는 내 심부름꾼(요셉)에게 편지를 써서, 우리가 난징에 두고 온 소지품들을 내년에는 조선 교우들에게 넘겨줄 수 있게끔 베이징으로 옮기게 하기 위해서 난징에 다녀올 수 있을지 물었습니다. 조선 사람들이 그것들을 가지고 가기로 약속했던 것입니다. 이 젊은이는 내 부탁을 명령으로 여기고서, 내가 그에게 보내주는 사람과 노자도 기다리지 않고 돈 한 푼 없이 아픈 몸을 이끌고 길을 나선 것입니다.

그가 자신에게 그렇게나 해가 될 여행을 시도한 것은 2월 25일이었습니다. 상황들이 유리해 보였습니다. 그는 황제의 쌀을 싣고 가는 배들 중 한 척에 몸을 싣고 되돌아오게 되어 있었습니다. 선장은 교우였고 아마 선원들도 모두 교우였을 것입니다. 그는 어떤 운하를 지나야 했습니다. 그런데 이 여행이 불길한 사건의 빌미가 되었다니 이해가 되지 않습니다. 금지된 물건들을 아무런 위험 없이 손쉽게 운반할 수 있고, 국경 관리와 세관원들은 이런 배들을 수색하는 일이 거의 없었습니다. 또한 우리는 신중할 수 있을 만큼 신중한 모든 대책들을 세웠다고 믿고 있었습니다. 그러나 주님께서 반대하시면 신중함도 소용없다는 속담이 있지요. (내가 앞에서 말한 바를 취소해야 하겠습니다. 사람들이 불길한 사건이 일어날 것이라며 우리에게 겁을 주고 또 우리도 그럴 것이라고 확신했지만, 그런 불길한 사건은 결국 근거 없는 것으로 판명 났습니다.)

　3월 1일, 조선 사람들이 베이징을 떠나 귀국길에 올랐습니다. 내가 달리 결정을 내릴 때까지는 파치피코 신부 수하에 있던 젊은이들이 조선에 남아 있을 것이라고 그들은 구두로 약속했습니다. 그들이 어떻게 할지 두고 볼 작정입니다.
　그렇지만 난징 주교가 나에게 내린 엄명은 나를 매우 난처한 상황으로 몰아넣었습니다. (난징 주교는 자신의 편지를 받지 않고서는 랴오둥으로 심부름꾼을 보내지 말라고 엄명했습니다.) 주교에게 랴오둥 통과 허락 편지를 요구하지 않는 것은 그를 모욕하는 것이겠고, 게다가 나에 대해 불평할 구실을 제공하는 것일 겁니다. 그렇다고 편지를 요구하는 것은 나 자신을 새로운 곤경에 빠뜨리는 것이었습니다. 나는 당시 이 편지의 목적이 무엇인지 모르고 있었습니다. 난징 주교의 동의와 허가 없이는 중국인이 중국 랴오둥 지방을 여행하지 못하도록 한 조치가 나는 이상하게 여겨졌습니다. 베이징 교구청의 정책을 나보다 잘 알고 있다고 주장하는 모방 신부의 의견은 내가 편지에 쓴 것과는 달랐습니다. 모방 신부는 내게 다음과 같이 말했습니다. "주교님은 결코 난징 주교님의 답장을 받지 못하실 것입니다. 난징 주교님은 전에도 주교님께 편지를 쓰지 않으셨으니까요. 그분의 말씀은 아무 소용도 없는 어려운 언변입니다. 주교님께서는 그것을 무시하십시오." 나는 모방 신부의 충고를 따르지 않았습니다. 나는 비껴가는 방법을 취했으나 아무런 성과도 내지 못했습니다. 그래서 나는 난징 주교에게 다음의 편지를 썼습니다.

"주교님께서 저희에게, 특히 요셉에게 베풀어주신 은혜에 대한 저희의 감사의 마음을 받아주시기 바랍니다. 저는 주교님께서 파치피코 신부에게 200테일을 보내셨다는 것을 알게 되었습니다. 이는 주교님께서 그에게 하사하시고자 했던 기부금임을 의심하지 않습니다. 그 관대하심에 감사드립니다. 사람들이 저의 신부들 중 한 사람에게 하는 모든 것을 저는 저 자신에게 하는 일로 생각하고 있습니다. 주교님에게서 랴오둥 통과를 허락한다는 편지를 받지 않고서는 랴오둥으로 심부름꾼을 보내서는 안 된다는 말씀을 전해 들었습니다. 그런데 제가 당장에 심부름꾼 한 명을 이 지방으로 떠나보낼 작정이오니, 부탁드리건대 주교님의 편지를 이 편지의 배달부에게 전해주셨으면 합니다. 더구나 이 편지가 랴오둥의 교우들이 저에게 며칠간 은신처를 제공하게끔 하는 권고장이라면 저는 더없는 기쁨으로 그 편지를 받겠습니다. 하지만 그 편지가 저의 심부름꾼들이 갈 길을 제시하는 내용에 그친다면, 제가 볼 때 아무 유용성이 없을 듯합니다. 제 심부름꾼들은 시완쯔에서 조선의 국경까지 가는 길을 이미 확실하게 알고 있습니다."(답장 없음.)

그리고 얼마 후 모방 신부가 난징 주교에게 내 이름으로 같은 부탁을 했지만 또 답장이 없었습니다. 심부름꾼 여러 명이 베이징으로 파견되었건만 답장은 없었습니다. 장난에서 돌아온 후 요셉이 난징 주교에게 다시 그 편지를 부탁했지만 얻어내지 못했습니다. 이 주교는 지난 1월 1일 이후로 내게 더 이상 편지를 쓰지 않으려고 합니다. 그가 로마에 편지를 쓸까 봐 걱정이 됩니다. 나는 난징 주교를 한 번도 본 적 없고, 이야기를 나눈 적도 없습니다. 그의 권리를 침해한 적도 없습니다. 내게 그럴 생각이 있었더라도 말입니다. (당치도 않은 말입니다!) 내게 그럴 권한도 없었을 것입니다. 나는 서신을 통해서만 그와 교류해 왔습니다. 내가 여러분에게 내가 쓴 편지들과 난징 주교가 쓴 편지들을 대충 보고했고, 이따금은 단어 하나하나를 그대로 보고하기도 했습니다. 그러므로 거기에 그분을 모욕했을 가능성이 있는 무언가가 들어 있는지 여부에 대해서는 여러분이 직접 판단할 수 있겠습니다. 그러니 내게 그것에 대해 알려주기만 하면 됩니다. 당장이라도 나는 그것에 대해 수정할 자세가 되어 있습니다. 하지만 세상에서 가장 선한 의도로 본다고 해도 내 표현들을 안 좋게 해석할 수 있으므로, 내 편지들의 원본을 전시하고, 그것들을 보존하고, 크게 필요하지는 않더라도 이따금 다른 사람들이 읽도록 해주기 바랍니다. 내가 난징 주교를 심하게 모욕했다면—나는 그렇다고 생각하지는 않습니다—개인적인 언쟁과 모독이 하느님의 영광과 교회의 보편적인 이익에 직결되는 조선 선교 사업에 해를 끼쳐서는 결코 안 될 것입니다. 만일 이 장문의 보고서에 여러분에게 뭔가 충격적이었던 것이 있었거나 부적절한 단어들, 경솔하거나 중상모략적인 판단들이 있었다면 자비로운 마음으로 내게 그것을 알려주십시오. 그러면 하느님의 도우심을 받아 나 스스로를 수정하고 말썽을 일으킨 것을 개선하도록 노력하겠습니다. 내게 그런 불상사만큼 두려운 것은 아무것도 없습니다. 다시 본론으로 돌아갑시다.

얼마 후에 나는 난징 주교가 내 심부름꾼들에게 주려던 편지에 담겨 있을 수 있었던 내용을 알게 되었습니다. 같은 달 말경에 샤스탕 신부가 내게 대략 다음과 같은 내용의 편지를 보내왔습니다.

"난징 주교님께서 갑사 주교님을 돕기를 거절하셨다니 저는 놀라울 뿐

입니다. 제가 베이징에 있을 때 랴오둥으로 가는 난징 주교님의 심부름꾼
—산시에서 갑사 주교님께 조선 사람들의 편지들을 전해준 바로 그자 말
인데요—이 제게 공식적으로 통보하기를, 난징 주교님이 랴오둥 지방 교
우들에게 편지를 써서, 당신이 써준 편지를 지니지 않는 한 그 어떤 신부
도 받아들이지 말라고 하셨다고 합니다. 저는 몇몇 교우들의 이름과 교우
촌들에 대해 몇 가지 정보를 얻으려고 했지만 어떤 것도 알아내지 못했습
니다. 그 심부름꾼에게서는 한마디도 끌어낼 방법이 없었습니다."

그렇지만 이 사람은 랴오둥 사람입니다. 이 지방의 회장이며, 한 선교사
의 심부름꾼입니다. 그에게 입을 다물게 한 모양입니다. 이 사실을 통해
이런 결론을 도출해 낼 수 있습니다. 난징 주교가 교우들에게, 자신이 쓴
편지를 갖고 있지 않는 한 어떤 선교사든 받아들이지 못하도록 한 것이 사
실이라면, 그리고 내가 그에게 그런 편지를 요청해야 한다고 말하고서도
내게 그런 편지를 써주는 것을 거절한 것이 사실이라면, 그가 나의 랴오둥
입성을 노골적으로 반대하고, 거기서 조선으로 들어가는 것을 간접적으로
막고 있는 것 또한 사실입니다. 조선으로 들어가려면 나로서는 이 지방을
지나가야만 하기 때문입니다. 조선 사람들이 나를 받아들이겠다고 약속했
을 때, 난징 주교가 요셉과 조선 사람들이 있는 데서 발언했던 "차후 드러
날 것입니다" 또는 결국 똑같은 말인 "차후에 봅시다"라는 수수께끼 같은
이 말의 의미가 이제 드러나는 셈입니다. (나는 위에서 이 단어들이 중국어로
발언되었다고 말한 바 있습니다. 그런데 그것들은 같은 의미를 나타내지 않습니다.
그래서 나는 그 의미를 쓰지 않는 바입니다.) 그런 기막힌 행동으로 볼 때, 난징
주교와 포르투갈 신부들에게서 랴오둥을 빼앗아 조선 대목구에 합병시킨

다고 하더라도 그들이 못마땅해 할 이유가 있을까요? 교회에 지대한 공헌을 했지만 30년째 버림받은 3-4만 명의 조선 교우들을 구하러 가기 위해 합법적이고 절대적으로 필수불가결한 수단을 이용하는 것, 백만 명 순교자의 피가 뿌려진 조선 땅에 또다시 십자가 깃발을 꽂을 수 있다는 근거 있는 희망을 품고, 이런 수단을 이용하는 것은(랴오둥과 조선의 재치권을 통일하는 것은) 복수의 행위가 아니라 자비와 정의의 행위입니다.

얼마 후 나는 발롱 신부(Vallon, 수마트라 서부 해안 니아스[Nias] 섬 선교사, 1832년 사망)와 베라르 신부(Bérard, 수마트라 서부 해안 파당 선교사, 1832년 사망)의 죽음에 관한 소식을 확인하는 편지 한 통을 받았습니다. 이 편지에서 어떤 이는 내가 한꺼번에 두 선교사를 죽였다고 비난하고 있었습니다. 우호적인 자세로 복음을 받아들일 준비가 되어 있는 듯한 외교인들에게 복음을 전파하도록 두 명의 신부를 파견한 것이 살인죄를 범한 것이라면, 이 죄목은 내가 봤을 때 많은 다른 대목구장들에게도 마찬가지로 적용됩니다. 잔인하고 끈질긴 전쟁을 오랫동안 지탱하려면 진영에서 이탈된 전투원 몇 명은 생기기 마련 아닐까요? 이들 친애하는 동료들은 자신들의 일이 성공할 것이라는 근거 있는 희망을 가지고 떠났었습니다. 그들이 아주 속은 것은 아니었습니다. 베라르 신부는 파당(Padang, 인도네시아 수마트라 섬 서쪽 기슭에 있는 항구 도시)에서 선행을 했습니다. 그들은 자신들이 발휘하기 시작한 열정에 대해 만족했습니다. 그들이 경기에 돌입하는 순간부터 하느님께서는 그들에게 승리를 허락하셨습니다. 그들은 순교의 영예를 얻었습니다. 그들의 운명은 측은히 여기기보다는 열망해야 할 것입니다.

선교사들을 거기에 다시 파견한다는 소식을 나는 들었습니다. 그러나 그 일을 맡은 용사들은 위험에 직면하여 후퇴했습니다. 니아스 섬의 주민들에 관한 진짜인지 가짜인지 모를 설명을 해주자, 그들은 그만 용기가 꺾여버렸던 것입니다.

　내가 보고받은 내용에 따르면 이 계획은 근본에서부터 잘못 짜여진 것일 가능성이 있습니다. 불타는 정열로 혈기 왕성하며 시련을 겪어본 적이 없는 젊은 선교사들은 어쩌면 그들 스스로 알아서 파당과 니아스 섬으로 갔을 것입니다. 그런데 상황이 자신들이 상상했던 것과 달리 돌아가는 것을 보고는 퇴각했을 것입니다. 선교 임무를 착수하는 것이 합당한지의 여부에 대해 충분히 숙고하고 검토하는 일은 대목구장이 할 일입니다. 또한 그 계획을 성공시키는 데 적합한 인물들을 선택하는 것도 그의 몫입니다. 선택을 받은 사람들이라면 아무런 대꾸 없이 복종하는 것이 자신들의 의무라고 여기는 게 올바른 처신입니다. 선택된 선교사들은 난관과 위험에 대해 노심초사하지 않고 자기네 상관이 내린 명령을 마치 하느님의 명령처럼 기꺼이 수행해야 합니다. 실로 상관은 하느님 자리를 대신하니까요. 선교사는 일에 손을 대는 순간부터 부지런한 일꾼처럼 뒤를 돌아보아서는 안 됩니다. 또한 상관이 그를 다시 부르면 똑같이 순종하고 똑같이 신속한 태도를 보이면서 되돌아갈 각오를 해야 합니다. 전자의 경우나 후자의 경우나 내가 맹종이라고 부르는 이러한 순종이야말로 선교사라면 마땅히 지녀야 하는 소명의 시금석입니다. 순종은 신학교 입학과 함께 시작해서 오로지 죽을 때가 돼서야 비로소 끝나는 것입니다. 이렇게 함으로써 사제는 사도들의 흔적을 밟게 됩니다. 하느님의 뜻을 행하고 있음을 늘 확인받게 됩니다. 그는 양심의 가책들로부터 깨끗하게 벗어납니다. 게다가 자신의 선교 임무의 성공 여부와 관계없이 자신이 보상받게 될 것에 대해 확신합니다.

나는 내가 다른 이들에게 설교하는 계율을 제일 먼저 (실천에 옮기는 것을) 준수하고 싶습니다.

그 즈음 나는 어떤 사람에게 친절히 한 가지 충고를 해주어야 했습니다. 그는 내게 "주교님께서 만주 땅을 지나가시기로 결심하셨다니 놀랍습니다. 가능하면 다른 사람들 집에는 가지 마십시오" 하고 말하는 것이었습니다. 나는 이 의견이 탁월하다고 판단하여, 서둘러 그 사람에게 대꾸했습니다. "내게 베풀어주신 당신의 고귀한 지적에 감사드립니다. 아주 현명하신 지적입니다. 그렇다면 부탁드리건대 내 집에 묵을 방법을 알려주십시오. 그러면 곧바로 그곳으로 가겠습니다." 그는 아무런 답변도 하지 않았습니다.

내가 산시에 있었을 때 오랫동안 이 지방의 대목구장(Salveti)의 일을 도운 한 전교회장에게서, 내가 원하는 때에 조선 국경 지대에 가서 집을 한 채 빌려놓겠다는 약속을 받았습니다. 그는 내게 이 일을 해주려고 했던 유일하면서도 약간은 능력 있는 사람입니다. 그렇지만 쉬운 일이 아닙니다. 잘해야지요. 조선 교우들의 선의를 확실히 알게 되자, 나는 내가 계획한 바를 실현할 때가 되었다고 생각했습니다. 이런 방법을 취하지 않고서, 외교인들의 집에 묵으면서 국경 지대에서 얼마 동안을 지낸다는 것은 너무도 위험한 일이라고 생각되었습니다. 나는 르그레즈와 신부의 생각을 따랐습니다. 그 결과가 어떻게 될지 장차 알게 될 것입니다.

3월 30일, 나는 심부름꾼 한 명을 산시로 보내서 전교회장에게 통지를 하고 그를 데려오게 했습니다. 이자는 유럽어로 된 몇 통의 편지를 지니고 있었습니다.

4월 2일에서 3일에 걸친 밤 사이에 산시 지방 대목구장(Salveti)의 거처에서 별로 떨어지지 않은 지역의 몇몇 폭도들이 산시 도읍지의 관장과 그 가족, 하인들, 호위병 등을 참살했습니다. 이렇게 학살을 저지른 후에 그들은 집에 불을 질렀습니다. 두 사람만이 어둠을 타고 도망칠 수 있었습니다. 사람들은 이것이 백련교도들의 반란이라는 소문을 퍼뜨렸습니다. 많은 사람들은 이 살인자들이 관장의 지나친 수탈로 악에 받친 불쌍한 중국 사람들일 것이라고 확신하고 있습니다. 이 관장보다 별반 나을 것이 없었던 그의 동료들은 폭도들의 목표가 될까 봐 두려웠습니다. 그래서 그들은 이것이 백련교도들이 계획한 음모였다는 소문을 퍼뜨린 것입니다. 그 지방의 군사령관은 현장으로 갔습니다. 읍내를 포위하고 거리마다 수비대를 배치했습니다. 그러고는 수상한 사람들은 전부 체포했고, 통상 그렇듯이, 발견되는 모든 그리스도교 신자들을 체포하도록 했습니다. 그리스도교 신자들 가운데는 백련교도가 한 명도 없다는 것을 사람들은 알고 있습니다. 그들의 종교가 그들의 군주들과 이들의 명령을 수행하는 관리들에게 충성하도록 가르친다는 것도 알고 있습니다. 그러나 이런 것은 중요하지 않습니다. 그리스도교는 정부에서 금하는 종교입니다. 그래서 박해해야 한다는 것입니다. 무슨 치명적인 사건들이 발생할 때마다 그리스도교 신자들이 고통을 당하지 않는 경우는 없습니다. 이 사령관이 체포하게 한 그리스도교 신자들 중에는 중국인 사제가 한 명 있었습니다. 이 불행한 사건으로 인해 산시와 그 이웃 지역의 사람들은 동요했습니다. 사령관은 백련교도들과 금지된 모든 교파에 대해 전격적인 포고문을 발표했는데, 여기에 그리스도교를 포함시키면서 명백하게 지명하고 있었습니다. 그리고 무슨 모순된 조치인지 모르겠지만, 사령관은 백련교도라고 확신되는 몇 명의 승려를 체포하기는 했으나, 속한 종파가 어떻든, 체포된 승려들이 불안에 떨지 않게 하는 것이었습니다. 모든 징조로 보아 산시에 큰 박해가 일어날 것으로 보였습니다. 이 지방의 도읍지인 태원부에서 그리스도교인들을 기소하기 시작했던 것입니다. 수많은 사람이 감옥에 갇혔습니다. 산시 주교와 그의 수하 사제들은 그들 머리 위에서 으르렁대는 뇌우를 우회시키려고 여러 조치를 취했습니다. 내 심부름꾼과 마카오에서 오는 심부름꾼들이 체포되어 유럽에서 보내온 물건들과 편지들이 압수당하지 않을까 우려되는 상황이었습니다. 이런 불행한 일이 일어났다면 중국 북부 지방과 타타르 지방의 모든 선교지를 위험으로 몰아넣었을 수 있습니다. 산시 주교는 내게 편지를 보내어 그의 근심스런 심경을 표현했습니다. 그러나 선하신 하느님께서는 비바람이 일어나기 시작하자마자 흩어버리셨습니다. 그리스도교 신자들에 대한 박해 칙령은 공표된 지 2, 3일 만에 철회되었습니다. 여러 장소에서 체포된 중국인 선교사와 다른 교우들은 석방되었습니다. 내 심부름꾼과 주교의 심부름꾼들도 무사히 산시에 도착했습니다. 산시 주교는 내게 돈이 한 푼도 없다는 것을 알고서 내가 데려오라고 한 전교 회장을 통해 250테일, 즉 1,800프랑가량을 보내주었습니다. 나는 이 돈을 갚았습니다.

5월 11일, 나를 도울 사람들이 시방(시완쯔)에 도착했습니다. 랴오둥으로 가는 일행의 우두머리인 회장은 지출과 잔액에 대한 정확한 계산서를 주겠다고 약속하며 모든 것을 준비하기 위한 돈으로 나에게 500테일, 약 3,600프랑을 요구했습니다. 나는 그에게 400테일만 주었습니다. 쉬에 신부가 내게 100테일을 빌려주어서 500테일을 채웠습니다. 이 빚은 내 편지가 마카오에 도착하기 전에 청산하게 됩니다.

(1835년 5월) 13일, 재주와 공덕이라고는 그저 선한 의지뿐인 우리의 (산시) 전교회장과 다른 심부름꾼 두 명이 동부 타타르를 향해 길을 떠났습니다. 그들은 출발한 지 사흘 후에 우리 지역의 수도(張家口)에 도착했습니다. 그들은 중국인들조차 고생스럽게 넘는 관문을 자유롭게 통과하도록 통행증을 지녔으면 했습니다. 그러나 상황은 조금도 유리하지 않았습니다. 이 통행증 발급을 담당하는 관리는 태수로부터 모든 여행자들, 그중에서도 특히 산시에서 오는 사람들을 조사할 것과 그들 중에서 어떤 이는 타타르로 빠져나갈지 모르므로 만리장성으로 가는 모든 길목을 엄중히 지키라는 명령을 받은 참이었습니다. 한마디로, 수상한 곳은 모두, 특히 주막들을 수색하라는 명령이었습니다. 내 심부름꾼들은 그 관리의 의향을 떠봤습니다. 이 관리는 통행증은 내주되, 먼저 여행자들의 성명과 고향 등 여행자들에 대해 알고자 한다고 대답했습니다. 여행자들 중에는 산시 사람 둘이 있었던 바, 이들은 이 조사를 받으러 감히 나서지를 못했습니다. 통행증을 받기는커녕 체포 영장을 받아 감옥에 갇힐까 봐 겁이 났던 것입니다. 그들은 내 의견을 들어보려고 편지를 보내왔습니다. 나는 "만일 통행증을 얻을 수 없다면, 오던 길을 다시 되돌려 북쪽 만주를 거쳐 가도록 하시오" 하고 답장을 보냈습니다. 이 방법이 그들의 마음에 들지 않았던 모양입니다.

그들은 통행증도 없이 그냥 길을 떠났습니다. 모든 정황으로 보아 그들은 내가 방금 언급했던 관문을 어려움 없이 넘은 것 같습니다. 우리의 계획이 성공한다면 인력으로 성공한 것이 아닐 것입니다. 하느님의 섭리가 모든 것을 이루어주신 것입니다. 내가 심부름꾼들로부터 소식을 듣지 못한 지 석 달도 더 지났습니다. 나는 그들이 무슨 일을 할는지 모르겠습니다.

 5월 30일, 난징발 요셉의 편지를 받았습니다. 이 편지에서 그는 포르투갈 신부들에게 맞섰던 일들을 정당화했습니다. 아니 좀 더 정확히 말하자면 확인하는 것이었습니다. 마지막에는 "그들이 우리를 상당히 맘에 들어 하지 않는다는 사실을 아십시오" 하고 덧붙였습니다. 이것은 일반적인 것도 아니며, 딱히 사실도 아닙니다. 그들이 우리를 두려워하고 있거나 그렇지 않으면 우리가 그들을 매우 곤혹스럽게 하고 있는 것입니다.
 그런데 산시성에서 생겼던 비바람의 여파가 정작 산시 지역에는 해를 입히지 않더니, 네이멍구의 우리에게로 닥쳐왔습니다. 산시에서 살해된 한 관리의 죽음이 우리가 있는 고을(시완쯔)에 박해를 유발했을 뿐, 더는 퍼지지 않는 것을 나는 예기치 못했습니다. 하느님의 섭리에 감사드립니다. 지금까지 우리는 위험을 피해왔습니다. 박해자들은 우리가 있다는 사실조차 모르고 있습니다. 선하신 하느님께서 우리를 끝까지 보호해주시기를 소망합니다.
 산시 총독은 자기 관할 지방에서 일어난 불행한 사건과 백련교도들에게 걸려 있는 혐의에 대해 즈리의 태수에게 통지했습니다. 즈리 태수는 산시 총독만큼이나 열성을 보였습니다. 곧바로 백련교도들과 그리스도교 신자들을 조사하라고 하위 관리들에게 훈령이 내려졌습니다. 그러나 우리 고을의 관장은 이 명령을 무시하고 그의 부하 관리들에게 그리스도교 신자들에 대해 어떠한 소송도 하지 않겠다고 선언했습니다. 그는 다음과 같이 말했습니다. "나는 내 전임자들의 경험에 비추어 보아 그리스도교인들을 불안하게 만드는 것은 위험하다는 것을 알고 있습니다. 그러한 소송은 언제나 그것을 일으킨 사람들에게 해를 끼쳐왔습니다."

우리를 일차적으로 담당하는 한 다른 관장은 훨씬 더 강경한 태도를 보였습니다. 그는 이날까지 그리스도교인들을 기소하라고 올라온 여러 차례의 명령을 수행하지 않고 버텼습니다. 심지어 그는 시완쯔에 있는 교우들에게, 만일 와서 귀찮게 구는 포졸들이 있더라도 그들은 명령을 받아 간 것이 아닐 테니 그들 모두를 매로 다스리라고 일러주기까지 했습니다. 그러나 겉으로 드러난 것들만 가지고 판단해 볼 때, 박해가 일어나면 시완쯔가 가장 위험에 노출되는 곳일 것입니다. 인접 지역의 관리들과 모든 외교인들은 시완쯔야말로 이 지역 모든 그리스도교인들의 중심지 같은 곳이라는 점을 알고 있습니다. 이곳에는 성당이 하나 있고, 또 현재 더 크고 멋진 성당을 짓고 있다는 사실을 아는 관리도 여럿입니다. 이 관리들은 부락의 가장 중요한 주민들에 대해 알고 있습니다. 선교사들이 있다는 것에 대해서 사람들은 의심을 하지 않습니다. 그렇지만 유럽인들이 있다는 것은 모르고들 있습니다. 오래전부터 우리 주위에서 으르렁거리고 시완쯔에서 멀지 않은 곳에 계속해서 피해를 입히고 있는 비바람이 우리 머리 위로 몰아치도록 방향을 틀려면 말 한마디로도 너끈할 것이나, 하느님께서는 이런 불행이 우리에게 닥치는 것을 허락하지 않으셨습니다. 하느님께서 계속하여 우리를 지켜주시옵기를! 포졸들과 악의를 품은 사람들이 몰래 수색하러 왔습니다. 한 관리는 그들의 공술을 받아들이려 하지 않았습니다. 이 진술에 따르면, 첫 번째 사건이 터지고 나서 다른 두 번째 사건만 덮치지 않았어도 백련교도들 사건이 불행한 여파를 낳지는 않았으리라는 것을 어렵지 않게 짐작할 수 있습니다. 두 번째 사건으로 자칫하면 전반적인 소요가 일어날 뻔했습니다. 여기 이에 관한 자세한 내용을 싣습니다.

6월 17일 저녁 7시에 다음과 같은 내용의 특별한 전갈이 왔습니다. "이 지방의 태수가 시완쯔에 유럽인 선교사들이 은닉해 있다는 보고를 받고 고을 관장에게 명령을 내려 즉각 그들을 붙잡아 오게 했습니다. 그러니 지금 당장 안전한 곳으로 가 숨어 계십시오. 어쩌면 관장과 부하들이 주교님을 잡으려고 떠났을지도 모릅니다. 이것은 확실한 소식입니다. 관장의 수하 장교들이 이 명령을 받고서는 그 지역 그리스도교 신자 대표를 찾아와서 경계를 게을리 하지 말고 안전책들을 강구하라고 일러주었다니까 말입니다." 공식적인 것이었기 때문에 확실해 보이는 이 소식은 그 즉시 경보를 울렸습니다. 유럽인의 존재에 대해 직접적으로나 간접적으로 의심이 들게 하거나 그런 생각을 일깨울 수 있는 모든 성물들과 물건들은 급히 깊은 토굴 속에 보관했습니다. 우리는 새벽 한 시까지 일했습니다. 이 일이 끝나자, 사람들은 발소리를 죽여 가며 우리를 한 토굴 속으로 피신시켰습니다. 이 사태가 빨리 지나가기를 기대하며, 적의 도착에 대해 제때 보고 받을 수 있도록 얼마간 떨어진 곳에 보초들을 배치했습니다. 적이 오면 우리는 산을 넘을 작정이었습니다. 우리는 이렇게 위태로운 상황에 처해 있을 때 비로소 사람들을 제대로 파악하게 됩니다. 부락의 수장 두 사람은 우리에게 헌신적인 모습들을 보여주었습니다. 나는 그들의 자비심에 감탄했습니다. 그들은 우리 앞에 닥친 위험을 보살펴주느라 정작 자기 자신들이 처해 있는 위험은 잊고 있었습니다. 그러나 그들은 우리보다도 훨씬 더 큰 위험에 노출되어 있었습니다. 그들은 우리에게 이런 말을 했습니다. "염려하지 마십시오. 아무 일도 아닐 것입니다." 그런데 이웃 사람은 반대로 우리와 자기네를 연결하는 사잇문을 막아버렸습니다. 그는 아마도 압박이 더 심해지면 우리가 자기네로 숨으려고 들지 않을까 걱정하는 것 같았습니다.

우리는 어떻게 해서 우리의 존재가 알려지게 됐는가를 추론해 보았습니다. 전교회장 대표는 신자들 중 누군가가 고발했다고는 생각할 수 없었고, 그렇다고 어떤 외교인이 저지른 일이라는 확신도 없었습니다. 그래서 그는 요셉이 유럽에서 온 물품들을 장난에서 베이징으로 운반하던 중 체포되었을 것이라고 결론지었습니다. 처음에는 한갓 의심에 지나지 않았지만 곧 확신으로 바뀌었습니다. 많은 사람들이 그렇게 생각하는 것으로 보였습니다. 나로서는 이것이 사실일까 봐 매우 걱정되었지만, 그래도 내게는 그와 반대되는 생각을 가져도 될 만큼 확고한 근거들이 있었습니다. 나는 이렇게 말했습니다. "만일 요셉이 체포되었다면 경보는 더욱 컸을 것입니다. 산둥에 있는 샤스탕 신부가 이런 불행을 첫 번째로 알았을 것이며, 가능한 한 빨리 우리에게 알렸을 터이고, 연루되었을 난징 주교도 틀림없이 그와 같이 했을 것입니다." 다행히 내 예감이 맞는 것으로 드러났습니다.

6월 18일과 19일, 첫 번째 소식을 확인시켜주면서도 또 부분적으로는 부인하는 새로운 전갈이 왔습니다. "요셉은 체포되지는 않았지만 어떻게 되었는지는 모릅니다. 태수가 추적 중인 대상이 유럽인들은 아닙니다. 게다가 사람들은 이 지방에 유럽인이 단 한 사람이라도 있는지의 여부조차 모릅니다. 이 불행한 사건의 발원은 어떤 무관입니다. 한 계급 승진을 한 이 무관이 사례를 표하러 태수에게 갔습니다. 태수는 그에게 그의 관할 지역에 반역자 백련교도들이 있는지를 물었습니다. 그러자 이 무관은 '아닙니다, 각하. 백련교도는 전혀 없습니다. 그러나 그리스도교인은 많이 있습니다' 하고 대답했습니다. 교우들의 숨은 적이었던 이 못된 사람은 태수가 교우들을 의심하고 끔찍스럽게 여기도록 중상하는 내용의 보고들을 올림으로써 희열을 느꼈습니다. 그는 지명된 곳의 교우들과 선교사를 조사하라는 내용의, 생화부 관장 앞으로 내리는 명령서를 얻어냈습니다. 제때 연락을 받은 신부는 야음을 틈타 달아났습니다. 그런데 설상가상으로 교우들을 고발한 자이면서 철천지 원수인 이 무관이 수사 임무를 맡았습니다. 그는 찾아낼 수만 있으면 남녀를 가리지 않고 그리스도교인이란 그리스도교인은 모두 체포하여 생화부로 질질 끌며 압송시켰습니다. 그는 월권행위까지 했습니다. 타 지역에서까지 체포 행위를 서슴지 않았던 것입니다. 온전히 형사 사건이었다면 그는 엄히 처벌받았을 것이지만, 다른 데서도 그렇듯이 중국에서는 그리스도교에 대한 고발과 관련해서는 모든 것이 가능합니다. 모든 정의로운 권리를 무시해도 처벌받지 않으며, 법을 유린할 수도 있는 것입니다. 이의를 제기할 이유가 없는 것입니다. 그러나 선고를 내리는 권한이 있는 문관은 이 무관의 불법적인 행위를 괘씸하게 생각하여 여자들 모두와 상당수의 남자들을 석방케 했습니다. 열 명에서 열두 명의 가장만을 죄수로 가뒀습니다."

이상이 해당 전갈의 공식적인 보고 내용으로서, 넉 달 전부터 계속해서 일어난 일련의 사건들이 이 보고 내용을 꾸준히 뒷받침해 왔습니다. 한 번도 우리가 문제가 된 적이 없었습니다. 나는 이 사건들을 상세히 보고함으로써 반대되는 내용의 소식들을 받은 사람들을 안심시키게 되어서 기쁩니다. 사람들은 마카오에, 박해의 원인이 우리였다는 내용의 편지를 전하는 데 급급했었습니다. 하지만 그렇지 않습니다. 나는 앞에서 제기했던 이의를 재차 확인하는 바입니다. 우리는 그 어디에서도 박해나 혼란을 야기한 적이 없습니다. 사람들이 그 점을 우려케 하고자 했기 때문에, 그리고 만일 사람들이 그렇게 말했다고 한다면, 나는 이에 맞서 항의하는 바입니다. 이제 사건들이 어떻게 진행되었는지에 대한 언급을 이어가겠습니다.

우리 고을 전체의 교우들을 체포하도록 한 것은 결코 이 무관의 소관이 아니었습니다. 그러나 비밀리에 교우들을 배려해주는 문관은 그의 힘이 닿는 만큼 무관의 무례함을 질책했습니다. 이 사건은 곧 우리 그리스도교에 유리하게 끝났을 수도 있었습니다. 그러나 태수의 심기가 아주 불편한 상태입니다. 그는 우리 고을의 관장이 올린 그리스도교에 대한 호의적인 진술들을 받아들이려 하지 않고 있습니다. 사건은 여기까지 와 있습니다. 우리는 이 사건이 어떻게 끝나게 될지 모르겠습니다.

이 부당한 조사는 다른 몇몇 문관과 무관의 탐욕을 일깨웠습니다. 그래서 몇 군데 지방에서 박해를 받은 교우들이 여럿 생겼습니다. 몇몇은 돈을 내고 풀려났고, 또 다른 사람들은 혹독한 고문을 당하고 과중한 벌금형을 언도받았습니다. 우리는 바로 며칠 전에 선교사들이라면 모두 다 알고 있는 한 성스러운 노인이 무자비하게 매질을 당했다는 소식을 들었습니다. 이 존경스러운 증거자는 형벌을 못 이길까 봐 겁이 나서 고문을 더는 당하지 않을 요량으로 관장에게 4,000프랑가량의 돈을 주겠다고 제안했습니다. 이 지옥의 사제는 그에게 이렇게 대답했습니다. "안 된다. 너는 배교도 하고 그 돈도 바쳐야 한다." 이 거룩한 증거자는 굳세게 버텼습니다. 교우들 여럿은 달아났습니다. 그들은 신앙을 잃게 되는 것보다는 재산을 잃는 것이 더 낫다고 생각했던 것입니다. 몇몇 사람들은 우리 집으로 피신해왔습니다. 우리를 직접 관장하는 관리는 또다시 그리스도교인들을 상대로 조사하기를 거절했습니다. 하느님께서는 그의 훌륭한 결심을 확고히 다져 주시옵기를 바랍니다.

6월 23일, 시완쯔의 전교회장이 지나친 동정심을 발휘하여 우리를 토굴에서 나오게 한 후 처음 거처하던 곳으로 도로 데려왔습니다. 우리는 그 토굴 속에서 그런대로 잘 지냈습니다. 이 토굴들은 산에 자연적으로 생긴 굴과는 다릅니다. 이것들은 야산 비탈에 사람의 손으로 파서 만든 주거지입니다. 거기에는 야외에 지어놓은 초라한 오두막들에서 볼 수 있는 작은 편의 시설들이 모두 갖춰져 있습니다. 일생 동안 이 어두운 주거지에서 온 가족이 함께 생활하는 경우도 있습니다. 토굴의 공기는 습하고 비위생적입니다. 출입구는 한 군데 뿐인데, 그것도 항상 열려 있는 것이 아니라, 환기가 잘 되지 않습니다.

26일, 새로운 경보가 있어서 우리는 두 번째로 피신을 하지 않을 수 없게 되었습니다. 우리는 산 위에 지어진 낡은 오막살이 은신처를 찾아갔습니다.

7월 3일, 동정심을 유발하는 어떤 새로운 요인이 발생하여 우리는 시완쯔로 다시 불려왔습니다. 하지만 하마터면 세 번째로 피신했어야만 했습니다.

7일, 우리는 새로운 전갈을 받았고, 이로써 또 다른 안전 조치들을 취해야만 했습니다. 그때부터 오늘까지 우리는 두려움과 희망의 접경 지대에 놓여 있는 상태입니다. 유리한 소식이 하나 날아오면 그 다음 날 더 나쁜 소식으로 뒤집혔고, 또다시 번복되기를 반복했습니다. 태수의 심기가 대단히 좋지 않습니다. 고을 관장이 그에게 의견을 구하자 그는 수색을 계속해야 한다는 회답을 보냈으니, 이것은 총체적인 박해까지 이르러야 한다는 것을 의미합니다. 관장은 지금까지 이러한 명령을 교묘히 피해왔습니다. 백련교도들이 생각지도 않게 우리에게 그토록 많은 괴로움을 야기하고 있는 바, 여러분은 그들에 대해 알아두는 것이 좋겠습니다.

백련교도들 또는 수련교도들, 또는 여러분이 다음 표현을 더 선호한다면 수련회원들은 중국의 진정한 프리메이슨 단원들입니다. 그들은 중국 제국 전역에 널리 퍼져 있습니다. 그 수효는 수백만 명에 달합니다. 기존의 정부를 전복하려고 은밀하게 활동하는 일종의 비밀 정부입니다. 이들에게는 한 명의 우두머리와 하위 관리들이 있습니다. 이들은 여러 계급으로 구별됩니다. 모든 교도들은 누구도 범접할 수 없는 기밀을 지킨다는 맹세로 결속되어 있습니다. 백련교도로 기소될 경우 그들은 그 종파의 일원이라는 것을 부인해야 할 의무가 있습니다. 이들에게는 은밀한 미신적 요소들이 있지만, 외부적으로는 다른 중국인들과 전혀 구별되지 않습니다. 다만 자기네들끼리는 서로 알아볼 수 있는 특별한 표시들이 있습니다. 또한 이들은 금전적으로 모금 활동을 하며, 이것으로 교단의 필요 물품들을 마련할 수 있게 금고를 하나 만들어놓고 있습니다. 어떤 이름으로 자신들이 노출되면 다른 이름을 취합니다. 이들은 오늘날 스스로를 칭하여 '천상 종교 신도들'이라고 합니다. 그러나 일반인들은 이들을 처음 이름 그대로 백련교도들로만 알고 있습니다. 이들의 주요 목표는 정부를 전복시키고 오직 백련교도들로만 구성된 또 다른 정부를 세우는 것입니다. 이들은 여러 차례 자기네들이 세운 위험한 계획들을 실현하려 시도한 바 있으나 언제나 실패했습니다. 전 황제(가경제)의 통치 시기인 약 25년 전 어느 날, 하루만 지나고 나면 이들의 계획이 실현되려던 순간이었습니다. 그리고 중국은 백련교도를 황제로 맞아들일 판이었습니다. 그런데 조금 지나치게 서둘렀습니다. 공모자들 중에는 황족, 궁궐의 환관, 귀족 등 온갖 계급의 중국인들이 있었습니다. 백련교주가 체포되었습니다. 황제는 친히 그를 심문하고자 했습니다. 황제가 그에게 물었습니다.

"너희 신도들의 수는 얼마나 되느냐?"

"내 휘하만 해도 이 제국의 삼 분의 일이 되오."

"너의 지지자들 중에 천주교 신자들(즉 그리스도교인)이 있느냐?"

"그런 종교를 믿는 자는 하나도 없소."

이 명백한 증거와 그의 진실한 증언이 있었음에도 뻔뻔한 황제는 바로 그 무렵에 모든 선교사들을 사형에 처하고 평범한 신자들은 종신형을 선고하도록 하는 법령을 선포했습니다. 이렇듯 이 이단 종교는 그리스도교에 재난을 초래하고 있었습니다. 그러나 그 여파로 그리스도교 신자들에게 해를 끼치는 백련교도들의 반란은 없었습니다. 이상이 중국에서 대단히 유명한 한 이단 종파에 대해 내가 말할 수 있는 전부입니다. 사람들은 이 이단 종파가 현 왕조와 함께 시작된 것이라고들 말했지만 그보다 훨씬 더 오래된 것 같아 보입니다.

6월 말경에 나는 요셉을 찾아오라고 육지로, 바다로 심부름꾼 한 명을 보냈습니다. 이 남자는 길을 가다가 한 중국인 신부를 만났는데, 이 신부가 그에게 머지않아 프랑스 라자로회 물리(Mouly) 신부가 도착한다고, 오던 길을 되돌아가서 우리에게 알리라고 했습니다. 사실 이 선교사는 7월 12일에 시완쯔에 도착했습니다. 그는 박해가 더 심한 곳들을 무사히 지나왔습니다. 선하신 하느님께서 특별한 방법으로 그를 지켜주셨던 것입니다. 도중에 그는 어떤 교우 집에서 머물렀는데, 다른 많은 교우들처럼 그 교우도 그 지역 관장에게 가택 수색을 당했던 바 있었습니다. 그가 떠나자마자 그 관리가 다시 와서 이 집과 다른 곳에서 찾아낸 교우들을 모두 투옥시켰습니다. 조금 더 빨랐거나, 늦었더라면 물리 신부는 분명히 체포되었을 것입니다. 그런 크나큰 불행이 생겼다면 박해가 이루 말할 수 없을 만큼 심해졌을 것입니다.

7월 6일, 나는 같은 심부름꾼을 다시 보내서 요셉의 자취들을 밟게 했습니다. 사람들 말로는 황실 관보(Journal Impérial: 황실에 올라가는 보고서)에 황제에게 올릴 쌀을 싣고 가던 배들 중 30척이 불탔다는 발표가 났다고 합니다. 이 화재로 인해 300명이 죽었다는데, 사람들은 이내 요셉이 그 희생자들 중에 들어 있었을 것이라고 생각했습니다. 나는 무엇보다 이와 같은 불행이 그에게 닥쳤으리라고 믿을 수가 없습니다. 나는 다소 거리를 두고 항해하는 배들이 어떻게 같은 화재로 불타 없어질 수 있었는지 도대체 상상할 수가 없었습니다. 300명이나 되는 사람들이 한 수로에서 얌전히, 그리고 침착하게 불에 타고만 있을 수 있었는지는 더욱이 납득할 수 없었습니다. 상식적으로나, 무의식적으로라도, 그런 극단적인 상황에 처한 사람이라면 누구나 물에 뛰어들게 되어 있습니다. 불 한가운데서 인내하며 불에 타 죽느니 물에 빠져 죽을 각오를 하고 기슭까지 닿기 위해 기를 써 보는 것이 더 나은 것입니다. 그렇지만 어느 누구도 부인하지 않은 이 사건의 공식적인 발표하며, 이 화재 사건의 시기와 일치하는 이 젊은이의 출발 시기하며, 그가 이 배들 중 한 척에 오른 것이 확실한 것이며, 그가 그렇게 오랜 기간(2,500리 떨어진 곳에서 넉 달 반이 되도록) 나타나지 않는데도 그의 소식들을 들을 수 없는 것이며, 그리고 마지막으로 그를 찾아보라고 보냈던 심부름꾼이 상당히 지체한 것 등의 정황들을 종합해 보건대, 그에게 그런 불행이 닥치지 않았을까 우려되었습니다. 나로서는 단순하게 의심했던 것이 곧 확신으로 바뀌었습니다. 따라서 나는 열정의 희생자요, 우리와 조선 선교지에 대한 헌신의 희생자인 이 젊은이가 화재 속에서 우리 물건들과 함께 사라져버린 것에 대해 더 이상 의심을 갖지 않게 되었습니다.

7월 23일, 산시 주교는 르그레즈와 신부가 마카오에서 주교의 심부름꾼들에게 맡겼던 편지 한 묶음을 내게 보내왔습니다. 이 편지들을 읽고 나는 중국과 프랑스에 있는 많은 사람들이 아직도 우리의 일에 대해서 모르고 있다는 생각이 들었습니다. 말이 난 김에 나는 편지와 물건들이 우리에게 잘 도착하게끔 하는 가장 확실하고 가장 빠른 길은 산시를 통하는 길임을 짚고 넘어가겠습니다. 프랑스발 편지는 내가 (산시를 통해) 받아보기까지 1년이 걸렸던 반면, 2년도 더 전에 난징을 통해 내게 보낸 편지들은 1835년 9월 8일에야 내 손에 이르렀습니다. 게다가 그곳에는 심부름꾼을 일부러 보내야만 했고, 이 사람은 길에서 죽을 뻔했습니다. 이 편지들 가운데서 나는 산시 주교와 장차 그의 부주교가 될 도나타 신부의 편지를 발견했습니다.

존경하올 이 선교사들은 내게 그들의 진실한 우정과 헌신을 모호함 없이 깨끗하게 보여주었습니다. 산시 주교는 자신의 심부름꾼이 무사히 짊어지고 갈 수 있을 것이라며, 내 편지들과 돈과 다른 나머지 물건들을 마카오에서 산시까지 무상으로 실어다주게 하겠다고 제안했습니다. 이처럼 관대한 제의를 받아들이자니 부끄러울 지경입니다. 산시 주교는 어떤 경우에도 최선을 다해 나를 돕겠다고 다시 한 번 약속했습니다. 나는 우리의 친애하올 동료들, 즉 푸젠과 산시의 훌륭한 대목구장들과 각자 자기 관구에 속해 있는 존경스런 선교사들, 중국에 있는 프랑스 라자로회 회원들에게 감사를 표하도록 권하는 것을 나의 의무이며 기쁨으로 삼는 바입니다. 이들은 모두 내게 말이 아닌 명백한 증거들로 자신들의 애정을 보여주었으며 아직도 보여주고 있습니다.

9월 3일, 중국에서 온 편지를 통해 요셉이 아직 살아 있기는 하지만 중병에 걸린 상태라는 것을 알게 되었습니다.

같은 달 8일에 요셉은 더없이 형편없는 상태로 시완쯔에 도착했습니다. 그는 상처와 종기로 뒤덮여 있었습니다. 만주에서, 그리고 베이징으로 가는 길에서 겪은 추위에다 배의 습기와 비위생적인 증기가 더해져 이런 애절한 꼴이 되었던 것입니다. 그는 아직도 걷는 것은 고사하고 심지어 말이나 수레를 타고도 길을 떠날 수가 없는 완전히 불가항력의 상태에 있습니다. 그러나 그의 용기는 언제나 그의 한계를 넘어섭니다. 그는 현 상황에서 내 옆에 자기가 있어주는 것이 무척 필요하다는 것을 알고 있습니다. 그는 조선 국경 지대까지 나를 수행하고 싶어 할 뿐 아니라, 내게 출발을 서두르라고 재촉까지 하고 있습니다.

샤스탕 신부가 보낸 한 통의 편지에서 나는 파치피코 신부가 베이징 교구의 총대리인 카스트로 신부에게 편지를 썼다는 사실을 알았습니다. 그는 총대리에게 무엇을 요구했을까요? 무슨 말을 했을까요, 아니, 누설했을까요? 모르겠습니다. 어찌 됐든 카스트로 신부는 그의 이런 비뚤어지고 뒤틀린 행동에 대해 분개합니다. 카스트로 신부는 그에게 답장을 보내려는 생각이 추호도 없는 듯합니다. 우리와 반대 입장이 아닌 것입니다. 우리를 도울 마음이 가득해 보입니다. 그는 파치피코 신부가 우리에게 하는 행동이 잘못되어 있다는 사실을 인정하고 있습니다. 어쩌면 내가 잘못에 빠져들었는지도 모릅니다. 나는 샤스탕 신부에게 편지를 써서 난징 주교의 주장들에 대해 새로운 증거를 요구했습니다. 나는 다음과 같은 답장을 받았습니다. "누구에게서도 난징 주교님이 조선 선교지에 대한 재치권 주장을 확실히 하셨다는 말을 듣지 못했습니다. 다만 의혹만 있을 뿐입니다. 그런데 내게 이런 의혹을 제기한 사람은 난징 주교님을 좋아하지 않는 자입니다. 그러니 이런 의심들은 전혀 신경 쓸 것이 못 되는 것으로 보입니다."

여섯 달 전쯤 이 친애하는 동료인 샤스탕 신부는 범상치 않은 어떤 일에 대해 내게 문의한 적이 있습니다. 산둥 지방의 한 교우 처녀가 일 년 동안 여러 차례에 걸쳐 예수님 변모와 유사한 영광스런 모습으로 변모했다고 합니다. 그녀와 친분이 있는 이든 낯선 이든 여러 사람이 성인들을 표상할 때와 같은 모습으로 휘황찬란하게 빛나는 이 처녀의 모습을 보았던 것입니다. 이런 비범한 상황이 자주 되풀이되었습니다. 처음에 이 소녀는 아무것도 감지하지 못했지만, 그녀의 친구들과 부모가 그녀에게 놀라움을 표시하면서 이런 잦은 황홀경의 원인이 무엇인지 알고 싶어 했습니다. 자신이 모르고 있던 사실을 듣고 질겁한 그녀는 자신이 악마의 환영을 받은 것이라고 생각했습니다. 그녀는 악령의 장난감이 되지 않으려면 무엇을 해야 하는지 알아보려고 샤스탕 신부를 찾아와서 조언을 구했으나 고해 신부 역시 고해자만큼 당황했습니다. 하여, 두 사람 모두 나의 조언을 구하자는 의견에 이르렀습니다. 나는 나보다 더 사정에 밝은 다른 사람들이 이처럼 엄청나게 미묘한 문제들에 대해 썼던 내용에 대해 샤스탕 신부에게 말해주었습니다. 나는 방금 이 친애하는 동료에게서 다음과 같은 내용의 답장을 받았습니다.

"이 처녀는 총대리님께서 제게 지침들을 내려 방향을 잡아주신 덕에, 마지막 편지 이후로는 두세 번의 환영밖에 겪지 않았습니다. 이 환영들 중 하나는 그녀를 기쁘게 해주었으나, 하나는 고통스러운 것이었습니다. 첫 번째 것은 15분에 걸쳐 진행된, 선율이 아주 아름다운 일종의 음악회였고, 두 번째는 아주 빛나는 광선이었는데, 이것은 그녀의 몸에서 나와서는 어떤 그림 위에 머물러 쉬다가 얼마 후에 사라져버렸습니다. 그녀는 그것이 영성체 때 모신 예수 그리스도인데, 예수님께서 자기한테서 떨어져 나가버린다는 생각이 들어서 몹시 괴로워했습니다. 그녀의 언니는 이 처녀가 있는 방에서 두 개의 빛줄기가 나와 하늘로 올라가는 것을 목격했습니다. 이 처녀는 하늘이 열리는 것을 보았고, 비길 데 없이 아름다운 모습들을 보았습니다. 그녀는 죽을 지경으로 몹시 체념하고 있습니다. 현재 그녀와 그녀의 아버지가 거의 죽어가는 지경이라는 소식이 있습니다."

샤스탕 신부는 이 소녀에 대해 대단한 찬사를 보내고 있습니다. 어린 시절부터 그녀는 순수하고 거룩한 삶을 살아온 것으로 보입니다. 신심이 대단한 이 처녀는 우리 선교 임무의 성공에 큰 관심을 기울이고 있습니다. 그녀는 조선 선교지와 조선 선교사들을 위해 기도하고 있고, 미사를 드리고 있습니다.

내가 앞에서 이야기한 비통한 사건은 적어도 부분적으로는 진실한 것으로 밝혀졌습니다. 황제에게 올릴 쌀을 가져가던 배들 중에 여러 척이 양쯔 강에서 불에 탔습니다. 많은 사공들과 승객들이 불속에서 죽거나 물으로 나오려고 하다가 물에 빠져 죽었습니다. 큰 강이라 육지로 헤엄쳐 나오기에는 힘이 부족했던 것입니다. 이 배들은 서로 나란히 붙어 닻을 내리고 있었습니다. 이 사고는 고의로 저질러진 것이라고들 생각하고 있습니다. 100척이 넘는 배의 선원들은 해당 선장들에게 대항해 폭동을 일으켰습니다. 그들은 선장들을 비롯해 다른 많은 사람들을 참수했습니다. 이 난리통 속에 어떤 자들은 죽었고, 어떤 자들은 도망쳤습니다. 그리고 남은 사람들은 사법 처리되었습니다. 다른 배 몇 척은 폭포 혹은 급한 여울을 거슬러 올라가다가 물살에 부딪혀 부서졌습니다. 중국인들은 수문 사용법을 전혀 모릅니다. 유럽에서는 수력학을 바탕으로 기적처럼 수자원을 확보하는데 중국인들은 이 점에 무지합니다. 중국의 초기 역사학자들이 그리도 뽐내던 제국 운하들은 그토록 거창한 찬사를 받을 만한 곳이 못 되는데도 사람들은 바로 이런 찬사들 때문에 이 운하들을 찬양하는 아주 잘못된 오류를 범했던 것입니다. 이것들은 실상 따지고 보면 하천에 지나지 않고, 하천이 갖고 있는 모든 단점들을 갖고 있습니다. 이곳에서 배들은 물이 없어 좌초합니다. 좀 더 멀리 나가면 갑작스럽게 범람하는 바람에 가냘픈 쪽배들은 선원들과 승객들과 더불어 침몰해버립니다. 중국에서 항해하기란 해안을 따라서 하건, 안쪽에서 하건 늘 고통스럽고 길고 지루하며 종종 위험합니다. 제국 운하를 항해하는 장시의 배들은 베이징항으로 갔다가 자기 고장으로 되돌아오는 데 1년이 걸립니다. 겨우 3,000리밖에 되지 않는 거리인데 말입니다. 요셉은 이 난리통 속에 있었습니다. 그는 이 모든 비통한 난리 현장의 증인이었지만, 선하신 하느님께서 그 난리로부터 그를 보호해 주셨습니다. 기적과도 같이 그는 거동을 하지 못하는 바람에 그 소동에서 벗어날 수 있었던 것입니다.

이 지역의 그리스도교인들에 대한 박해는 뜸해지기 시작했지만 완전히 끝난 것은 아니었습니다. 그 용감한 증거자들 중 아홉 명은 중앙아시아의 일리로 종신 유배형을 언도받았습니다. 이분들을 고향에서 도읍지로 압송해오는 동안 포졸들이 목을 축이려고 어떤 주막에서 멈췄습니다. 마땅한 기회를 기다리던 한 중국인 신부가 이때를 이용해 이 증거자들에게 고해성사를 주었습니다. 세 사람이 성체를 영했습니다. 이 선교사는 그들 전부에게 성체를 영해주고 싶었으나 그러지 못했습니다. 포졸들이 계속 행군하려 하기도 했거니와 그 포졸들이 왔을 때 사제가 같이 있는 것은 진중하지 못한 일이었기 때문입니다.

제일 처음 6월에 체포되었던 교우 열두 명은 10년 유배형에 처해질 것 같습니다. 그리고 이웃의 작은 도시에서 혹독한 태형을 받은 사람들의 운명은 어떻게 될지 모릅니다. 그들을 고문하게 했던 관장이 그 지방 태수에게 소환되어 갔는데, 그 이유는 모릅니다.

시완쯔의 주민들도, 선교사들도 두려워하는 빛이 없습니다. 박해가 불붙은 장소들 중 거의 중심지에 있는데도 이 지방 교우들은 그들 교회의 건축을 중단하지 않았습니다. 마침내 교회가 완성되었습니다. 이렇게 초라한 부락에 비해서는 훌륭한 교회입니다. 어쩌면 지나칠 정도로 아름답다고 하겠습니다. 당당히 타타르 지역의 경이로움이라고 불릴 만한 이 건축물은 그리스도교에 대해 별로 호감을 갖지 않은 관리의 주의를 끌 수도 있고, 그리하여 교회와 교우들의 멸망을 초래할 수도 있을 것입니다. 하느님께 제례를 지내기 위해 봉헌된 공공건물이 있는 곳으로서 내가 아는 곳은 베이징, 마카오, 푸젠 다음으로는 시완쯔밖에 없습니다. 며칠 전부터 시완쯔에 모인 우리 선교사는 여덟 명으로, 유럽인 주교 한 명, 유럽인 선교사 두 명, 중국인 신부 다섯 명입니다. 그 밖에 상당수의 회장과 신학생들이 있습니다. 이만 하면 형식을 갖춘 시노드(교회 회의)를 열고도 남을 만합니다. 쓰촨성의 시노드도 이 정도의 인원은 안 되었지 싶습니다.

여섯 명의 라자로회 선교사들은 현재 은퇴를 하려고 합니다. 그들은 내가 출발하기 전날 자기들의 경건한 임무들을 마치게 됩니다. 내가 머물 숙소를 하나 마련하라고 랴오둥으로 보냈던 심부름꾼들 중 돌아온 사람은 없습니다. 하지만 어떤 유감스런 사고만 아니었다면 그 일은 오래전에 끝났을 것이고, 내 심부름꾼들은 50일도 훨씬 전에 도착했을 것입니다. 하느님의 뜻이 이루어지소서.

르그레즈와 신부가 산시를 통해서 내게 보내준 돈이 다행히도 산시 주교 손에 들어갔습니다. 산시 주교는 친절하게도 나에게 이런 상황을 알려주었습니다. 주교는 시완쯔에 있는 내게 그 돈을 전할 방법을 일러달라고 했습니다. 나는 그 돈을 받아서 내게로 가져올 사람들을 보냈습니다. 그런데 아직 아무도 나타나지 않고 있습니다. 왕복하는 데 한 달이나 기껏해야 40일이면 충분할 터인데 말입니다. 그들이 길을 나선 지 두 달이 다 되어 가는데, 나는 그들에 대한 소식을 알 길이 없습니다. 하느님의 뜻이 이루어지소서! 그래도 그 돈을 잃어버렸다고는 생각지 않습니다.

요셉의 건강이 나아지긴 했지만 완쾌된 것은 아닙니다. 그런데도 그는 조금도 용기를 잃지 않았습니다.

제14장 시완쯔 출발 예정

우리는 오는 10월 7일 수요일에 떠납니다. 우리는 손수레 비슷한 마차를 하나 구입했습니다. 값은 마구까지 합해서 7프랑입니다. 140프랑을 주니 말 두 필을 주고, 또 한 마리를 거저 내어줍니다. 이리하여 우리는 작은 대상 모양새가 되었습니다. 우리가 고용한 사람들은 완전 무장을 했습니다. 우리는 도적과 맹수가 우글거리는 산과 황야를 거쳐 2,000리가 넘는 길을 가야 합니다. 매일 약탈당했다는 소식들이 들려옵니다. 보통 이 도적들은 저항하는 경우가 아니면 살인을 하는 일은 없습니다. 나그네들의 물건을 뺏는 것으로 만족하지만, 때로는 그들이 입고 있던 옷까지 빼앗습니다. 그런데 현 상황에서 그러한 약탈은 잔인한 살인과 다를 바 없습니다. 왜냐하면 아직 9월이기는 하지만, 날씨가 정말 얼음장같기 때문입니다. 우리가 지나가려는 고장은 시완쯔보다 훨씬 더 춥습니다. 한 달만 걸으면 우리는 랴오둥으로 들어갑니다. 랴오둥 지방은 기온이 좀 더 온화하지만, 주민들은 우리에게 그리 호감을 갖고 있지 않습니다. 그 어떤 교우도 우리에게 임시 거처를 제공하려 하지 않으리라 짐작됩니다. 돈을 지불한다고 하더라도 말입니다. 그들은 유럽인들을 끔찍히도 두려워합니다. 우리가 그들의 고집을 꺾을 수 없다면 좋건 싫건 외교인의 집에 거처를 마련해야 할 것입니다. 음력 11월 초에 우리는 장이 서는 국경 최접경(펭후앙성 비엔민)까지 갈 것이나, 어쩔 수 없이 수천 명의 외교인 가운데 외로이 있게 될 것이고, 상인들에게 과도하게 금품을 뜯어내고 외국인들을 조사하려고 일부러 거기 와 있는 중국 국경 수비대에게 둘러싸여 있게 될 것입니다. 할 수만 있다면 우리는 작은 막사 하나를 만들어서 장사를 하는 척하겠습니다. 인내를 가지고 달관한 사람처럼 조선 사람들이 도착하기를 기다릴 것입니다. 그들이 오면 (그들이 온다는 것을 다시금 가정하고) 조선으로 들어갈 것입니다. 하느님이 원하시면 말입니다. 우리가 처한 상황은 참으로 좋지 않습니다. 여러분도 보시다시피, 난감함의 극치로서 나의 길동무들은 용기도 없고 능력도 없습니다. 그래도 이런 여행에 운을 맡겨보겠다고 나선 사람을 세 명이나 찾을 수 있었던 것이 다행입니다. 어쨌든 이 위험스런 계획이 어떻게 진행될까 하는 데 대해서는 별로 걱정되지 않습니다. 나는 나의 운명을 하느님의 손에 맡겼습니다. 나는 하느님 섭리의 품 안에 내 한 몸을 던져, 중도에서 죽거나 불가항력에 의해 저지당하지 않는 한, 나의 달음박질 종착지(조선)에 이를 때까지 머리를 숙이고 위험을 뚫으며 달릴 것입니다. 내가 조선에 들어가면 하느님께서 기적을 행하신 것이 될 것이고, 랑글루아 신부는 예언을 한 셈이 되겠지요!

희소식입니다. 한 훌륭한 안내인 편에 산시로부터 내 앞으로 돈이 온 것입니다! 이 사람은 조선 국경까지 나를 따라가는 데 동의했습니다! 산시에는 새로운 주교가 생겼습니다. 이 지방의 대목구장이 얼마 전에 자신의 부주교를 서품한 것입니다. 새 주교는 이탈리아 나폴리 출신의 작은 형제회 소속 수도자인 도나타 신부입니다. 이 사람은 훌륭한 사람입니다. 내가 그를 안다는 것이 영광입니다. 그는 훌륭한 주교가 되기에 필요한 장점들을 모두 갖추고 있습니다. 그의 신앙심과 열정은 그가 가진 상당한 학식과 재능에 맞먹습니다. 나는 그의 도움을 받은 바 있고 아직도 받고 있습니다. 그리고 그는 내게 자신의 목숨이 다하거나 나의 목숨이 다할 때까지 그 일은 계속될 것이라고 약속해주었습니다(53신 참조).

금상첨화로 내가 랴오둥으로 보냈던 심부름꾼들의 우두머리가 얼마 전에 도착했습니다(10월 1일). 그는 나를 위해 중국인들과 조선인들이 교역하는 장이 서는 장소(펑후앙성 비엔민)에서 겨우 5리 되는 곳에 꽤 넓은 집을 한 채 세를 얻어 놓았습니다. 집세는 일 년에 105프랑입니다. 그런데 이 사람은 나는 이곳(시완쯔)에 머무르고, 심부름꾼들만 국경 지대로 가는 것이 좋겠다고 충고합니다. 그는 내가 중도에 어떤 사고를 당할 수도 있다는 이유를 내세우며 내가 떠나지 못하게 하려고 온갖 애를 다 씁니다. 어째서 이 사람은 내가 마카오를 떠나기 전에 이런 의견을 알리러 오지 않았을까요? 이제는 너무 늦었습니다. 유럽인이 어떤 사고에 대한 위험을 각오하지도 않고 중국 전역과 타타르의 상당한 부분을 가로지를 수 있다고 보는 것일까요?

8월 말에 난징 주교는 자신이 (랴오둥의 교우들에게 나를 추천하는) 편지를 썼다고 라틴어로 "나는 편지를 썼네"라고 요셉에게 두 번씩이나 말했으나, 교우들과 내 심부름꾼들은 이 편지에 대해서 들은 바가 없다는 것입니다. 세를 얻은 집이 외교인 집들과 섞여 있기 때문에 그곳에 오랫동안 머무르는 것은 불가능합니다. 그래서 교우들에게 며칠 동안 묵을 은신처를 제공해달라고 말했었던 것입니다. 랴오둥 교우들은 난징 주교가 편지로 허가를 내린다면 기꺼이 나를 받아주겠다고 대답했습니다. 그들은 무슨 사고라도 생기면 난징 주교가 자기들을 못마땅해 할까 봐 걱정하고 있는 것입니다. 난징 주교가 "나는 이미 썼네"라고 말했지만 사실 추천서는 쓰지 않았을 것입니다. 자신의 허가가 담겨 있는 서신을 소지하고 있지 않은 경우 그 어떤 선교사도 받아들이지 말라는 편지를 두고 "나는 이미 썼네"라고 했을 것입니다. 이 편지 발송은 난징 주교의 심부름꾼도 확인했습니다. 나는 그의 그런 행동에 대해 뭐라 언급하는 것을 삼가겠습니다. 그러한 행동은 내가 볼 때 생각할 수도 없는 것이기 때문입니다. 그러므로 나는 요셉을 베이징으로 보내서 난징 주교에게, 서면으로 그의 뜻을 밝혀줄 것을 요구할 수밖에 없습니다. 나는 그가 그렇게 해주지 않을 것이라고 일찌감치 예상하는 바입니다. 그러니 여러분에게 부탁합니다. 랴오둥 지방 일부를 파리외방전교회에 넘기는 결정을 서둘러 내리도록 교황 성하께 촉구해주십시오. 제가 정해진 시기에 조선에 들어갈 수 없다면 이제 나는 어디로 가야 할지 모릅니다. 되돌아와야 하겠지요. 랴오둥 교우들은 자신들이 교황 성하의 결정으로 프랑스인 선교사들의 재치권 아래 있다는 것을 알게 되면 팔을 벌리고 환대하며 우리 프랑스인들을 받아들이게 되리라는 것을 나는 알고 있습니다. 다음 편지에 뒷소식을 전하겠습니다(다음 편지는 없다. 브뤼기에르 주교는 10월 7일 시완쯔를 떠나 10월 20일 마찌아즈에서 종생했다-감수자 주).

1835년 10월 5일 서부 타타르의 시완쯔에서
＋조선 대목구장 바르톨로메오 브뤼기에르 갑사 주교

기도와 미사 성제로 하나 된 여러분,
나는 지극히 미천하고 지극히 순종하는 여러분의 종입니다.

부록:

브뤼기에르 주교 관련 한문 서한

본 한문 서한들은 『브뤼기에르 주교 여행기』에 언급되어 있는 서한들, 즉 브뤼기에르 주교가 조선 교우들에게 보낸 사목 서한, 조선 교우들이 브뤼기에르 주교에게 보낸 서한, 유방제(즉 여항덕) 신부의 서한 등을 한데 묶어 번역, 정리한 것이다.

역자: 최기섭 신부, 김홍경 교수
원본 제공: 한국교회사연구소, 최승룡 신부

1. 브뤼기에르 주교의 사목 서한

발신일: 1832년 윤 9월 26일(양력 11월 18일 일요일)
출　처: AME, v. 579, ff. 91-93

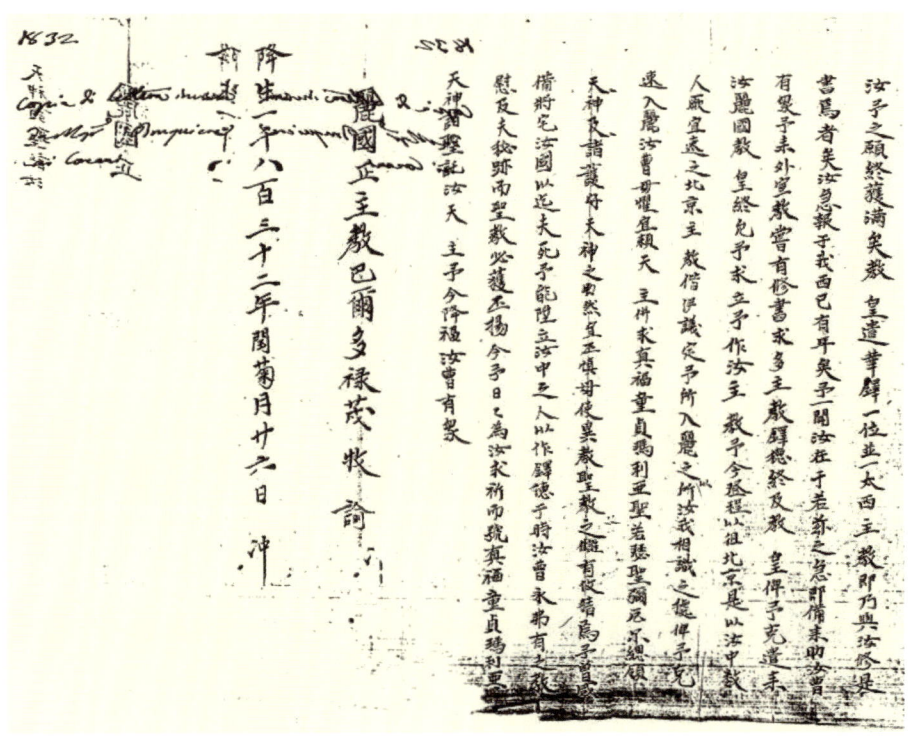

極愛之子:

汝予之願, 終獲滿矣. 教皇遣華鐸一位幷一太西主教, 即乃與汝修是書焉者矣. 汝急報于我西已有年矣. 予一聞汝在于若訐之急, 即備來助汝曹有衆, 予來外宣教, 嘗有修書, 求多主教鐸德, 終及教皇俾予克遣來汝麗國, 教皇終允子求, 立予作汝主教. 予今登程以徂北京, 是以汝中數人, 厥宜遠之北京主教, 偕伊議定予所入麗之所. 汝我相識之處, 伊予克速入麗, 汝曹勿懼, 宜賴天主, 并求眞福童貞瑪利亞, 聖若瑟, 聖彌厄爾總領天神及諸護守天神之助. 然宜不慎, 毋使異教聖教之仇, 有攸猜為予曾咸備將宅汝國, 以迄夫死. 子能升為汝中之人, 以作鐸德于於時, 汝曹永弗有之教慰. 及夫秘迹, 而聖教必獲丕揚. 今予日日為汝求祈而號眞福童貞瑪利亞, 天神諸聖, 托汝天主, 予今降福汝曹有衆.

麗國正主教巴爾多祿茂 牧 諭
降生一千八百三十二年閏菊月二十六日 冲

지극히 사랑하는 자녀들아.

너희와 나의 소망은 마침내 이루어졌도다. 교황께서는 중국인 신부 한 명(유방제 파치피코 신부)과 서양인 주교 한 명을 보내셨으니, 그는 곧 너희들에게 이 편지를 보내고 있는 이 사람이다. 너희들의 급한 소식이 우리 서양에 전해진 것은 이미 여러 해가 지났다.

나는 너희들이 부음을 접한 것과 같은 위급함 속에 있다는 것을 듣자마자 곧바로 너희 나라의 교우들을 도울 준비를 했노라. 나는 파리외방전교회에서 왔으며, 일찍이 편지를 써서 주교와 신부를 구했었는데, 마침내 교황께서 나에게 너희 고려국(조선)에 가도록 하셨다. 교황께서는 마침내 나의 구함을 받아들이시어 나를 너희들의 주교로 세우신 것이다.

나는 지금 길을 떠나 북경으로 가고 있다. 그러므로 너희들 중 몇 명은 속히 북경 주교님께 가서 같이 상의하여 내가 조선으로 들어갈 수 있는 방법과 너희들과 내가 서로 알아볼 수 있는 증거를 정하도록 하여 내가 빨리 조선으로 들어갈 수 있도록 하라.

너희들은 두려워하지 말고 마땅히 천주께 의지하고 진복(眞福) 동정녀 마리아와 성 요셉과 성 미카엘 대천사와 모든 수호천사의 도움을 구하라. 그렇지만 마땅히 저 이교도들, 성교회의 원수들이 예측하지 못하도록 삼가야 할 것이다.

나는 앞으로 너희 나라에 집을 짓고 살면서 죽음에 이를 준비를 이미 하였노라. 내가 너희들 중 몇 사람을 신부로 세울 수 있다면 그때는 너희 나라에 성교가 끊어지는 일이 없을 것이며, 위안이 신비로운 자취에까지 미치고, 성교가 반드시 널리 드날리게 될 것이리라.

이제 나는 날마다 너희들을 위하여 기도하고 있으며, 진복 동정녀 마리아와 하늘의 천사들과 모든 성인들을 부르며 너희를 천주께 부탁하고 있노라. 나는 이제 너희 교우들에게 강복하노라.

고려국(조선) 정주교(正主敎) 브뤼기에르 주교 유시
천주 강생 1832년 윤 9월 26일에

2. 유(진길) 아우구스티노 등이 브뤼기에르 주교에게 보낸 편지(I)

발신일: 1833년 10월 25일(양력 12월 6일)
출   처: Prop SR, 1835, f. 406(SOCP. v. 76, f. 405)

罪人奧斯定等白 罪人們煙惡權抄緣達卑誠 罪人們秋杏春必承
牧主教老爺下諭有云極愛之子次子之願克護滿矣并有聖教丕
揚永有慰滿之 教罪人們三十年來顯頓長夜呼泣憂嘆一朝忽
承 福音恩澤指日罪人們首以損地淚從心來感獻 天主主
慈寵照之洪恩 教化皇憐罪愚賊之至德 老爺慨然臨貺
之赋意罪人們震惶罪德何以漆當惟望 上主至慈恩宥年
福膽慕區煽輪賊誠據 行駕穩稅勞臧之餘神護有相 道體萬
伏惟隆冬 下諭定其所以入境之方卽
爺所動盛愛貢然來止罪人們情私筆動心下踊躍即當竭誠彈
力指畫良策過蹴承迎而事係愼重不可以膚淺獻盡敢其二三
飢有本堂鐸德先臨之事自當茅當情形收合物藏商其方便
節次萊行罪人們母敢懼貳仰賴至慈耶穌聖童貞瑪利亞
及諸天神聖人轉新助佑仰期必咸可罪人們不任籲祝之至謹獻
天主寵佑墅   本牧司教老爺降福之恩
降生一千八百三十三年十月二十五   罪人奧斯定等白

罪人奧斯定等白.

罪人們惶恐, 忭緣達卑誠, 罪人們於客春伏承本牧. 主教老爺下諭有雲: 極愛之子, 汝子之願, 終獲滿矣. 并有聖教丕揚, 永有慰滿之教. 罪人們三十年來顛頓, 長夜呼泣憂嘆, 一朝快承福音恩澤指日, 罪人們首以頓地, 淚從必來感謝天主至慈寵照之洪恩. 教化皇憐異愚賤之至德, 老爺慨然臨貺之誠意, 罪人們深感罪愆, 何以承當, 惟望上主至慈恩宥耳.

伏惟際玆隆冬, 行駕穩稅, 勞憾之餘, 神護有相, 道體萬福, 瞻慕區區緬輸賤誠. 據下諭定其入境之方, 既老爺忻動盛愛, 賁然來止. 罪人們情私聳動, 心下踊躍, 當竭誠殫力措畫良策, 渴蹶承迎. 而事系愼重, 不可以膚淺獻畫效其一二. 既有本堂鐸德先臨之事, 自當案審情形, 收合物議, 商其方便節次案行. 罪人們勿敢懼貳, 仰賴至慈耶穌垂憐, 暨至聖童貞瑪利亞及諸天神聖人, 轉祈助佑, 仰其必成耳. 罪人們不任愚祝之至誦謝, 天主寵佑暨本牧司教老爺降幅之恩.

　　　　　　　　　　　　　　　降生一千八百三十三年十月二十五日
　　　　　　　　　　　　　　　罪人奧斯定等白

죄인 유(진길, 劉進吉) 아우구스티노 등이 아룁니다. 저희 죄인들은 비천한 정성을 올릴 수 있게 된 것을 황공스럽고도 기쁘게 생각합니다. 저희 죄인들은 지난봄에 본 교구 주교님의 하유(下諭)하신 바를 받아 보았습니다. 그곳에 이르기를 "지극히 사랑하는 자식들아. 너희와 나의 소망은 마침내 이루어졌도다"라고 하셨고, 아울러 성교가 널리 드날려 영원히 가득한 위안을 가지게 될 것이라는 가르침도 있었습니다.

저희 죄인들은 지난 30년 동안 밤새도록 고통에 신음하면서 울부짖고 탄식하였는데, 하루아침에 복음을 받고 그 은혜를 입을 날이 곧 닥쳐왔으니 저희 죄인들은 머리를 땅에 조아리게 되고 눈물은 가슴에서 흐릅니다. 천주의 지극히 자애로운 은총으로 비추어주시는 큰 은혜와 우매하고 천한 사람을 가련히 여기시는 교황 성하의 지극한 덕과 용감하게 이곳에 부임하고자 하시는 주교님의 아름다운 뜻에 감사드립니다. 허물이 많은 저희 죄인들이 어떻게 감당하겠습니까. 오직 하느님의 지극히 자애로우심과 은혜로우심과 관대하심을 바랄 뿐입니다. 엎드려 생각건대 지금은 추운 겨울이니 마차를 타고 행차하시어 수고롭고 피곤한 가운데에서도 천신들의 도움을 입어 주교님의 신체에 만복이 깃들기를 바라옵고 우러러 저희들의 천한 정성을 구구하게 보내드립니다.

내려주신 말씀에 국경을 넘을 수 있는 방법을 정하라 하셨으니, 이미 주교님께서 기쁘게 아름다운 사랑을 보이시어 분연히 이 동방까지 오셨으니 저희 죄인들은 감정이 용솟음치고 가슴이 뜁니다. 마땅히 정성을 다하고 힘을 다하여 좋은 계책을 마련하고 주교님을 맞이하여야 하겠습니다만, 이 일은 신중히 하여야 하고 얕은 생각으로 해서는 안 될 것이니, 저희들이 꾀를 내어 한두 가지를 알려드리옵니다.

이미 본당의 신부님(유방제 신부)께서 먼저 이곳에 오셨던 일이 있으니, 상황을 살피고 여러 의견을 모아 그 방법과 절차를 상의하신 다음 시행하시면 저희 죄인들은 감히 어기지 못할 것입니다. 우러러 지극히 자애로우신 우리 주 예수 그리스도의 불쌍히 여기심과 동정 성모 마리아와 여러 천신 성인께 주교님을 도와주실 것을 전구하오며, 일이 반드시 성사되기를 기약할 뿐입니다. 저희 죄인들은 축복을 받기에 부당하오나 천주의 은총과 본 교구 주교님께서 강복해주신 은혜에 감사드립니다.

강생 1833년 10월 25일
죄인 유 아우구스티노 등 올림

3. 유(진길) 아우구스티노 등이 브뤼기에르 주교에게 보낸 편지(II)

발신일: 1833년 10월 25일(양력 12월 6일)
출 처: SC Cina, v. 8, 1834-1837, ff. 540-541

罪人奧斯定等白.

春間行人之回, 伏承下帖, 謹審老爺體度萬福, 幷有進駕臨暨之約條. 罪人們自以愚陋賤劣, 徒積惡綠, 自干義怒. 三十年來, 老死病沒, 只切憂嘆矣. 忽承, 恩命如嬰代哺, 如瞽得明, 感悅之情, 曷以言喩. 伏惟流馹, 寒暑載變, 老爺道體萬康.

本牧司教老爺果爾臨暨沈都, 行駕穩稅及萬祉. 不任區區下誠罪人們, 得荷遠恤眠食, 猶昔無定, 絮白耳. 老爺臨暨之方便, 略有措備依, 教進候而誠淺力綿, 不能周盡, 恐不堪事, 而仰賴上主至慈保佑.

老爺轉懇之恩怙冒, 成命耳至若, 司教老爺辱臨之教恩, 鯊涯分不知攸謝, 而事鯊重大, 方便極難有非. 罪人們所敢一二當俟, 老爺東臨後商量事勢, 設法措畫, 而但有愚衷, 不容含默, 略且事情. 雅各伯東臨時, 東人切請洋牧, 而伊時本堂意旨, 以爲洋人相貌物色絶異, 華東不可潛行混入. 故特差牽鐸, 目今人物勢力實萬萬不及, 向時實難周旋設今利, 涉穩稅潛行教化, 畢竟艱否必難廣揚, 此實大商量處也. 而罪人們當此東方無前之大思, 情形之艱梗, 如此憫切何極, 廣東旣爲光揚之地, 奧亦有泰西鋪頭, 則來往之商般必有利涉者自其處裝來, 一般而得奉教皇聘書來到邊京之地, 必到近, 以厚幣致其殷勤禮意, 請其教化, 明告其傳教各國之本意實系愛.

主愛人之正道, 則似有聽納之道, 雖或齟齬要不過, 拒而不納. 耳一聽不已至于屢, 人雖至逐拒, 再三來泊示其誠信. 無他, 懇款至意, 則人以爲, 常疑忌漸消得至容接之道. 則本國人情本不冥頑, 頗有仁惠, 除一種很惡之外, 執權當路之人亦多有知其洋人之學術才行之超出尋常者, 亦以爲必有信之端者, 此則一國之論强半矣. 幸若至此, 則事必諧矣. 幸望以此情由轉達本牧司教座前, 以爲取止之道幸甚, 餘凡節拍憑在行人口傳, 幷留拜候商權爲計耳.

降生一千八百三十三年十月二十五日
罪人 奧斯定 白

下付銀子, 緣此力乏勢窮盡爲措備之用, 變賣東西時勢異前贏利不多而依, 下教施行耳.

죄인 유 아우구스티노 등이 아룁니다. 지난 봄 북경에 간 사람이 돌아오는 길에 내려주신 편지를 받아 보았습니다. 삼가 주교님의 건강에 만복이 깃들기를 빕니다.

아울러 이 나라에 들어오시겠다는 약조가 있었습니다. 저희 죄인들은 우매하며 천하고 부족한 까닭에 나쁜 일만 계속되어도 스스로 의로운 분노를 막았고, 30년 동안 많은 교우들이 늙고 병들어 죽었지만 그저 근심하고 탄식할 따름이었습니다. 이제 홀연히 은혜로운 명령을 받게 되었으니 마치 어린아이가 젖 먹는 것을 기다리고 소경이 광명을 얻은 것과 같습니다. 이 기쁜 심정을 어찌 말로 표현할 수 있겠습니까. 엎드려 생각건대 더위와 추위가 오가는 빠른 계절의 변화 속에서도 주교님께서 건강하시기를 바랍니다.

본 교구 주교께서는 과연 심양에 도착하셨고, 행차하시는 데 별 탈이 없었으니 더 이상 다행스러운 일이 없습니다. 그 일에 대해서는 저희들의 보잘것없는 정성을 가지고 이루 다 말할 수 없습니다. 저희 죄인들의 먹고 자는 것까지 긍휼히 여기시는 은혜를 입었으니 오히려 옛날 일은 족히 말할 것이 없을 따름입니다. 주교님께서 이곳으로 오시는 방편에 대해서는 대략 조치해 놓은 바가 있으니 전교하신 것에 따라 적당한 때를 올려드려야겠지만 정성이 적고 힘이 약하여 주도면밀하게 준비를 하지는 못하였으니 일을 감당하지 못할까 두렵습니다. 우러러 하느님의 지극히 자애로우신 보우하심과 주교님의 간절하신 은혜에 의지하여 저희들은 부족한 힘을 무릅쓰고 명을 이룰 따름입니다.

본 교구 주교님께서 욕됨을 무릅쓰고 이곳에 임하시겠다는 가르침은 그 은혜가 저희들의 분수를 뛰어넘으니 어떻게 감사를 드려야 할지 모르겠습니다. 그러나 일은 비할 바 없이 중대하고 그 방법은 극히 어렵습니다. 저희 죄인들이 일일이 따질 바가 아니고 마땅히 주교님께서 조선에 오신 후 정세를 살피고 방법을 내어 조치해야 하겠지만, 저희들은 우매한 충정으로 묵묵히 있을 수도 없어서 대략 사정을 알려드립니다.

이전에 주문모(周文謨) 야고보 신부님께서 조선에 오셨을 때, 저희들은 서양 신부님을 간절히 청하였지만 그때 본당에서는 서양인은 외모와 물색이 중국인과 조선 사람과는 전혀 달라 몰래 다른 사람들과 섞여 입국할 수 없으니 특별히 중국인 신부님을 보낸다고 하셨습니다. 이제 인물과 정세는 그때보다 더욱 나빠졌고, 일을 주선하기도 정말 어렵습니다. 설령 무사히 강을 건너시어 몰래 들어와 선교하신다고 하더라도 반드시 어려움이 닥칠 것이니 성교를 널리 드날리기는 어려울 것입니다. 이것은 실로 크게 생각해 보아야 할 점입니다. 저희 죄인들이 이 동방의 전례 없는 큰 은혜를 당하여 오히려 그 상황은 이처럼 어려움이 있으니 가련하고 절박한 것을 어찌 다 할 수 있겠습니까.

광동은 이미 선교가 널리 활발한 곳이고 마카오에도 서양 회사들의 상점이 있습니다. 그러므로 내왕하는 상선을 이용하면 반드시 건너오기가 편한 점이 있을 것입니다. 그곳으로부터 배 한 척을 꾸미시어 교황 성하의 친서를 받들고 조선 변경에 이르신 다음(반드시 서울 가까운 곳에 도착하셔야 합니다), 푸짐한 선물과 진상품으로 은근한 예의를 보이시고 교화를 청하시되 각국에 전교하려는 본의가 실로 하느님을 사랑하고 사람을 사랑하는 정도에 관계된 것임을 분명히 고한다면 용납될 수 있는 길이 있을 것 같습니다.

혹은 일이 어긋나더라도 거절하고 용납하지 않는 것에 불과할 따름입니다. 한번 결정된 것으로 그만두지 말고 거듭 계속하여 비록 내쫓기고 거절을 당한다고 하더라도 다시 와서 배를 대고 정성과 믿음직함과 간곡한 성의와 지극한 뜻을 보이신다면 사람들은 그런 일이 늘 있는 것으로 생각하여 의심과 거리낌이 점차 해소될 것이고, 용납하여 접촉할 수 있게 될 것입니다.

　조선의 인정은 본래 고집스럽거나 외인을 배척하지 않으며 자못 너그럽고 따뜻함이 있습니다. 몇몇 간악한 무리를 제외한다면 권력을 잡고 벼슬길에 올라 있는 사람들 대부분이 서양인의 학술과 재능이 보통을 뛰어넘는다는 것을 알고 있으며, 반드시 믿을 만하다고 생각하는 사람도 있습니다. 이것이 이 나라 중론의 반이 넘습니다. 다행히 이렇게 된다면 일은 반드시 이루어질 것입니다. 물론 이런 실상이 본 교구의 주교님께 전달되어 취하고 멈추는 방편으로 삼으시게 된다면 심히 다행한 일이겠습니다. 나머지 세세한 일들은 북경으로 가는 인편을 통해 구두로 전해드리겠습니다.

서기 1833년 10월 25일
죄인 유 아우구스티노 올림

　하사하여주신 은자(銀子)는 이곳의 세가 궁핍하여 모두 준비하는 비용으로 사용하였습니다. 돈으로 구입할 상품과 물건은 시세가 전과 달라 이익이 많지 않았습니다. 하교하신 바에 따라 시행할 따름입니다.

4. 유 파치피코 신부가 브뤼기에르 주교와 왕 요셉에게 보낸 편지

발신일: 1834년경
출　처: AME, v. 577, f. 277

巴牧王兄近安, 愚之抵東, 諒護報音, 大慰二位金玉之心. 然事事吉便, 先究聖意, 沒再尋思, 而始可爲也. 向者, 牧兄越閱冒危, 忍飢, 耐寒, 跋涉數旬, 奈事事不濟, 徒勞而廢, 每一念及, 能不浩然長嘆矣. 今因行人比較出完全之計, 設萬死之策, 曾寄一字, 望牧兄三思再思而已矣.

東都一事, 乃疥癬之疾, 不可冒昧. 有益則進 無益則退. 庶幾免受途勞之累, 而教衆亦不受戮殺之辱矣. 何也. 東務大窘之及, 聖教之英名舉國恥辱, 萬口齊呼, 開門納賊, 越海招寇, 并至近水, 洋船屢擾國人, 猜疑教衆所作者也.

目下教友屢被風波之戮辱, 被居野山, 飲水食菜, 然而心志未懷大怯. 近因洋船之異説, 舉國之閙揚, 日懷膽怯不少也. 牧兄明哲之士, 闡揚聖道爲務, 須當利人利己, 兩相周全. 如不然, 自己之危不可提, 則東靈之生命絕滅無疑矣. 試問內圖, 何路可進. 若自邊門相迎, 仁牧面目殊異, 語音不通, 不到柵門, 事必敗露無疑. 若自海中筏船, 東國之律, 船到之日有迎送之例, 何能畫地指期爲號也. 思維再思, 兩間周阻, 無一介助力成願, 豈不愁嘆? 除此之外或能揷翅高飛, 或能隨氣變形, 悠然抵東, 宜先付銀千餘, 而置買基業, 預贍目需. 如不然, 依我愚見, 莫如返歸本署爲上, 餘不盡言. 恭侯!

巴牧王兄二位遙安

書中若有謬意 上主鑑察

브뤼기에르 주교님과 왕 형께서는 안녕하신지요. 제가 동쪽에 도착한 일은 보고의 말을 들으셔서 두 분의 금옥과 같은 마음을 위안하였으리라 생각됩니다. 그러나 일의 길함은 먼저 하느님의 뜻을 살피고 이후에 다시 깊이 생각하여야 비로소 가능한 것입니다. 지난번 주교님과 왕 형께서 관문을 지나고 험준한 산맥을 넘어 배고픔과 추위를 참으면서 몇 십 일을 걸었는데도 그 일이 성사되지 않고 헛고생에 그치고 말았으니 항상 그를 생각할 때마다 긴 탄식이 나옵니다.

이제 북쪽으로 가는 인편이 있어 만전의 계획을 세우고 그 계책으로 편지 한 통을 부치니 주교님과 왕 형께서는 두 번 세 번 다시 생각하시기를 바랄 뿐입니다.

동도(東都, 서울)의 일은 진실로 '옴' 따위의 작은 질병이 아니니 위험을 무릅쓰고 억지로 해서는 안 될 것이며, 이익이 있으면 나아가고 이익이 없으면 물러서야 할 것입니다. 부디 헛수고에 그치고 말 수고로움을 면하시고 교중(教衆) 또한 처형당하는 치욕을 받지 않기를 바랄 뿐이니 이것은 무엇 때문입니까. 조선의 교회가 큰 박해를 받은 후 성교회의 아름다운 이름을 온 나라가 치욕스럽게 생각하고 모든 사람이 한목소리로 문을 열어 도적을 받아들이고 바다를 건너 도둑을 불러왔다고 말합니다.

게다가 근년에 서양 함선이 거듭 소란을 일으키니 나라 사람들이 천주교 신자들이 일을 꾸민 것이라고 의심하고 있습니다.

지금 교우들은 여러 차례 풍파를 겪으며 죽음을 당하고 야산으로 도피하여 물과 풀로 연명을 하고 있으면서도 마음과 뜻은 아직 큰 두려움에 떨지 않고 있습니다만 최근 서양 함선과 관련된 헛소문이 온 나라에 퍼지니 날로 두려움을 느끼는 사람이 적지 않습니다. 현명하고 지혜로운 주교님은 주님의 현양을 임무로 삼고 계시니 모름지기 남을 이롭게 하고 동시에 자신도 이롭게 하여 두 가지가 모두 온전해야 할 것입니다. 그렇지 않으면 주교님 자신의 위험뿐만 아니라 조선 교우들의 목숨까지 틀림없이 끊어지고 말 것입니다.

시험 삼아 어느 길로 들어오려고 하시는지 여쭤봅니다. 변문에 사람을 보내 맞이하는 것으로 말한다면 인자하신 주교님의 생김새가 조선 사람과 다르고 말이 통하지 않으니 책문에 이르기도 전에 일이 반드시 어그러져 드러날 것이 틀림없습니다. 만약 바다에 배를 띄워 들어오시려고 한다면 조선의 율법에는 배가 도착하는 날에 맞이하고 보내는 사람이 있어야 한다는 법령이 있으니 어떻게 만날 장소와 날짜를 정하여 호응을 하겠습니까.

생각하고 생각하여도 걸림돌뿐이고 하나라도 힘을 도와 소원을 이루도록 하는 것이 없으니 어찌 근심하고 탄식하지 않겠습니까. 겨드랑이에 날개가 있어 하늘 높이 날아다닐 수가 있습니까, 아니면 형체를 둔갑하여 홀연히 조선 땅에 이를 수도 있겠습니까. 어쨌든 이 경우에도 마땅히 먼저 돈 천여 냥을 부치시어 살 곳을 미리 사서 마련해 두시고 자신의 소용될 물건을 미리 구비해 두어야 할 것이니 만약 그렇지 않으면 저의 어리석은 소견이지만 본래의 교구로 돌아가는 것이 상책이라고 생각합니다. 나머지는 자세히 적지 않습니다.

삼가 주교님과 왕 형 두 분의 평안을 빕니다

편지 중에 만약 잘못된 뜻이 있다면 하느님께서 굽어 살피소서.

5. (남이관) 세바스티아노가 브뤼기에르 주교께 보낸 편지

발신일: 1834년 말경
출　처: AME, v. 579, ff. 299-300(프랑스어 번역본: AME, v. 577, ff. 313-314)

罪人巴斯弟央等白禀 上主父聖教會仆伏惟
大老爺領牧東半撫臨辯會榮寵諭分昌以當之且冗
施術載馳 狀凡勤勞措有歲月莫徘為人等 盛德慈念而誠 綠沒薄時執阻礙不能即地迎使心
下憂煎恐焉如擒不知依為俱章本鐸厚賜恩寵併宣泉雲得雖仇若長夜之中光煬睹照 靈
飢之餘體鬻觧救 他偏呻吟之中蒙此拯外之恩何能仰挀具 萬一也偶蒙此殊另有一二個懶不得
俾知荷 降福之恩感激岡涯不知為念至若 得蒙 仙念之慈本鐸撫字平康會內均
大老爺道體更覆萬康 牧下衆位平迪獸侍否 累若 固不敢可舌而但愚途之見另有一二個懶不得
大老爺東臨一款鐸德己有上書具達情形 愚念 崇嚴之下伏惟進此
不盡
大老爺儀形物色迥異於東人不可潛行越境且離混容於東人之睹地潛行教化
終涉是險不會廋盧嘗如所陳無容言繁然本方情形有二等物論一種惡怵用意毒害者之論
人卯遭之特此等人耳目雖貯言論橫藉以為洋人之睹地潛行教化
已以此情固不難生容厲戲此所以屁怕憂慮恒在目前者也一種之論則以為洋人才德學
藝素聞於天下教化之得美行誼之篤正以無故人害物之事其他種之論舉行倶是當時之偉人故當致疑詩
書籍中飽聞熟知雖以本方圓年拔楠之人言之文章舉行倶是當時之偉人故當致疑詩
以為不昂之正道多有欣慕者此又是一等之則為恩建
之論者三分之二而不能執權為平正之論者太半而倶是當路此是目今物情之大畧 用人等 若
要迎接則事勢如右不敢辭諸又不敢為遏止沮挌之舉孤負聖教會之至恩
大老爺之盛德若心自慚抑不知仰逹伏惟另加
我擇細商法子以指破愚迷之地不勝幸甚
不任感 祝之私謹伏祈天主
己恩父大人眼前
己恩父大人眼前

罪人巴斯弟央等白.

蒙上主及聖教會伏惟, 大老爺領牧東羊, 撫臨僻會, 榮寵踰分, 曷以當之. 且況旌施載馳, 杖幾勤勞, 積有歲月. 莫非為罪人等, 盛德慈念, 而誠綠淺薄, 時勢阻礙, 不能即地迎候, 心下憂煎, 怒焉如搗, 不知攸為. 但幸, 本鐸辱臨, 恩寵并宣, 眾靈得甦. 比若長夜之中, 光燭臨照, 屢飢之餘, 饘粥解救. 罪人等, 仳離呻吟之中, 蒙此格外之恩, 何能仰報其萬一也. 隔歲阻候, 伏惟大老爺道體, 連護萬康, 牧下眾位, 平迪歡侍否. 罪人等, 得蒙恤念之慈, 本鐸撫字平康, 會內均保, 知荷降福之恩, 感激罔涯, 不知為喻. 至若大老爺東臨一款, 鐸德已有上書, 俱達情形. 罪人等, 固不敢可否, 而但愚迷之見, 另有一二悃愊, 不得不於(仰慕). 崇嚴之下, 伏惟進止.

大老爺儀形物色, 迥異於東人, 不可潛行越境, 且難混容於耳目. 雖得無事進身, 潛行教化, 終涉危險. 不幸虞慮, 實如所陳, 無容言架. 然本方情形有二等物論: 一種惡性, 用意毒害者之論. 則, 固有越海招寇, 開門納賊, 通財通色等, 無論悖說, 捏稱勒驅, 茶飯說去, 欲殺無已故. 前者, 英人叩邊之時, 此等人耳目睢盱, 言論橫藉, 以為洋人之暗地潛通, 明來嘗試, 洶洶喧騰, 挑唆不已. 以此心情, 固不難生窖屠戮, 此所以危怕憂慮, 恒在目前者也;

一種之論, 則以為洋人之才德學藝, 素聞于於天下, 教化之淳美, 行誼之篤正, 必無戕人害物之事, 其他種種美談, 多出于於通行書籍中. 飽聞稔知, 雖以本方酉年被禍之人言之, 文章學行, 俱是當時之偉人. 故常致疑訝, 以為不易之正道, 多有欽羨者, 此又是一等之論也. 二論携貳, 互相猜疑, 統以言之則, 為惡種之論者三分之一. 而不能執權, 為平正之論者太半, 而俱是當路, 此是目今物情之大略. 罪人等, 若要迎接, 則事勢如右, 不敢強請, 又不敢為挽止沮格之舉, 辜負聖教會之至恩. 大老爺之聖德苦心, 私自憫仰, 不知仰達. 伏惟另加裁擇, 細商法子, 以為指破愚迷之地, 不勝幸甚. 罪人等, 不任感祝之私, 謹伏祈天主, 大老爺萬福.

巴恩父大人跟前

죄인 남이관(南履灌) 세바스티아노 등이 아룁니다. 천주와 성교회의 은혜를 입어 생각건대 주교님께서 조선의 양들을 거두어 기르시고, 외진 곳에 있는 교회를 위안하려고 오시려 하셨으니 그 영광과 은총이 저희들 분수를 뛰어넘는 것이라 어찌 감당하겠습니까.

더욱이 주교님께서는 천주의 기치를 내세우고 분주히 돌아다니시며 연로하심에도 수고롭게 힘쓰고 계시는 것이 이미 오래되었으니 이것이 모두 저희 죄인들을 위하여 성한 덕과 자애로운 생각을 보이신 것이지만 저희들의 정성이 부족하고 시세(時勢)가 여의치 않아 곧장 신부님을 맞이하여 문후를 여쭙지 못하고 있으니 저희들의 심정은 우울하고 초조하며 절구질을 하듯 마음을 졸이고 있으면서도 막상 어찌할 바를 모르고 있습니다. 다행히 신부님(유 파치피코 신부)께서 욕되이 이곳에 오셔서 은총을 베풀어주시어 뭇 영혼들이 소생할 수 있게 되었으니 비유컨대 긴긴 밤에 밝은 촛불이 비추인 것과 같고 오랫동안 굶주린 끝에 음식을 얻고 구제를 받은 것과 같습니다.

저희 죄인들이 사방에 흩어져 신음하고 있던 차에 이와 같은 생각 밖의 은혜를 입게 되었으니 어떻게 해야 그 만분의 일이라도 보답할 수 있겠습니까. 해를 넘기면서도 문후를 여쭙지 못하고 있으니 엎드려 생각건대 주교님의 신체가 만강하시며 주교님 아래 계시는 여러분들이 언제나처럼 기쁘게 잘 보좌해주시는지요. 저희 죄인들은 저희를 긍휼히 여기시는 자애로움을 받고 있고 여기 신부님께서도 저희를 위안하시면서 평안히 계시며, 교회 안에도 큰일이 없으니 강복하시는 은혜를 입음을 알 수 있습니다. 감격하고 또 감격하여 어떻게 말씀을 드려야 할지 모르겠군요.

주교님께서 동쪽으로 오시는 일에 대해서는 여기 신부님께서 이미 편지를 띄우셔서 이곳의 정황을 모두 아뢰었습니다. 저희 죄인들은 진실로 가부를 말할 수 없으나, 우매하고 좁은 소견으로 보건대 한두 가지의 정성스러운 생각이 있으니 존엄하신 주교님께 알려드리지 않을 수 없습니다. 엎드려 생각건대 조선으로 오시는 길을 거두어주십시오.

주교님의 모습이나 생김새는 이 나라 사람들과 현격하게 다르기 때문에 잠행하여 국경을 넘을 수가 없고, 사람들의 이목을 피하기도 어렵습니다. 비록 무사히 입국하시어 은밀히 교화를 행한다고 하더라도 마침내는 위험에 빠지게 되어 불행히도 근심과 걱정이 생길 것이니 그 사정은 실로 아뢴 바와 같아서 말을 머뭇거릴 수 없습니다. 그렇지만 이곳에는 두 가지의 좋고 나쁜 소문이 있습니다.

그 하나는 저희에게 해독을 끼치는 데 골몰하는 자들의 지어낸 말인데, 바다를 건너 도둑을 불러온다느니 문을 열어 도적을 받아들인다느니 재물과 여자를 빼앗으려 한다느니 하는 것이 그것입니다. 이것은 비길 바 없는 악소문으로 저들은 마음대로 말을 날조하고 퍼뜨리면서 밥 먹듯이 그런 말을 하고 있으니, 이는 다만 저희들을 끝없이 살육하려고 하기 때문입니다. 이전에 영국 사람들이 변방을 두드렸을 때 이들은 눈을 크게 뜨고 놀라워하면서 어지럽게 말을 하기를 '서양인들이 은밀히 우리나라와 통하려 하는 것은 다음에 우리나라를 시험하려 함이다'라고 하여 요란스럽게 떠들어 대고 끊임없이 여론을 부추겼으니 이러한 마음으로는 진실로 박해와 살육을 만들어 내지 않을 수 없습니다. 이것은 위험과 근심이 언제나 목전에 있다는 이유입니다.

또 하나는 서양인의 재덕과 학예는 평소부터 세상에 알려져 있고, 교화하는 것이 돈독하고 아름다우며 행동하는 것이 독실하고 바르니 반드시 사람이나 물건을 해치는 일이 없을 것이고, 다른 여러 가지 미담도 지금 읽혀

지고 있는 서적 중에 많이 나와 익히 들어 잘 알고 있다고 하면서 신유년에 우리나라에서 화를 입은 사람들만 하더라도 문장과 학행이 모두 당시의 위인이라고 이야기합니다. 그래서 이들은 항상 의아함을 가지고 천주교를 바꿀 수 없는 정도(正道)로 생각하고 있으며, 그중에서는 흠모하고 부러워하는 자도 많습니다. 이것이 또 하나의 소문입니다.

이 두 가지 이야기가 서로 어긋나서 서로 시기하며 의심하고 있으나 통괄적으로 말하면 나쁜 소문이 옳다고 주장하는 사람은 삼분의 일에 지나지 않는데 게다가 권력을 잡고 있지 못하고 있습니다. 공평하고 바른 논의를 하는 사람이 태반인데 모두 현재 벼슬을 하고 있습니다. 이것이 현재의 개략적인 정세입니다.

죄인들이 만약 주교님을 영접하려고 하여도 사세(事勢)가 위와 같으니 감히 청하지도 못하겠고, 또 감히 만류하면서 막지도 못하겠습니다. 외로이 성교회의 지극한 은혜와 주교님의 성덕을 입어 마음을 수고롭게 하면서 사사로이 근심하고 위로 품달하는 것을 알지 못하오니 엎드려 생각건대 따로 판단을 하시고 좋은 방법을 생각하여 저희들의 우매한 소견을 깨우쳐주신다면 천만다행한 일이겠습니다. 저희 죄인 등은 감히 사사롭게 감축드리기에 부족하오나 삼가 천주께 주교님의 만복을 기도합니다.

은부(恩父) 브뤼기에르 주교님께

6. (남이관) 세바스티아노가 남경 주교께 보낸 편지

발신일: 1834년 말경
출　처: AME, v. 579, f. 297(프랑스어 번역본: AME, v. 577, ff. 311-312)

畢恩父大人跟前

罪人巴斯弟盎等白昨冬以後承候無路、大老爺道體萬福、堂內衆位鐸德承流宣化、弁爲康寧、伏兼不住下誠、罪人等特禀上主、父聖教會之思、本鐸按臨傳宣福音三十年長夜之區、昕夕呼號之餘、一朝光寵普被、至頓已足此莫非我、大老爺俯鑑殘羊之呼訴、惻念窮人之無告、指置得宜謀畫盡善、至誠惻怛之德、其人等含恩戴德、感鴻私、惟有全心全靈竭力奉承、以斯消峽之劬勞、時勢艱梗、人窘財匱、以言其接待神父則茍旦草朝、小屋棲身、蔬糲難繼以言其物力則如千教友舛伏山野、儼等相似、百計思量無好道理、以言其情形、則神父東疏行教化雖爲一時間、極之思然危機恒伏、難保久遠之安、若一朝不幸則必不至於何境不但本堂[?]一時之禍孔酷必且貽害本堂不少、亦且永絶來頭之思望、寧不憫鬱、罪人等與神父商量一法子以爲自此送進一個或二個年少教友做品出來、編宣聖思則物情相宜凡百周便、處可以承繼鐸音、此是自來本堂措教者、而本鐸亦以爲事宜便合伏惟哉次指教章其善住之、諸人門以後致身節拊不自彼接待然後事可諧矣、然則必望罪人等自生至今頂踵毛髮莫非恩願多此无懈惶我罪人等、不任感祝祈恩、天主保佑我

大老爺萬福

霑育生成之恩惟願懋始

罪人巴斯弟盎等白.

昨冬以後, 承侯無路, 大老爺道體萬福, 堂內衆位鐸德, 承流宣化, 并爲康寧. 伏慕不任下誠. 罪人等特蒙上主及聖教會之恩, 本鐸按臨, 傳宣福音. 三十年長夜之區, 昕夕呼呪之餘, 一朝光寵普被, 至願已足.

此莫非我, 大老爺俯鑒殘羊之呼訴, 惻念窮人之無告, 措置得宜, 謀猷盡善, 至誠惻隱之德. 罪人等, 含恩戴德, 銘感鴻私, 唯有全心全靈'竭力奉承, 以斯涓埃之效. 然時勢艱梗, 人窮才匱, 以言其接待神父, 則苟且草靭, 小屋栖身, 蔬糲難繼; 以言其物力, 則如于教友, 屛伏山野, 飢莩相仍, 百計思量, 無好道理; 以言其情形, 則神父東臨, 潛行教化, 雖爲一時罔極之恩, 然危機恒伏, 難保久遠之安.

若一朝不幸, 則必不知至於何境, 不但本邦一時之禍孔酷, 必且貽害. 本堂不少, 亦且永絕來頭之恩望, 寧不憫爵. 罪人等, 與神父商量一法子, 以爲至此迯進一個或兩個年少教友, 做品出來, 繼宣聖恩, 則物情相宜, 凡百周便, 庶可以承繼鐸音. 此是自來本堂指教者, 而本鐸亦以爲事, 宜便合, 伏惟裁決, 指教, 幸甚. 其迯往之際, 入門以後, 自升節拍, 不得不自彼接待, 然後事可諧矣. 然則必致, 本堂軫念, 貽憂頗多, 此尤悚惶不安處也. 自生至今, 頂踵毛髮. 莫非覆育生成之恩, 唯願終始恩庇, 降福我罪人. 罪人等, 不任感祝. 祈懇天主保佑我.

大老爺 萬福

畢恩父大人跟前

죄인 세바스티아노 등이 아룁니다. 지난겨울 이후 문후를 여쭐 길이 없었으니 (피레스 페레이라 Pirés-Pereira) 주교님(남경 주교로 북경 교구장 겸임)의 귀한 신체 만복하시며, 교당 내의 여러 신부님들도 널리 덕화(德化)를 베푸시고 편안하신지요. 우러러 받들며 마음대로 감히 작은 정성을 올리지 못합니다. 저희 죄인들은 하느님과 성교회의 지극한 은혜를 입어 신부님께서 저희에게 임하시어 복음을 전해주고 계시니 30년 긴긴 밤 동안 아침저녁으로 울부짖으며 지내던 중 하루아침에 빛나는 은총이 널리 퍼진 격입니다. 이로써 저희들이 지극히 원하던 것은 이미 이루어졌습니다. 이것은 주교님께 길을 잃은 양들의 호소를 굽어 살피시고 호소할 데 없이 궁지에 몰린 사람들을 불쌍히 생각하시어 올바르게 조치해주시고 좋은 계책을 세워주신 것입니다. 주교님의 지극한 정성과 죄인을 불쌍히 여기시는 성덕을 볼 수 있습니다.

저희 죄인들은 은혜를 받고 덕화를 입어 그 큰 은혜를 마음에 깊이 새기고 있으니 오로지 온 마음과 온 영혼을 다하여 힘써 가르침을 받잡고 주교님의 은혜를 조금이라도 본받아야 하겠습니다. 그러나 시세가 곤란하고 인물과 재물이 모두 궁핍하여 신부님을 접대하는 것은 구차하고도 보잘것없어서 작은 집에 몸을 기탁하시게 하고 채소와 거친 곡식마저도 제대로 대어드리지 못하고 있습니다. 또한 물자와 재화로 말할 것 같으면 웬만한 교우들은 산야로 도망가 숨고 굶주려 죽은 사람이 속출하고 있으나 여러 가지로 생각해 보아도 좋은 방법이 없습니다.

또 이곳의 상황으로 말할 것 같으면 신부님께서 동쪽(조선)으로 오시어 잠행하시면서 교화를 베푸시는 것은 비록 일시에 다 갚을 수 없는 은혜이지만 위기는 항상 숨어 있어서 장구한 편안함을 확보하기는 어려우니 만약 하루아침에 불행한 일이 생긴다면 지경까지 이르게 될지 알 수 없는 일입니다. 이렇게 되면 비단 이 나라에 일시의 참혹한 화가 발생할 뿐만 아니라 반드시 북경 본당에 해를 끼치는 것도 적지 않을 것이어서 앞으로의 은혜로운 희망을 영원히 끊어버리게 될 것이니 어찌 초조하고 우울한 일이 아니겠습니까. 그래서 저희 죄인들은 여기 신부님과 한 방법을 생각해 냈습니다. 이제부터 한 명 혹은 두 명의 연소한 교우를 본당으로 보내 사제품을 받게 하고 성은을 계속 전파하도록 한다면 정황에도 들어맞고 모든 것이 원만하게 이루어져 주교님의 가르침을 이을 수 있으리라는 것이 그것입니다. 이것은 본당의 뜻이기도 하고 여기 신부님께서도 적절한 일이라고 생각하고 계시니 엎드려 생각건대 이를 재결(裁決)하시어 가르침을 주시면 다행이겠습니다. 이들을 보낼 때 책문에 들어간 이후에는 일의 처음부터 끝까지의 모든 것을 그쪽에서 처리한 이후에야 일이 이루어질 수 있을 것입니다. 그렇게 되면 반드시 본당에서 이들에게 신경을 써주셔야 할 것이니 걱정을 끼쳐드리는 것이 적지 않을 것입니다. 이것이 저희들이 황송해 하고 불안해 하는 점입니다.

저희 죄인들은 태어나서 지금까지 머리끝에서 발끝까지 터럭 하나라도 감싸주시고 길러주시는 은혜를 입지 않음이 없었습니다. 오직 바라옵건대 처음부터 끝까지 은혜와 가호를 내려주시어 저희 죄인들에게 강복하여주십시오. 저희 죄인들은 마음대로 사사로이 감축하지 못합니다. 간절히 기도하오니 천주께서 우리 주교님을 보우하사 만복이 깃들기를.

은부(恩父) 필(畢學源, 페레이라) 주교님께

7. 유(진길) 아우구스티노, 조(신철) 가롤로, 김 프란치스코가 연명으로 브뤼기에르 주교께 보낸 편지

발신일: 1834년 12월 23일(양력 1835년 1월 21일)
출　처: AME, v. 577, f. 287

上書

罪人亞悟斯定等謹再拜上書于主敎座下.

罪人們罪大惡極, 該當被被棄絕之罰. 三十年無一位牧者, 渴望鐸德, 如兒慕母不意. 蒙上主鴻恩, 昨年一牧來到, 保全入境, 今年又承大老爺爲爲我們群羊, 挺身擔着發願東臨. 誓不負吾主耶穌血價, 全全感謝天主恩典及聖母瑪利亞諸聖人聖女, 又感謝當今教皇及主教鴻恩, 又感謝王先生不憚死生辛苦, 肯爲我們出力奔走勞苦, 也不知我們罪人何以得此莫大之盛恩.

感泣無地, 向於年前, 上書猝難接入境, 雲者第一個緣故: 因老爺形貌想與華人大不同, 則必若人見疑, 即地生變故. 敢請老爺以大舶東臨, 泊於近畿. 明明白白, 我是某國某地人, 因廣布聖教, 今來到此, 欲傳教. 相持時月, 再看光景. 則事有決末, 似與涉儉, 潛到有異故. 如是, 告達也非欲拒老爺, 不迎接將受弃絕之罰也.

今看下教不覺悚惶, 望垂諒察馬即於刻. 王先生代傳, 教意將於明年十一月派教友們來到柵門. 老爺一如去年接神父之時, 那時, 老爺與王先生先期來臨, 寓住鋪店, 號則以萬信爲號, 又持手巾爲記至可. 大概先接, 老爺又明年再接, 王先生爲好回想我們地方光景. 目下衆教友都窮苦不能過活, 何能辦備銀錢, 想所費料理之銀至少爲五百兩. 若欲盡善盡義, 則一千兩或兩千兩, 越多越好. 然豈能多用銀錢, 當隨力隨時慢慢的願備, 望老爺俯諒此地困之光景. 無或見在切望, 此外多少説話都托王先生口達不備, 惟速示下答千萬寬心放意, 勿爲燥急是望.

降生後一千八百三十四年十二月二十三日
罪人 劉亞悟斯定
趙加禄
金方濟各

每年九月初六七至十一, 十二, 十三領時憲使到柵, 這時到彼, 遇王先生於柵門, 每年十一月十六, 七; 二十三, 四日年貢使到柵, 這時迎接老爺於柵上, 大概時候, 如是未知來往柵門. 多日能居住, 無難乎. 惟望善料理, 勿使外人見疑至望.

죄인 유 아우구스티노 등은 삼가 두 번 절하며 주교 좌하께 이 글을 올립니다. 저희 죄인들의 죄가 너무 커서 버림받는 벌을 받아 마땅하기에 삼십 년 동안 한 분의 목자도 없이 늘 신부님을 갈망하기를 마치 어린아이가 어머니를 그리듯했습니다.

그런데 뜻하지 않게 하느님의 크나큰 은혜를 입어 작년 한 분의 신부님(유방제 파치피코)께서 무사히 국경을 넘어 들어오셨고, 올해에도 주교님(브뤼기에르)께서 저희 어린양들을 위하여 용감하게 나서시어 저희 나라에 오시겠다는 맹서를 발원하시고 우리 주 예수 그리스도께서 흘리신 피의 값을 저버리지 않으시겠다는 것을 들었으니 천주의 은전(恩典)과 성모 마리아와 여러 성인 성녀께 감사드리고 감사드리오며, 지금 교황님과 주교님의 큰 은혜에 감사드리옵고, 생사와 고통을 꺼리지 않고 저희들을 위하여 분주하게 힘을 써주신 왕 요셉 선생께도 감사드립니다. 저희 죄인들이 어떻게 이렇게 크나큰 은혜를 입을 수 있게 되었는지 그저 감사의 눈물을 흘릴 따름입니다.

지난번 연전(年前)에 올린 편지에서 별안간 주교님을 맞아 국경을 넘어 들어오기가 어렵다고 한 것은 무엇보다도 주교님의 모습이 중국 사람과는 판이하게 달라 사람들이 보면 곧 의심하여 곤란한 일이 발생할 수 있다고 생각되었기 때문입니다.

그 때문에 감히 주교님께 큰 배를 타고 동쪽으로 오시어 한양과 가까운 지방에 배를 대고 '나는 어느 나라 어느 땅의 사람으로 성교를 널리 전하기 위해 이제 여기에 왔으니 당신들 나라에 가르침을 전하고자 한다'고 명명백백하게 알리기를 청하였던 것입니다. 그런 연후에 시간 여유를 두고 다시 상황을 살핀다면 반드시 일의 결말을 볼 수 있을 것이어서 위험을 무릅쓰고 잠입해 들어오는 것과는 전혀 다르리라 생각하였기 때문에 그와 같이 아뢴 것이지, 주교님을 거부하고 영접하지 않음으로써 장차 버림을 받는 벌을 받겠다는 것은 아니었습니다. 이제 내려주신 편지를 보니 황송하기 그지없습니다. 모쪼록 양찰해주시기 바랍니다.

지금 왕 선생께서 대신 전하신 편지를 받아 보니 내년 11월 교우들을 책문(柵門, 펑후앙성 비엔민)에 보내 주교님을 영접하되 모든 것은 작년 신부님을 맞이하였을 때와 같이 하라 하시고, 또 그때 주교님과 왕 선생이 기일에 앞서 책문에 오셔서 객점에 머무실 것이니 서로를 알아보는 자호(子號)는 '만신(萬信)으로 하고 수건을 들어 표시하라고 하셨으니 지극히 옳고 또 옳은 일입니다. 그렇지만 먼저 주교님을 영접하고 다시 내년에 왕 선생을 맞아들이는 것이 더 좋겠습니다. 우리나라의 상황을 살펴보건대 현재 뭇 교우들은 생활하기 어려울 정도로 가난하니 어찌 돈을 마련할 수 있겠습니까. 생각건대 일을 처리하는 데 소용되는 돈은 적어도 오백 냥이 들며, 만약 완벽하게 준비하려고 한다면 일천 냥이든 혹은 이천 냥이든 많으면 많을수록 좋습니다. 그렇지만 어떻게 돈을 많이 사용할 수 있겠습니까. 마땅히 역량과 상황에 따라 천천히 준비해야 할 것입니다. 바라옵건대 주교님께서 이 땅의 곤궁한 모습을 헤량하여주시어 이상하게 여기지 않으시기를 간절히 바랍니다. 이 밖에 다른 얘기들은 모두 왕 선생께 부탁하여 직접 전해 달라고 하였고, 편지에 갖추어 놓지는 못하였습니다. 모쪼록 속히 하답하여주십시오. 마음 편히 계시고 조급해 하지 않으시길 바랍니다.

강생 후 1834년 12월 23일
죄인 유 아우구스티노, 조 가롤로, 김 프란치스코

매년 9월 6, 7일부터 10, 11, 12, 13일까지 영시헌사(領時憲使)가 책문에 도착하게 됩니다. (그때 그곳에 도착하여) 왕 선생을 책문에서 만날 수 있을 것입니다. 또 매년 11월 16, 17일에서 23, 24일 사이에 연공사(年貢使)가 책문에 도착하게 됩니다. 그때 주교님을 책문에서 영접할 수 있을 것입니다. 대체로 날짜는 이와 같습니다. 책문에 머무시는 여러 날 동안 어려움 없이 거주할 수 있을지 모르겠습니다. 오직 일을 잘 처리하셔서 다른 사람들의 의심을 사지 않도록 하시기를 바랍니다.

8. 유(진길) 아우구스티노, 조(신철) 가롤로, 김 프란치스코가 연명으로 교황 성하께 보낸 편지

발신일: 1835년 1월 19일(양력 2월 16일)
출　처: AME, v. 579, ff. 289-291 ; SOCP, v. 76, f. 468
　　　(라틴어 번역본: Acta CP, v. 22, ff. 198-199; SOCP, v. 76, f. 428)

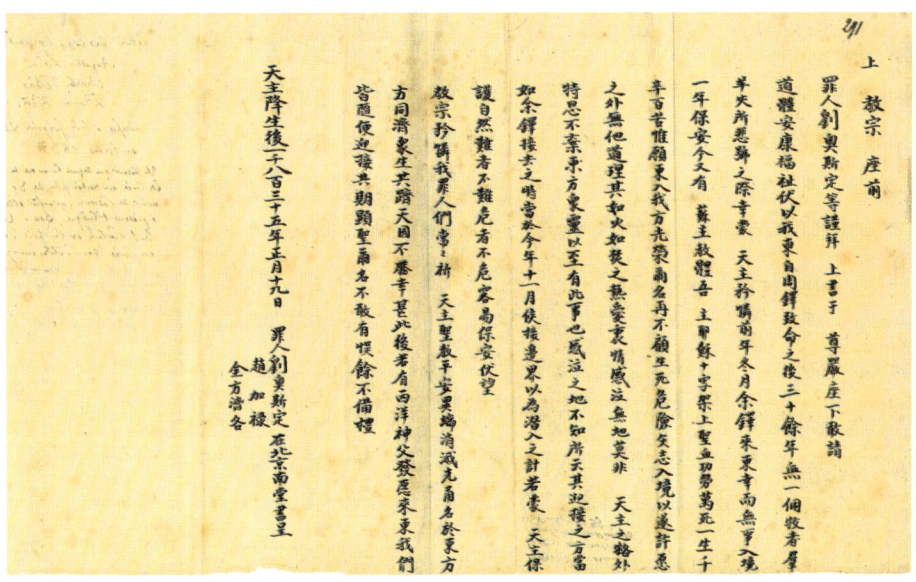

上教宗座前

罪人劉奧斯定等謹拜上書于尊嚴座下, 敢請道體安康福祉.

伏以我東自周鐸致命之後三十餘年, 無一個牧者, 群羊失所悲號之際, 幸蒙天主矜憐, 前年冬月, 余鐸來東, 幸而無事入境, 一年保安. 今又有蘇主教體吾, 主耶蘇十字架上聖血功勞萬死一生, 千辛百苦. 惟願東入我方, 光榮爾名, 再不顧生死危險, 矢志入境以遂許愿之外無他道理. 棄如火如焚之熱愛衷情, 感泣無地. 莫非天主之格外特恩不棄東方衆靈, 以至有此事也. 感泣之地不知所云. 其迎接之方, 當如余鐸接去之時, 當於今年十一月候接邊界, 以爲潛入之計. 若蒙天主保護, 自然難者不難, 危者不危, 容易保安. 伏望教宗矜憐我罪人們, 常常祈天主聖敎平安, 異端消滅, 光荣名於東方, 方同濟衆生共跻天國, 不勝幸甚. 此後若有西洋神父發愿來東, 我們皆隨便迎接, 共期顯聖爾名, 不敢有悞. 餘不備禮.

天主降生後 一千八百三十五年正月十九日
罪人 劉奧斯定
趙加祿
金方濟各
在北京南堂書呈

교황 성하께 아룁니다.

죄인 유 아우구스티노 등은 공손하게 절하며 존엄하신 교황 성하께 글을 올리면서 감히 성하의 도체가 평안하심과 복되심을 청합니다.

엎드려 생각건대 저희 조선은 주문모 신부님께서 치명하신 이후 30여 년 동안 한 명의 목자도 없었습니다. 뭇 어린양들이 갈 바를 잃고 슬피 울고 있을 때 다행히도 천주의 불쌍히 여기심을 입어 작년 겨울 여(余恒德, 유방제 파치피코) 신부께서 조선으로 오시어 무사히 국경을 넘으셨고 일 년 동안 몸을 온전히 할 수 있었습니다. 이제 또 소(蘇, 브뤼기에르) 주교께서 우리 주 예수 그리스도께서 십자가에서 흘리신 성혈과 공로를 살피시어 죽음의 위협과 온갖 어려움을 무릅쓰고 동쪽 우리나라에 오셔서 그 이름을 영광되게 하겠다고 하시고, 생사와 위험을 돌보지 않고 뜻을 굳게 하여 국경을 넘음으로써 허원(許願)하신 바를 이루는 것 이외에는 다른 길이 없다고 하시니 그 불과 같은 사랑과 충정에 감읍하여 마지않습니다. 이것은 천주께서 저희에게 생각하지 못할 특별한 은혜를 내리시어 동방의 뭇 영혼들을 버리시지 않으시고 이러한 일이 있도록 하신 것이니 감읍한 나머지 무슨 말씀을 올려야 할지 모르겠습니다.

주교님을 영접하는 방법은 마땅히 여 신부님을 맞아들일 때와 같이 해야 할 것이니 올해 11월 국경 부근에서 만나 뵙고 잠입하도록 해야 할 것입니다. 천주께서 보호해주신다면 어려운 일도 자연히 어렵지 않게 되고 위험한 일도 위험하지 않게 되어 몸을 온전히 할 수 있을 것입니다. 엎드려 바라건대 교황께서 저희 죄인들을 불쌍히 여기시어 성교회의 평안함과 이단의 소멸을 통해 동방에 그 이름이 빛나고 중생들을 구제하여 모두 함께 천국에 들어갈 수 있도록 늘 천주께 빌어주시면 다행스럽고 다행스러운 일이겠습니다. 이 이후로 만약 서양 신부님께서 조선으로 오실 것을 발원하신다면 저희들은 모두 곧바로 영접하여 함께 그 거룩한 이름이 빛나도록 하여 감히 일이 그릇되도록 하지 않을 것입니다. 나머지는 갖추어 적지 못합니다.

천주 강생 후 1835년 정월 19일
죄인 유 아우구스티노, 조 가롤로, 김 프란치스코
북경 남당(南堂)에서 글을 올립니다

9. 유(진길) 아우구스티노, 조(신철) 가롤로, 김 프란치스코가 연명으로 브뤼기에르 주교께 보낸 편지

발신일: 1835년 1월 19일(양력 2월 16일)
출　처: AME, v. 579, ff. 281-283

上書

正月初一日日 王先生回京下書一度伏讀歡喜無地感激
天主特賜我東方格外恩與東方為從古幽暗之地八維間
牧東裵終至蒙命三十年牧羊無人不意萠年余鐸繼至参看 主教許
頼入東以牧我億萬衆靈此寔人力之可望也固當再運迎接而時候不到必
苦今冬鍊司鐸十九月之計不要賺且未可定也必於十月十五十六至二十
三四日遠呈佑量言之也非有先定之期也也幸均依此先到鳳城看候免
景相機周旋善処 下送壹佰銀子為余鐸用者當運余鐸男伍佰銀
子 主教安排及延捘用當帶田中國物貨回國貴價以為反時需用之
次不淵難翻塗可慮其外經本書舟及聖物鄭僚 王先生照鍳帶去
惟望一路上及各處往東辦事之時祈 天主隆福保護我等重九衆
天主甫名額聖之地 餘都留不能板氣
　　　　　　　　一千八百三十五年正月十九日 罪人 劉奧斯定
　　　　　　　　　　　　　　　　　　　　　趙加祿
　　　　　　　　　　　　　　　　　　　　　金方濟 名 等拜拜

日後若有西洋神父駕來我们皆誠意迎接不敢有慢
主教放心安意千萬伏望

上書

正月初十日, 因王先生回京下書, 一度伏讀,歡喜無地, 感激天主特賜我東方格外恩典. 東方爲從古幽暗之地, 四十年前聖敎如入, 繼周牧東來, 終至致命, 三十年牧羊無人. 不意前年餘鐸繼至, 今又有主敎許願入東, 以牧我億萬衆靈, 此豈人力之者可望也. 固當即速迎接, 而時候不到, 必等今冬才可辦事. 九月之計, 不要緊且未可定也, 必於十一月十四十五, 十六至二十三, 四日, 這是估量言之也. 非有先定之期日也, 幸望依此先到鳳城, 看候光景相機周旋甚好甚好. 下送一百銀子, 爲餘鐸用者, 當回送餘鐸. 另五百銀子, 主敎安排及迎接用者, 當帶回中國貨物, 回國賣貨以爲及時需用之, 決不漏雜糊塗. 勿慮勿慮, 其外經本書本及聖物, 都依王先生照數帶去. 惟望一路上及各處往來辦事之時, 祈天主降幅保護我東靈光榮天主爾名顯聖之地. 餘萬都留, 不能枚擧.

日後若有西洋神父東來, 我們皆發意迎接, 不敢有候主敎放心安意千萬伏望.

一千八百三十五年正月十九日
罪人 劉奧斯定 趙加禄 金方濟各等 再拜

정월 10일 왕 선생이 북경으로 돌아오시는 편에 편지를 내려주셨으니 저희들은 한 번 엎드려 받아 보고 기뻐하며 어쩔 줄 몰랐습니다. 천주께서 특별히 우리 동방에 생각지도 못할 은전을 베풀어주신 것에 감격합니다.

저희 동방은 예로부터 깨우치지 못한 땅이었습니다. 40년 전 성교가 처음으로 들어왔고, 이어 주 신부님이 동쪽으로 오셔서 결국에는 치명하셨으며, 30년 동안 양을 치는 목자가 한 명도 없었으나 생각하지도 않게 작년에 여 신부께서 오셨습니다. 이제 또 브뤼기에르 주교께서 동쪽으로 오셔서 저희 수많은 뭇 영혼을 길러주신다고 허원하셨으니 이것이 어찌 인력으로 바랄 일이겠습니까. 마땅히 곧바로 영접해야 할 일이나 때가 이르지 않아 반드시 올해 겨울까지 기다린 이후에야 일을 처리할 수 있을 것입니다.

9월의 계획은 요긴하지 않을 뿐만 아니라 또 아직 정해지지 않은 일이니 반드시 11월 14, 15, 16일에서 23, 24일까지의 기간에 일을 처리해야 할 것입니다. 이것은 대충 헤아려서 말씀을 드리는 것이며 미리 정해진 기일이 있는 것은 아닙니다. 바라옵건대 이에 의거해서 먼저 봉황성에 도착하시어 상황을 살피면서 기회를 보아 일을 주선한다면 더욱 좋을 듯합니다.

보내주신 1백 은자는 유 신부님을 위해서 쓸 것이니 마땅히 유 신부님께 보내야 할 것이고, 나머지 5백 은자는 주교님께서 입국한 후 안배하실 것이고 또 그분을 영접하는 데 쓸 것이니 마땅히 가지고 돌아가야 할 것이며, 중국 상품들은 귀국한 이후에 팔아서 필요한 때에 쓰겠습니다. 결코 함부로 사용하거나 잘못 처리하지 않을 것이니 염려하시지 마십시오. 그 밖에 성서며 다른 서책과 성물들은 모두 왕 선생의 처분에 따라서 가지고 가겠습니다.

오직 가는 도중에, 그리고 각처에 왕래하면서 일을 볼 때에 천주께서 강복하시어 우리 동쪽의 영혼을 보호하시고 천주의 이름이 빛나도록 해주시길 기도하나이다. 나머지 일들은 모두 일일이 적지 않습니다.

  이다음에 동쪽으로 오시고자 하시는 서양 신부님이 계시면 저희들은 기꺼이 그분들을 영접할 것이며 감히 일이 잘못되지 않도록 하겠습니다. 주교님께서는 마음을 놓으시고 생각을 편안히 가지시기를 간절히 바랍니다.

1835년 정월 19일
죄인 유 아우구스티노, 조 가롤로, 김 프란치스코 등이 올립니다